명심보감

明心
寶鑑

金炯坤 | 編著

도서출판
이룸

한자(漢字) 쓰기의 원칙

◆ 글자의 맨위쪽 획부터 먼저 쓴다.
高: 亠 亠 亠 亠 亠 高 高 高 高

◆ 왼쪽 획부터 먼저 쓴다.
順: 丿 刂 刂 川 川 順 順 順 順 順 順
口: 丨 冂 口　　甲: 丨 冂 曰 甲

◆ 가로 세로 교차되는 글자는 가로획 먼저 쓴다.
士: 一 十 士　　　井: 一 二 丰 井
左: 一 ナ 左 左 左　右: 一 ナ 右 右 右

◆ 삐침(丿)과 파임(乀)은 삐침 획을 먼저 쓴다.
人: 丿 人　　入: 丿 入

◆ 좌우 대칭 글자는 중앙부터 먼저 쓴다.
永: 丶 亅 永 永 永　小: 亅 小 小

◆ 둘러싸인 글자는 외곽부터 쓴다.
周: 丿 冂 冂 冈 月 周 周 周
用: 丿 冂 月 月 用

◆ 글자 중앙을 관통하는 획은 나중에 쓴다.
串: 丨 冂 口 串 串 吕 串　　中: 丨 冂 口 中
申: 丨 冂 曰 曰 申

◆ 글자를 가로지르는 획은 맨나중에 쓴다.
母: 乚 乃 及 母 母　　冊: 丨 冂 冊 冊 冊
女: 乚 女 女

◆ 오른쪽 상단에 찍는 점은 맨나중에 쓴다.
伐: 丿 亻 伐 代 伐 伐　伏: 丿 亻 仁 仆 伏 伏
犬: 一 ナ 大 犬

◆ 책받침(辶 廴)은 나중에 쓴다.
道: 丶 丷 丷 产 产 首 首 首 首 渞 道 道
廷: 一 二 千 壬 任 廷 廷

◆ 받침이 있는 글자는 나중에 쓴다.
題: 丨 冂 曰 曰 旦 早 畏 是 是 是 匙 題 題 題 題 題
超: 一 十 土 キ キ 走 走 起 起 起 超 超

영자(永字) 팔법(八法)

영자(永字) 팔법(八法)이란 모든 한자(漢字)
쓰는 데 공통되는 운필법(運筆法)을 말한다.

① 側(측) : 윗점(上點)
② 勒(늑) : 가로획(平橫)
③ 弩(노) : 가운데 내리획(中直)
④ 趯(적) : 갈고리(下句)
⑤ 策(책) : 짧은 가로획(左挑)
⑥ 掠(약) : 오른쪽에서 삐침(右拂)
⑦ 啄(탁) : 짧게 왼쪽에서 삐침(左丿)
⑧ 磔(책) : 파임(右捺)

명심보감

明心寶鑑

목차

目次

책 머리에

명심보감(明心寶鑑)은 고려 충렬왕 때 민부상서(民部尙書)·예문관대제학(藝文館大提學)을 지낸 추적(秋適)이 1305년에 중국 고전에서 선현들의 금언(金言)·명구(名句)를 엮어서 저작했는데, 후에 원(元) 말기 명(明) 초기 사람 (범입본 또는 범립본(范立本)이 추적(秋適)의 명심보감을 입수하여 증편하기도 했다고 합니다.

명심보감을 누가 지었느냐는 중요하지 않습니다.

이 책은 어린이 뿐만 아니라 어른들에게도 적용되는 글로서 사람이 살아가는데 꼭 지켜야 할 도리며 예의 범절은 물론 어떻게 하면 인생으로서 성공을 하고 어떻게 하면 실패를 하는지까지 그 방법을 제시하기도 했기 때문에 세상 모든 사람들이 명심보감에 실린 글들만 염두에 두고 살아간다면 요즘처럼 세상이 어지러울리도 없다할 정도로 참으로 훌륭한 책이라고 추천해 마지않습니다.

착한 일을 하는 사람은 하늘이 복을 내리시고, 착하지 않은 일을 하는 사람에게는 하늘이 재앙을 내리신다는 계선편(繼善篇)을 시작으로, 하늘에 순종하는 자는 살고 거역하는 자는 죽는다는 천명편(天命篇), 죽고 사는 것은 명에 달렸고 부귀는 하늘에 달렸다는 순명편(順明篇), 정치인은 정사를 어떻게 다스려야 국가와 국민이 편안하고 나라가 바로 서는가를 말한 치정편

(治政篇), 부녀자의 몸가짐이나, 어떻게 하면 성가(成家)를 하고 어떻게 하면 패가(敗家)하는지를 말한 부행편(婦行篇), 세상 사람들이 다 아는 바보 온달 이야기를 다룬 염의편(廉義篇), 세월은 나를 위해 기다리지 않으니 내일이 있다고 배움을 내일로 미루지 말라는 권학편(勸學篇) 등등 그 어느 것 하나도 버릴 말이 없는 정말로 좋은 책입니다.

한문(漢文)이란 글자 한 자 한 자를 아는 것도 중요하지만 그 글자가 어디에 어떻게 쓰이는지를 아는 것도 글자를 아는 것 이상으로 중요합니다. 글자만 알고 그 용도를 잘 모른다면 절반만 아는 꼴이 될 것입니다. 즉, 韓(한나라 한)은 한국(韓國)이라고 쓸 때와 대한민국(大韓民國)이라고 쓸 때 쓰는 글자임을 아는 것이 더욱 중요하므로, 이 책 매 단원마다 그 단원에 나온 글자들의 쓰임새와 고사성어(故事成語), 단어(單語)들을 지면이 허용하는 한 많이 수록하려고 노력했습니다.

본 편저자는 이 책이 한문을 처음 배우는 분들 뿐만 아니라 모든 연령층에서 모두 섭렵하여 마음을 밝히 는 보배로운 거울"명심보감(明心寶鑑)"이 아니라 이 세상을 더욱 밝게 만드는"명세보감(明世寶鑑)"이 되기를 간절히 바랍니다.

편저자 나이 일흔 아홉 되는 2019년 어느 날
一石 金炯坤 씀

繼善篇
계 선 편

子曰 爲善者는 天報之以福하고
자왈 위 선 자 천 보 지 이 복

爲不善者는 天報之以禍니라.
위 불 선 자 천 보 지 이 화

풀이 공자께서 말씀하시기를,
"착한 일을 하는 사람에게는 하늘이 복을 주시고, 악한 일을 하는 사람에게는 하늘이 재앙을 주시느니라"고 하셨다.

繼(이을 계) 善(착할 선) 篇(책 편) 子(아들 자) 曰(가로 왈) 爲(할 위) 者(놈 자) 天(하늘 천)
報(갚을 보) 之(갈 지) 以(써 이) 福(복 복) 不(아닐 불) 禍(재앙 화)

繼續(계속) : 끊어지지 않게 이어 나감.
善行(선행) : 착한 행실. 善隣(선린) : 이웃이나 이웃나라와 사이좋게 지내는 것.
玉篇(옥편) : 한자를 모아서 부수와 획수에 따라 배열하고 글자 하나하나의 뜻과 음을 풀이한 책으로
　　　543년에 중국 양나라의 고야왕이 편찬한 한자(漢字)자전.
子孫(자손) : 자식과 손자　爲人(위인) : 됨됨이로 본 그 사람 또는 사람의 됨됨이.
爲主(위주) : 어떤 것을 주된 것으로 삼음.
天地(천지) : ① 사람이 사는 세상의 영역. ② 대단히 많음을 비유적으로 이르는 말 3. 하늘과 땅.
福利(복리) : 행복과 이익을 아울러 이르는 말.　幸福(행복) : 기쁨과 만족감을 느끼는 것.
報恩(보은) : 은혜를 갚음.　報告(보고) : 지시 감독하는 자에게 주어진 일의 내용등을 말이나 글로 알림.
禍根(화근) : 재앙을 일으키는 근본 원인.　禍因(화인) : 재화(災禍)의 원인.

참고 공자(孔子) : 중국 춘추 시대의 사상가·학자(BC 551~BC 479). 이름은 구(丘)이고,
　　　자는 중니(中尼)이다.

漢昭烈이 將終에 勅後主曰
한 소 열 장 종 칙 후 주 왈

勿以善小而不爲하고
물 이 선 소 이 불 위

勿以惡小而爲之하라.
물 이 악 소 이 위 지

풀이 한나라의 소열황제가 죽을 때 후주에게 조칙을 내려서 말하기를,
"선이 작다고 해서 아니치 말며, 악이 작다고 해서 하지 말라"고 하셨다.

漢(한수 한) 昭(밝을 소) 烈(세찰 열{렬}) 將(장차 장) 終(끝날 종) 勅(조서 칙) 後(뒤 후)
主(주인 주) 勿(말 물) 小(작을 소) 惡(악할 악) 而(말 이을 이)

漢文(한문) : 한자로 쓰여진 글.
漢字(한자) : 중국에서 만들어져서 사용되는 표의 문자.
昭詳(소상) : 이유나 설명이 자세하고 분명하게 밝히는 것.
烈士(열사) : 나라를 위하여 절의를 굳게 지키며, 충성을 다하여 싸운 사람.
將來(장래) : 앞으로의 전망이나 가능성.
將次(장차) : 미래의 어느 때에 가서.
終了(종료) : 일을 마치어 끝을 냄.　終日(종일) : 아침부터 저녁까지.
勅命(칙명) : 예전에, 임금이 내리는 명령을 이르던 말.
後輩(후배) : 같은 학교나 직장 따위에서 자기보다 나중에 들어온 사람.
主人(주인) : 어떤 대상에 대한 소유권을 가지고 있는 사람.
勿論(물론) : ① 더 말할 것도 없이. ② 더 말할 것도 없음.
以前(이전) : 그 시점보다 앞선 때, 지금보다 앞선 시기.
以上(이상) : 수량, 정도, 위치 등이 일정한 기준보다 더 많거나 낫거나 앞섬.
小雪(소설) : 24절기(節期) 중 19번째 절기로, 눈이 내리기 시작한다는 날.
不正(부정) : 바르지 않거나 옳지 못함.
不安(불안) : 걱정이 되어 마음이 편하지 않음.
惡夢(악몽) : 몹시 나쁜 꿈. 생각하기도 싫을만큼 괴롭고 힘겨운 일을 비유적으로 이르는 말.

참고 한소열(漢昭烈) : 161~223. 양자강변 백제성에서 죽음. 본명은 劉備(유비) 자는 玄德(현덕)
시호는 소열. 촉한(蜀漢) (221~263/264)의 시조(재위기간-221~223)

莊子曰 一日不念善이면
장 자 왈 일 일 불 념 선

諸惡이 皆自起니라.
제 악 개 자 기

풀이 장자가 말하기를,

"하루라도 착한 일을 생각지 않으면 모든 악한 것이 저절로 일어나느니라"고 하였다.

莊(풀 성할 장) 諸(모든 제) 念(생각할 념{염}) 一(한 일) 自(스스로 자) 皆(다 개)
起(일어날 기)

莊嚴(장엄) : 규모(規模)가 크고 엄숙(嚴肅)함.

記念(기념) : 뜻깊은 일이나 사건을 잊지 않고 마음에 되새김.

念願(염원) : 마음속 깊이 생각하고 간절히 바람.

諸般(제반) : 여러 가지. 諸般事(제반사) : 여러 가지 모든 일.

惡人(악인) : 남을 해치려 하거나 미워하는 악한 사람.

皆勤(개근) : 학교나 근무지 또는 모임에 일정한 기간 동안 빠짐없이 출석하거나 출근함.

自身(자신) : 자기 또는 자기의 몸. 自主的(자주적) : 스스로 결정하고 일을 처리하는 것.

起伏(기복) : 일이나 상태 따위가 좋았다 나빴다 혹은 성하였다 쇠하였다 함.

一口二言二父之子(일구이언이부지자) : 말을 이랬다 저랬다 하는 사람을 보고 하는 욕과 같은 말.
    즉, 한 입으로 두말하는 사람은 지애비가 둘이라는 뜻으로 아주 나쁜 욕설.

참고 莊子 : (BC 369 ~ BC 289?) 楚나라 몽현(蒙縣)에서 태어났고, 이름은 주(周).
    제자백가(諸子百家) 중 노자(老子)와 함께 도가(道家)의 대표적 사상가로 알려져 있음.

◆ 편집자 주(編輯者 註) : 명심보감에서 「자왈(子曰)」이라는 말과, 「XX曰」이라는 말이 나오는데, 자왈은 공자를 지칭하는 말로써 한문에서 가라사대 즉 「말씀하시기를」로 쓰고, 「XX曰」은 가로되, 즉 「말하기를」로 쓴다. 그러므로 공자님의 말씀은 「말씀하셨다」로 쓰고 그 외는 「말했다」 「말하였다」로 통일하였다.

太公이 曰 見善如渴하고 聞惡如聾하라.
태 공 왈 견 선 여 갈 문 악 여 롱

又曰 善事란 須貪하고 惡事란 莫樂하라.
우 왈 선 사 수 탐 악 사 막 락

풀이 태공이 말하기를,

"착한 일을 보거든 목마를 때 물 본 듯이 주저하지 말며, 악한 것을 듣거든 귀머거리 같이 하라." 또

"착한 일이란 모름지기 탐내야 하며, 악한 일이란 즐겨하지 말라"고 하였다.

太(클 태)   公(공변될 공)   聞(들을 문)   如(같을 여)   見(볼 견)   須(모름지기 수)

又(또 우)   渴(목마를 갈)   貪(탐할 탐)   聾(귀머거리 롱{농})   樂(즐길 락{풍류 악, 좋아할 요})

事(일 사)   莫(없을 막{저물 모, 고요할 맥})

太乙(태을) : 중국 철학에서, 천지만물이 나고 이루어진 근원.

公主(공주) : 정실 왕비가 낳은 임금의 딸. 외모가 예쁜 여자를 비유적으로 이르는 말.

見學(견학) : 어떤 장소를 직접 방문하여 그곳에서 구체적인 지식을 배움.

見聞(견문) : 보고 들어서 어떤 지식을 얻음. 보고 들음.

見聞記(견문기) : 여행 따위를 하면서 직접 보고 들은 것을 적은 글.

見聞錄(견문록) : 여행 따위를 하면서 직접 보고 들은 지식을 적은 문서.

如前(여전) : 전과 같음.   如何(여하) : 형편이나 정도가 어떠한가의 뜻을 나타내는 말.

渴望(갈망) : 간절하고 애타게 바람.   渴求(갈구) : 몹시 애타게 바라고 구함.

聞學(문학) : 들어서 배움.   新聞學科(신문학과) : 대학에서, 신문학을 전공으로 연구하는 학과.

聾啞者(농아자) : 청각 기능과 발음 기능 모두에 장애가 있는 사람.

事業(사업) : 주로 생산과 영리를 목적으로 지속하는 계획적인 경제 활동.

必須科目(필수과목) : 학과 과정을 이수하거나 특정 자격을 얻기 위하여 반드시 배워야 하는 과목.

貪慾(탐욕) : 지나치게 탐하는 욕심. 십악(十惡)의 하나.

娛樂(오락) : 몸의 피로를 풀고 기분을 좋게 하기 위해 게임, 노래, 춤 등을 하거나 보며 즐기는 일.

音樂(음악) : 박자, 가락, 음성, 화성 따위를 갖가지 형식으로 조화시키고 결합하여, 목소리나 악기를 통하여 사상 또는 감정을 나타내는 예술.

莫强(막강) : 힘이 더할 수 없이 셈.   莫上莫下(막상막하) : 더 낫고 더 못함의 차이가 거의 없음.

莫甚(막심) : 후회, 피해, 고생 등이 더할 나위 없이 심함.

참고 태공(太公) : 이름은 상(尙)으로 주(周)나라 초기의 명신(名臣) 현자(賢者)이다. 위수(渭水)가에서 자신을 알아줄 임금을 만나기 위해 때를 기다리며 곧은 낚시질을 했다고 전한다. 늘그막에 주나라 문왕(文王)에게 발탁돼 주나라가 은나라를 대신해 천하의 주인이 되는데 크게 공을 세웠다.

馬援_이 曰 終身行善_{이라도} 善猶不足_{이요}
마 원 왈 종 신 행 선 선 유 부 족

一日行惡_{이라도} 惡自有餘_{니라.}
일 일 행 악 악 자 유 여

풀이 마원이 말하기를,
"한평생 착한 일을 행하여도 착한 것은 오히려 부족하고, 단 하루를 악한 일을 행하여도 악은 스스로 남음이 있느니라"고 하였다.

馬(말 마) 援(당길 원) 身(몸 신) 行(갈 행) 猶(오히려 유) 足(발 족) 自(스스로 자) 有(있을 유) 餘(남을 여)

馬力(마력) : 동력이나 일률의 단위를 나타내는 말. 牛馬車(우마차) : 소나 말이 끄는 수레.
經濟援助(경제원조) : 경제적으로 부강한 나라가 약소국이나 개발 도상국에 자금이나 기술 따위를 제공하여 경제적으로 도와줌.
行世(행세) : 해당되지 않는 사람이 당사자인 것처럼 행동함. 세상에서 사람의 도리를 행함.
猶豫(유예) : 일을 실행하는 데 날짜나 시간을 미루거나 늦춤.
執行猶豫(집행유예) : 단기 자유형의 폐해를 막기 위한 제도.
不足(부족) : 일정한 정도나 양에 이르지 못함. 넉넉하지 못함. 力不足(역부족) : 힘이나 기량이 미치지 못함.
有價(유가) : 값이 정해져 있음. 금전상의 가치가 있음. 有償(유상) : 어떤 행위에 대하여 보상이 있음.
餘裕(여유) : 성급하게 굴지 않고 사리 판단을 너그럽게 하는 마음의 상태.
餘暇(여가) : 일을 하다가 잠시 쉴 수 있는 짬.
餘暇活動(여가활동) : 한가로운 시간을 활용하여 어떤 일을 활발히 함.

참고 마원(馬援) : B.C 11~49 후한(後漢)의 광무제(光武帝) 때의 명장(名將).
자(字)는 문연(文淵), 시호(諡號)는 충성(忠成).

司馬溫公_이 曰 積金以遺子孫_{이라도}
사 마 온 공 왈 적 금 이 유 자 손

未必子孫_이 能盡守_요 積書以遺子孫_{이라도}
미 필 자 손 능 진 수 적 서 이 유 자 손

未必子孫이 能盡讀이니 不如積陰德於
미 필 자 손 능 진 독 불 여 적 음 덕 어

冥冥之中하야 以爲子孫之計也니라.
명 명 지 중 이 위 자 손 지 계 야

[풀이] 사마온공이 말하기를 돈을 쌓아서 자손에게 물려주어도 반드시 자손이 다 지킬 수 없으며, 책을 쌓아서 자손에게 물려주어도 반드시 자손이 다 읽을 수 없으니, 남이 알지 못하게 덕을 쌓아서 자손을 위하느니만 못하느니라.

司(맡을 사)　馬(말 마)　溫(따뜻할 온)　積(쌓을 적)　金(성 김{쇠 금})　遺(끼칠 유)　孫(손자 손)

未(아닐 미)　能(능할 능)　盡(다될 진)　守(지킬 수)　冥(어두울 명)　德(덕 덕)　計(꾀 계)

陰(응달 음)　讀(읽을 독)　於(어조사 어)　書(글 서)　中(가운데 중)

司令(사령) : 대대급 이상 단위 부대의 일직 근무 책임 장교.

溫情(온정) : 따뜻한 사랑과 인정.　溫情主義(온정주의) : 아랫사람을 원칙보다는 온정으로 대하는 태도.

積立(적립) : 돈 따위를 일정하게 계속 모음.　積立金(적립금) : 적립해 둔 돈.

書信(서신) : 안부나 소식, 볼일 따위를 적어 다른 사람에게 보내는 글.

遺傳(유전) : 어버이의 특징이 자손에게 전하여 짐.　遺傳子(유전자) : 유전 형질을 규정하는 인자.

未來(미래) : 다가올 날이나 때. 시제 범주 체계의 하나.　未來指向(미래지향) : 후설의 현상학 용어.

能力(능력) : 어떤 일을 해낼 수 있는 힘.　無能力(무능력) : 어떤 일을 감당하거나 해결해 내는 힘이 없음.

盡力(진력) : 있는 힘을 다함.　盡忠報國(진충보국) : 충성을 다하여 나라가 베푼 은혜에 보답함.

守備(수비) : 외부의 침략이나 공격을 지켜 막음.

讀書(독서) : 책을 읽음.　讀書室(독서실) : 글을 읽거나 공부를 할 수 있도록 따로 차려놓은 방.

德分(덕분) : 주로 '~에', '~로', '~이다'의 꼴로 쓰여, 베풀어 준 은혜나 도움.

冥境(명경) : 사람이 죽은 후에 간다는 영혼의 세계.

中央(중앙) : 어떤 사물의 한가운데가 되는 곳. 단체나 기관 따위의 중심이 되는 중요한 곳.

計劃(계획) : 장차 벌일 일에 대해 구체적인 절차나 방법, 규모 따위를 미리 헤아려 구상함.

陰德(음덕) : 드러나지 않게 행하는 어질고 착한 덕행 .　陰德家(음덕가) : 음덕을 쌓은 사람.

計劃(계획) : 장차 벌일 일에 대해 구체적인 절차나 방법, 규모 따위를 미리 헤아려 구상함.

[참고] 사마광 (司馬光) : 시호 문정(文正). 속수선생(涑水先生)이라고도 하며, 죽은 뒤 온국공(溫國公)에 봉해졌고 사마온공(司馬溫公)이라고도 한다. 재상이 된 후 구법당(舊法黨)의 영수로서 왕안석(王安石)의 신법당(新法黨)과 대립하였다.

景行錄에 曰 恩義를 廣施하라
경 행 록 왈 은 의 광 시

人生何處 不相逢가 讐怨을 莫結하라
인 생 하 처 불 상 봉 수 원 막 결

路逢狹處면 難回避니라.
노 봉 협 처 난 회 피

풀이 경행록에 이르기를,
　은혜와 의리를 널리 베풀라. 인생을 살다보면 어느 곳에서인가 서로 만나지 않으랴. 원수와 원한을 맺지 말라. 길이 좁은 곳에서 만나면 회피하기 어려우니라.

景(볕 경)　恩(은혜 은)　義(옳을 의)　廣(넓을 광)　施(베풀 시)　錄(기록할 녹{록})　人(사람 인)

生(날 생)　何(어찌 하)　處(살 처)　相(서로 상)　讐(원수 수)　難(어려울 난)　結(맺을 결)

處(살 처)　逢(만날 봉)　狹(좁을 협)　避(피할 피)　回(돌 회)　　怨(원망할 원)　路(길 노{로})

景勝(경승) : 산이나 물 따위 자연의 모습이 아름다움.　光景(광경) : 벌어진 일의 상태와 모양.

錄音(녹음) : 나중에 그대로 다시 들을 수 있도록 소리를 녹음테이프 따위의 저장 매체에 담음.

恩惠(은혜) : 사랑으로 베풀어 주는 신세나 혜택.　報恩(보은) : 은혜를 갚음.

義務(의무) : 당연히 해야 할 일. 법률적으로 사람에게 강제되는 구속.

廣告(광고) : 상품에 대한 정보를 여러 가지 매체를 통하여 소비자에게 널리 알리는 의도적인 활동.

施設(시설) : 설비나 장치 따위를 차려놓거나 일정한 구조물을 만듦.

生活(생활) : 생명이 있는 동안 살아서 경험하고 활동함. 생계를 꾸리어 살아 나감.

處分(처분) : 행정·사법 관청이 특정한 사건에 대하여 관련 법규를 적용하여 처리하는 행위.

相對(상대) : ① 서로 마주 대함. ② 서로 겨루거나 맞섬. 다른 것과 비교, 대립 등의 관계에 있는 것.

逢着(봉착) : 어려운 처지나 상태에 맞닥뜨림.

相逢(상봉) : 헤어졌던 사람들이 서로 만남.

怨讐(원수) : 자기나 집안에 해를 입혀 원한이 맺히게 된 사람이나 집단.

結果(결과) : ① 어떤 원인으로 말미암아 이루어진 일의 상황이나 상태. ② 열매를 맺음.

路上(로상) : 도로 위.　街路上(가로상) : 시가지의 도로 위.

참고 경행록(景行錄) : 중국 송(宋)나라 때 지어졌다고 전해지는 책이다.

莊子曰 於我善者_{라도} 我亦善之_{하고}
장 자 왈 어 아 선 자 　 아 역 선 지

於我惡者_{라도} 我亦善之_{니라.} 我旣於人_에
어 아 악 자 　 아 역 선 지 　 아 기 어 인

無惡_{이면} 人能於我_에 無惡哉_{인저.}
무 악 　 인 능 어 아 　 무 악 재

[풀이] 장자가 말하기를,

"나에게 선하게 대하는 사람에게 나도 그에게 선하게 대하고, 나에게 악하게 대하는 사람에게도 나는 그에게 역시 선하게 대하라. 내가 그 사람에게 악하게 대하지 않았다면 그도 나에게 악하게 대하지 않는 것이다"라고 말했다.

中央(중앙) : ① 어떤 사물의 한가운데가 되는 곳. ② 지방에 상대하여 '서울'을 이르는 말.

於焉(어언) : 알지 못하는 사이에 어느덧.

於焉間(어언간) : 알지 못하는 사이에 어느덧.

我執(아집) : 자기중심적인 생각이나 좁은 소견에 사로잡힌 고집.

亦是(역시) : 거기에다가 또.　其亦是(기역시) : 그것도 역시.　此亦是(차역시) : 이것도 역시.

三者(삼자) : ① 세 사람.　② 어떤 사건이나 사물에 대하여 이해관계가 있는 당사자 이외의 사람.

旣往(기왕) : ① 시간적으로 이미 지나가 버린, 현재 이전.　② 이미 일이 진행되어 그렇게 된 바에.

無事(무사) : 아무 일도 없음.

無事通過(무사통과) : 아무런 제재도 받지 않고 그냥 통과함.

狹軌(협궤) : 철도에서, 선로의 두 쇠줄 사이의 너비가 표준 너비인.

難題(난제) : 해결하기 어려운 문제.　無難(무난) : 별 어려움이 없음.

回答(회답) : 물음이나 편지 따위에 대응하여 답함.

回信(회신) : 편지나 전신, 전화 따위로 답을 보냄.

避亂(피란) : 난리를 피함.

避身(피신) : 위험으로부터 몸을 피함.

避害(피해) : 재해나 재난을 피함.

[참고] 장자(莊子) : 춘추 시대 송나라 사람으로 이름은 주(周)이다. 도가 사상을 계승, 발전시킨 인물로, 우언으로 풀이된 《장자》를 남겼다. 천지만물의 근원인 '도(道)'는 정의할 수 없는 진리이며, 만물 어디에도 도가 존재한다는 일종의 범신론을 주장했다.

東岳聖帝垂訓에 曰 一日行善이라도
동 악 성 제 수 훈 왈 일 일 행 선

福雖未至나 禍自遠矣요, 一日行惡이라도
복 수 미 지 화 자 원 의 일 일 행 악

禍雖未至나 福自遠矣라, 行善之人은
화 수 미 지 복 자 원 의 행 선 지 인

如春園之草하여 不見其長이라도 日有所增하고
여 춘 원 지 초 불 견 기 장 일 유 소 증

行惡之人은 如磨刀之石하여 不見其損이라도
행 악 지 인 여 마 도 지 석 불 견 기 손

日有所虧니라.
일 유 소 휴

풀이 동악성제가 훈계를 내려 말하기를,

"하루 착한 일을 행한다면 복은 비록 이르지 아니하나 화는 스스로 멀어질 것이고, 하루 악한 일을 행한다면 화는 비록 이르지 아니하나 복은 스스로 멀어질 것이다. 착한 일을 행하는 사람은 봄 동산에 풀과 같아서 그 자라나는 것이 보이지 않으나 날로 더하는 바가 있고, 악을 행하는 사람은 칼을 가는 숫돌과 같아서 갈리어서 닳아 없어지는 것은 보이지 않으나 날로 이지러지는 것과 같으니라"고 하였다.

東(동녘 동) 岳(큰 산 악) 帝(임금 제) 垂(드리울 수) 訓(가르칠 훈) 聖(성스러울 성) 雖(비록 수) 至(이를 지) 遠(멀 원) 春(봄 춘) 園(동산 원) 草(풀 초) 矣(어조사 의) 長(길 장) 增(불을 증) 磨(갈 마) 刀(칼 도) 石(돌 석) 損(덜 손) 有(있을 유) 其(그 기) 虧(이지러질 휴)

東海(동해) : ① 우리나라 동쪽의 바다. ② 황해의 남쪽에 있는 바다.

五岳(오악) : ① 우리나라의 이름난 다섯 산. ② 신라 때에 이름난 다섯 산.

聖人(성인) : 덕과 지혜가 뛰어나고 사리에 정통하여 모든 사람이 길이 우러러 받들고 모든 사람의 스승이 될 만한 사람.

帝王(제왕) : 황제와 국왕을 아울러 이르는 말. 帝王(제왕) : 아이의 점지와 해산을 맡은 신령.

垂簾(수렴) : 나이 어린 임금이 즉위했을 때, 왕대비나 대왕대비가 그를 도와 국사를 돌보던 일.

訓戒(훈계) : 잘못하지 않도록 타일러 주의시킴. 訓戒放免(훈계방면) : 죄인을 훈계하고 풀어 줌.

至今(지금) : 예로부터 이제에 이르기까지. 至上主義(지상주의) : 어떤 것을 가장 으뜸으로 삼는 주의.

遠近(원근) : ① 먼 곳과 가까운 곳. ② 멀고 가까움. 遠世(원세) : 아주 먼 옛 시대.

春夏秋冬(춘하추동) : ① 봄, 여름, 가을, 겨울의 네 철을 아울러 이르는 말. ② 일 년 내내.

참고 동악성제(東岳聖帝) : 도교에서 받들어 모시는 신선으로 태산부군(泰山府君)이라고도 한다.

子曰 見善如不及하고
자 왈 견 선 여 불 급

見不善如探湯하라.
견 불 선 여 탐 탕

풀이 공께서 말씀하시기를,
　"착한 것을 보거든 미치지 못하는 것과 같이 하고, 착하지 못한 것을 보거든 끊는 물을 만지는 것과 같이 하라"고 하셨다.

探偵(탐정) : 숨겨진 일이나 사건 따위를 추적하여 알아냄. 避亂(피란) : 난리를 피함.

湯劑(탕제) : 달인 후 짜서 먹는 한약. 湯劑室(탕제실) : 한약을 달이는 방.

園藝(원예) : 과일, 채소, 화초 등을 재배하거나 정원을 가꾸는 일.

草原(초원) : ① 풀이 나 있는 들판. ② 초본 식물이 주로 생장하는 지역.

長官(장관) : 국무를 맡아보는 행정 각부의 가장 높은 직위에 있는 사람.

所信(소신) : 굳게 믿거나 생각하는 바.

所任(소임) : ① 맡은 바 직책이나 임무. ② 아래 등급의 임원.

增加(증가) : 양이나 수가 이전보다 더 늘어나거나 많아짐.

磨損(마손) : 마찰에 의해 닳음.

磨勘(마감) : 중국 송나라 때, 관리의 성적을 매기는 제도를 이르던 말.

損傷(손상) : 물체가 깨지거나 상함. 損益(손익) : 손실과 이익.

天命篇
천 명 편

孟子曰 順天者는 存하고 逆天者는 亡이니라.
맹 자 왈 순 천 자　　　존　　 역 천 자　　 망

풀이 맹자께서 말씀하셨다.
하늘에 순응하는 자는 살아남고, 하늘을 거스리는 자는 망하느니라.

孟冬(맹동) : 겨울이 시작되는 처음 시기.
孟夏(맹하) : 여름을 셋으로 나누었을 때의 처음 시기.
順位(순위) : 차례를 나타내는 자리.　先順位(선순위) : 다른 것보다 앞서는 차례.

참고 맹자(孟子) : 본명은 맹가(孟軻)로 전국시대 노나라 산둥 성 부근에서 출생했다. 공자의 유교적 전통 속에서 자라며 그의 이상을 지지·발전시킨 유교의 후계자로 일컬어진다. 주요 사상은 성선설과 왕도 사상, 민본주의[民本主義]를 들 수 있다.

康節邵先生曰 天聽이 寂無音하니
강 절 소 선 생 왈 천 청　　 적 무 음

蒼蒼何處尋고, 非高亦非遠이라
창 창 하 처 심　　 비 고 역 비 원

都只在人心이니라.
도 지 재 인 심

풀이 강절소 선생이 말했다. 하늘의 들으심은 고요하여 소리가 없으니 창창한 하늘 어느 곳에서 찾을 것인가? 높지도 아니하고 또한 멀지도 아니한지라, 모두가 다만 사람의 마음속에 있는 것이니라.

節(마디 절)　先(먼저 선)　聽(들을 청)　非(아닐 비)　寂(고요할 적)　生(날 생)　尋(찾을 심)

無(없을 무)　音(소리 음)　蒼(푸를 창)　何(어찌 하)　康(편안할 강)　亦(또 역)　心(마음 심)

高(높을 고)　都(도읍 도)　只(다만 지)　在(있을 재)　邵(고을 이름 소)

存在(존재) : 사람이나 사물이 실제로 현실에 있음.　生存(생존) : 죽지 않고 살아 있음.

逆順(역순) : 거꾸로 나아가는 순서.　逆流(역류) : 물 따위가 거꾸로 흐름.

亡人(망인) : 죽은 사람.　亡兆(망조) : 실패하거나 망할 조짐.　死亡(사망) : 사람의 목숨이 끊어짐.

康寧(강녕) : 주로 나이가 지긋한 윗사람이 몸이 건강하고 마음이 평안함.

節候(절후) : 한 해를 24로 나눈, 기후 표준점.　季節(계절) : 일 년을 기후 현상의 차이에 따라 나눈 한 철.

先生(선생) : 학생을 가르치는 사람을 두루 이르는 말.　于先(우선) : 어떤 일에 앞서서 먼저.

聽力(청력) : 귀로 소리를 듣는 능력.　傾聽(경청) : 남의 말을 귀기울여 주의깊게 들음.

寂寞(적막) : ① 고요하고 쓸쓸함. ② 의지할 곳이 없이 외로움.　入寂(입적) : 수도승이 죽음.

音力(음력) : 소리의 강함과 약함.　防音(방음) : 소리가 밖으로 새어 나가거나 안으로 들어오는 것을 막음.

蒼天(창천) : 푸른 하늘.　鬱鬱蒼蒼(울울창창) : 빽빽하게 우거져 푸르고 무성하다.

尋問(심문) : 찾아가서 만나 봄.　尋常(심상) : 대수롭지 않고 예사로움.

非命(비명) : 제 목숨대로 다 살지 못함.　是非(시비) : ① 옳으니 그르니 하는 말다툼. ② 옳고 그름.

都市(도시) : 많은 인구가 모여 살며 일정 지역의 정치, 경제, 문화의 중심이 되는 곳.

心中(심중) : 마음에 품고 있는 것.　中心地(중심지) : 어떠한 일이나 활동의 중심이 되는 중요한 장소.

高下(고하) : 사회적 지위나 신분의 높고 낮음을 아울러 이르는 말.　最高(최고) : 가장 높음.

참고 강절소(康節邵) : 송(宋)나라 때 사람으로, 강절(康節)은 죽은 뒤에 지은 이름이고, 성(姓)은 소(邵)이다.

玄帝垂訓에 曰 人間私語라도 天聽은
현 제 수 훈 왈 인 간 사 어 천 청

若雷하고 暗室欺心이라도 神目은 如電이니라.
약 뢰 암 실 기 심 신 목 여 전

풀이 현제(玄帝)가 훈계를 내려 말하기를,

"사람간의 사사로운 말이라도 하늘의 들으심은 우레와 같고, 어두운 방안에서 속인 마음이라도 귀신의 눈은 번개와 같으니라"고 하였다.

玄(검을 현)　間(사이 간)　私(사사 사)　語(말씀 어)　若(같을 약)　雷(우레 뇌{뢰})　暗(어두울 암)
室(집 실)　欺(속일 기)　神(귀신 신)　目(눈 목)　電(번개 전)

人間(인간) : 직립 보행을 하며, 사고와 언어 능력을 바탕으로 문명과 사회를 이루고 사는 고등 동물.
私信(사신) : 개인 사이에 주고받는 편지.　公私(공사) : 공적인 일과 사적인 일을 아울러 이르는 말.
語句(어구) : 말의 마디나 구절.
國語(국어) : ① 우리나라의 언어. ② 한 나라의 국민이 사용하는 말.
若干(약간) : 그다지 많거나 대단하지는 않게 잠깐.　萬若(만약) : 있을지도 모르는 뜻밖의 경우.
雷管(뇌관) : 폭발물의 화약을 점화시키는 데 쓰이는, 금속으로 만든 관.
暗黑(암흑) : 주변이 어둡고 캄캄함.　明暗(명암) : 밝음과 어두움을 아울러 이르는 말.
室內(실내) : 집 또는 건물의 안.　事務室(사무실) : 사무를 보는 방. 密室(밀실) : 비밀스러운 방.
欺瞞(기만) : 남을 그럴듯하게 속임.　詐欺(사기) : 못된 꾀로 남을 속임.
神主(신주) : 사당 따위에 모셔 두는 죽은 사람의 위패.　精神(정신) : 영혼이나 마음.
目前(목전) : 눈으로 볼 수 있는 아주 가까운 곳.
眼目(안목) : 좋고 나쁨 또는 진위를 분별하는 능력.
如何(여하) : 일부 명사 뒤에 쓰여, 그 형편이나 정도가 어떠한가의 뜻을 나타내는 말.

참고　현제(玄帝) : 도가(道家)에서 받드는 신 중의 하나.

益智書에 云 惡鑵이 若滿이면
익 지 서　운　악 관　약 만

天必誅之니라.
천 필 주 지

풀이　익지서에 이르기를, 나쁜 마음이 가득차면, 하늘이 반드시 죽이느니라.

益(더할 익)　智(슬기 지)　云(이를 운)　鑵(두레박 관)　若(같을 약)　滿(찰 만)　必(반드시 필)
誅(벨 주)

참고　익지서(益智書) : 송대(宋代)의 책.

莊子曰 若人이 作不善하여 得顯名者는
장 자 왈   약 인   작 불 선   득 현 명 자

人雖不害나 天必戮之니라.
인 수 불 해   천 필 육 지

[풀이] 장자께서 말씀하셨다.

　만일 사람이 불선(不善)을 짓고도 이름을 드러낼 수 있는 자는, 사람이 비록 해하지 못한다해도 하늘은 반드시 베어버리느니라.

作(지을 작) 得(얻을 득) 顯(나타날 현) 名(이름 명) 害(해칠 해) 戮(죽일 육{륙})

作文(작문) : ① 글을 지음. ② 기교를 부려 지은 산문.　始作(시작) : 어떤 일이나 행위를 처음으로 함.
得失(득실) : ① 이익과 손해를 아울러 이르는 말. ② 얻음과 잃음.　所得(소득) : 어떤 일의 결과로 얻은 이익.
顯名(현명) : 위대한 업적으로 이름이 세상에 널리 드러남.　顯著(현저) : 뚜렷이 드러남.
名作(명작) : 이름이 널리 알려진 훌륭한 작품.　姓名(성명) : 성과 이름을 아울러 이르는 말.
害惡(해악) : 해로움을 끼치는 나쁜 일.　損害(손해) : 물질적 정신적 본디보다 덜어지거나 나빠져 해롭게 됨.
必要(필요) : 소용되는 바가 있음.　必要性(필요성) : 무엇을 반드시 갖추거나 행하도록 요구하는 성질.
戮屍(육시) : 지난날, 죽은 사람의 목을 베던 일, 또는 그 형벌(刑罰).

種瓜得瓜요 種豆得豆니 天網이
종 과 득 과   종 두 득 두   천 망

恢恢하여 疏而不漏니라.
회 회   소 이 불 루

[풀이] 오이를 심으면 오이를 얻고, 콩을 심으면 콩을 얻는 것이니, 천망(하늘의 그물)은 회회하여(넓고 넓어서) 성기기는 하나 새지 않는 법이니라.

種(씨 종) 瓜(오이 과) 豆(콩 두) 網(그물 망) 恢(넓을 회) 疏(트일 소) 漏(샐 루{누})

種類(종류) : 물건을 부문에 따라 나눈 갈래.　網羅(망라) : 널리 빠짐없이 모음. 모두 휘몰아 넣음.

子曰 獲罪於天이면 無所禱也니라.
자 왈 획 죄 어 천 무 소 도 야

풀이 공자께서 말씀하셨다. 하늘에 죄를 지으면 빌 곳이 없느니라.

獲(얻을 획) 罪(허물 죄) 無(없을 무) 所(바 소) 禱(빌 도) 也(어조사 야)

脫漏(탈루) : 밖으로 빠져서 새는 것.

子子孫孫(자자손손) : 바로저장 단어장선택 대대로 이어지는 여러 대의 자손.

曰可曰否(왈가왈부) : 옳으니 그르니 말한다는 뜻으로, 서로 이게 옳다 저게 옳다 하며 말다툼함을 이르는 말.

無所不爲(무소불위) : ① 못 할 일이 없음. ② 하지 못하는 일이 없음.

窮無所不爲(무소불위) : 궁하면 무엇이든지 한다는 뜻으로, 사람이 살기 어려우면 예의(禮儀)나 염치(廉恥)를 가리지 않음.

漏洩(누설) : 비밀이나 물 등이 새는 것.

天機漏洩(천기누설) : 하늘의 비밀(秘密)이 새어 나간다는 뜻으로, 중대(重大)한 기밀(機密)이 외부로 새어나감.

天上天下唯我獨尊(천상천하유아독존) : ① 이 세상(世上)에 나보다 존귀(尊貴)한 사람은 없다는 말. ② 또는, 자기(自己)만 잘 났다고 자부(自負)하는 독선적(獨善的)인 태도(態度)의 비유.

濫獲(남획) : (짐승·물고기 따위를) 마구 잡는 것.

獲得(획득) : 얻어 내거나 얻어 가짐. 손에 넣음.

捕獲(포획) : 짐승이나 물고기를 잡음.

罪惡(죄악) : 죄가 될 행위(行爲).

犯罪(범죄) : ① 죄(罪)를 저지름. ② 저지른 죄(罪).

祈禱(기도) : 신명(神明)에게 빌거나 또는, 그 의식.

默禱(묵도) : 눈을 감고 말없이 마음속으로 기도함.

疏通(소통) : 막히지 아니하고 서로 통(通)함.

生疏(생소) : 어떤 사물이 익숙하지 못하여 서투름.

順命篇
순 명 편

子曰 死生이 有命이요 富貴在天이니라.
자 왈 사 생 유 명 부 귀 재 천

[풀이] 공자가 말씀하셨다.

"죽고 사는 것은 명에 있고, 부귀를 이룸은 하늘에 있느니라"고 하셨다.

死(죽을 사) 富(가멸 부) 貴(귀할 귀)

死刑(사형) : 수형자(受刑者)의 생명을 끊는 형벌. 橫死(횡사) : 뜻밖의 재앙(災殃)에 걸리어 죽음.

命令(명령) : 윗사람이 아랫사람에게 무엇을 하도록 시킴.

運命(운명) : 앞으로의 존망이나 생사에 관한 처지(處地).

富貴(부귀) : 재산이 넉넉하고 지위가 높음. 貧富(빈부) : 가난함과 넉넉함.

在學(재학) : 학교에 다니는 중임. 現在(현재) : 지금 이때. 지금 살아 있는 이 세상.

萬事가 分已定이어늘 浮生이 空自忙이니라.
만 사 분 이 정 부 생 공 자 망

[풀이] 만사는 이미 분수가 정해져 있는데, 덧없는 사람들이 바삐 날뛰느니라.

萬(일만 만) 分(나눌 분) 已(이미 이) 定(정할 정) 浮(뜰 부) 空(빌 공) 忙(바쁠 망)

分明(분명) : 틀림없이. 定式(정식) : 일정한 방식. 浮上(부상) : 물 위로 떠오르는 것.

景行錄_에 云 禍不可倖免_{이요}
경 행 록 운 화 불 가 행 면

福不可再求_{니라.}
복 불 가 재 구

풀이 경행록에 이르기를,
화는 요행으로 면할 수 없으며 복은 두 번 다시 구하지 못하느니라.

倖(요행 행) 免(면할 면) 再(두 재) 求(구할 구)

可能(가능) : ① 할 수 있음. ② 될 수 있음. 許可(허가) : 법률이 정한 범위에서 허락(許諾)하는 일.
僥倖(요행) : (거의 가능성이 없는 어려운 일이)우연(偶然)히 잘 되어 다행함.
免許(면허) : 특수한 행위나 또는 영업을 특정한 경우나 사람에게 허락하는 행정 행위.
再三(재삼) : 두세 번. 再修生(재수생) : 입학시험에 실패한 뒤 배웠던 과정을 다시 공부하는 학생.
求人(구인) : 어떤 일을 하는 데에 필요한 사람을 찾음. 要求(요구) : 어떠한 것을 바라거나 요청함.

時來_면 風送滕王閣_{이요}
시 래 풍 송 등 왕 각

運退_면 雷轟薦福碑_{니라.}
운 퇴 뢰 굉 천 복 비

풀이 때가 오면 바람이 일어 등왕각으로 보내지고, 운이 물러가면 천복비에
도 벼락이 떨어지느니라.

碑(돌기둥 비) 時(때 시) 來(올 래{내}) 風(바람 풍) 送(보낼 송) 滕(물 솟을 등) 王(임금 왕)
閣(문설주 각) 運(돌 운) 退(물러날 퇴) 轟(울릴 굉) 薦(천거할 천) 雷(우레 뢰{뇌})

送信(송신) : 주로 전기적 수단을 이용하여 전신, 전화, 방송 따위의 신호를 보냄.
運動(운동) : 건강을 목적으로 몸을 움직이는 일. 轟音(굉음) : 몹시 요란하게 울리는 소리.
內閣(내각) : 국가의 행정권을 담당하는 최고 합의 기관. 碑刻(비각) : 비석에 글을 새김.
薦擧(천거) : 어떤 일을 맡아 할 수 있는 사람을 그 자리에 쓰도록 책임지고 소개하거나 내세움.

列子曰 痴聾痼瘂도 家豪富요
열 자 왈 치 롱 고 아 가 호 부

智慧聰明도 却受貧이라
지 혜 총 명 각 수 빈

年月日時該載定하니
년 월 일 시 해 재 정

算來由命不由人이라.
산 래 유 명 부 유 인

풀이 열자가 말하기를,
"어리석고 귀먹고 고질이 있고 벙어리인데도 호화로운 부자가 있고, 지혜 있고 총명하지만 도리어 가난한 사람도 있느니라. 운(運)은 해와 달, 날과 시가 마땅히 정해져 있으니 부귀와 가난은 사람으로 말미암지 않고 하늘에 달렸느니라"고 하였다.

痼(고질 고) 豪(호걸 호)   富(가멸 부) 慧(슬기로울 혜) 聰(귀 밝을 총) 却(물리칠 각) 家(집 가)
受(받을 수) 貧(가난할 빈) 該(그 해)   由(말미암을 유) 瘂(벙어리 아) 載(실을 재)   算(셀 산)
列(벌일 열{렬}) 痴(어리석을 치) 聾(귀머거리 롱{농})

列車(열차) : 기관차(機關車)에 객차(客車)·화차(貨車) 등을 연결하고 운전 장치를 설비한 차량.
情痴(정치) : 색정에 빠져 이성을 잃은 상태.   **白痴(백치)** : 지능이 낮은 듯하고 표정이 멍한 사람.
痼疾病(고질병) : ① 오래도록 낳지 아니하여 고치기 어려운 병. ② 바로잡기 어렵게 된 나쁜 버릇.
家庭(가정) : 부부를 중심으로 그 부모나 자녀를 포함한 집단과 그들이 살아가는 물리적 공간인 집을
　　포함한 생활 공동체를 통틀어 이르는 말.
豪傑(호걸) : 지혜와 용기가 뛰어나고 높은 기개와 사나이다운 풍모를 갖춘 사람.
智慧(지혜) : 사물의 이치나 상황을 제대로 깨닫고 그것에 현명하게 대처할 방도를 생각해 내는 정신력.
聰明(총명) : 영리하고 기억력이 좋으며 재주가 있음.

참고 열자(列子) : BC 400년경에 만들어진 책으로,『노자』,『장자』와 함께 도가(道家)에 속하며, 고
대 우화의 보고(寶庫)이다. 저자는 고대 도가의 한 사람인 열자[이름은 어구(禦寇)]라고도 하지
만, 후세 사람이 열자의 이름으로 저술했다는 설이 유력하다.

孝 行 篇
효 행 편

詩에 曰 父兮生我하시고 母兮鞠我하시니
시 왈 부 혜 생 아 모 혜 국 아

哀哀父母여 生我劬勞셨다. 欲報深恩인데
애 애 부 모 여 생 아 구 로 욕 보 심 은

昊天罔極이로다.
호 천 망 극

풀이 시경(詩經)에 이르기를, 아버지는 날 낳으시고 어머니는 날 기르시니, 슬프다 부모여! 나를 낳으시기에 애쓰시고 수고하셨는데, 깊은 은혜를 갚고 자 하나 넓은 하늘은 참으로 망극하도다(가이 없다).

詩(시 시)　父(아비 부)　兮(어조사 혜)　我(나 아)　母(어미 모)　鞠(공 국)　哀(슬플 애)
深(깊을 심)　恩(은혜 은)　昊(하늘 호)　罔(그물 망)　極(다할 극)　劬(수고로울 구)
勞(일할 로{노})　欲(하고자 할 욕)

詩人(시인) : 시를 짓는 사람.　詩仙(시선) : 선인의 기질을 지닌 천재적 시인.
我執(아집) : 자기중심적인 생각이나 좁은 소견에 사로잡힌 고집.
哀乞(애걸) : 소원이나 요구 따위를 들어 달라고 애처롭고 간절하게 빎.
勞動(노동) : 마음과 몸을 써서 일을 함.　勤勞(근로) : 힘을 들여 부지런히 일함.
欲心(욕심) : 어떠한 것을 정도에 지나치게 탐내거나 누리고자 하는 마음.
深刻(심각) : 깊이 새김.　水深(수심) : 강이나 바다, 호수 등의 물의 깊이.
昊天罔極(호천망극) : 「하늘이 넓고 끝이 없다」는 뜻으로, 부모의 은혜가 매우 크고 끝이 없음을 이르는 말.
極甚(극심) : 몹시 심(甚)함.　極致(극치) : 더 갈 수 없는 극단(極端)에 이름.

子曰 孝子之事親也에 居則致其敬하고
자왈 효자지사친야 거즉치기경

養則致其樂하며 病則致其憂하고
양즉치기락 병즉치기우

喪則致其哀하며 祭則致其嚴이니라.
상즉치기애 제즉치기엄

풀이 공자께서 말씀하시기를,

"효자의 부모 섬기기란 거함에는 있어서는 자신의 공경함을 다하고, 봉양함에는 자신의 즐거움을 다하고, 부모님이 병이 드시면 자신의 근심을 다하고, 부모의 상중에는 자신의 그 슬픔을 다하고, 부모의 제사를 지낼 때에는 그 엄숙함을 다하는 것이니라"고 하셨다.

孝(효도 효) 親(친할 친) 居(있을 거) 致(보낼 치)   敬(공경할 경) 養(기를 양)   病(병 병)
喪(죽을 상) 祭(제사 제) 嚴(엄할 엄) 憂(근심할 우) 事(일 사, 섬길 사)
樂(즐길 락{풍류 악, 좋아할 요}) 則(법칙 칙{곧 즉, 본받을 측})

孝子(효자) : 부모를 잘 섬기는 아들. 孝道(효도) : 부모를 잘 섬기는 도리. 부모를 정성껏 잘 섬기는 일.
事親(사친) : 어버이를 섬김. 親舊(친구) : 오래도록 친하게 사귀어 온 사람.

子曰 父母在어시든 不遠遊하며
자왈 부모재 불원유

遊必有方이니라.
유필유방

풀이 공자께서 말씀하시기를,

"부모가 살아 계실 적에는 멀리 떨어져 노니지 말며, 놀 때에는 반드시 가는 방향을 알려야 한다"고 하셨다.

遊(놀 유) 方(모 방)

子曰 父命召어시든 唯而不諾하고
자 왈 부 명 소 유 이 불 락

食在口則吐之니라.
식 재 구 즉 토 지

[풀이] 공자께서 말씀하셨다.
　아버지께서 명하여 부르시거든 속히 "예"하고 대답하여 응하고(唯), 대답만 "네" 하고 꾸물거리지 말것이다(不諾). 음식이 입에 들었다면 곧 뱉을지니라.

召(부를 소)　唯(오직 유)　諾(대답할 락{낙})　食(밥 식)　口(입 구)　吐(토할 토)

召喚(소환) : 사법 기관이 특정의 개인을 일정한 장소로 오도록 부르는 일.
唯一(유일) : 오직 그 하나만 있음. 唯獨(유독) : 여럿 가운데 오직 홀로.
承諾(승낙) : 청하는 일을 이해하거나 동의하여 들어줌. 許諾(허락) : 청하고 바라는 바를 들어 줌.
季布一諾(계포일락) : 믿을 만한 사람의 틀림없는 승낙.
食事(식사) : 아침이나 점심, 저녁과 같이 일정한 시간에 음식을 먹음.
飮食(음식) : 사람이 먹고 마실 수 있도록 만든 모든 것.

太公曰 孝於親이면 子亦孝之하나니
태 공 왈 효 어 친 자 역 효 지

身旣不孝면 子何孝焉이리오.
신 기 불 효 자 하 효 언

[풀이] 태공께서 말하였다.
　부모에게 효도하면 자식이 또한 나에게 효도하나니, 자신이 부모에게 효도하지 않았다면 자식이 어찌 효도를 하리오.

身(몸 신)　旣(이미 기)　焉(어찌 언)

旣存(기존) : 이미 존재함. 旣出問題(기출문제) : 이미 출제되었던 문제.

孝順_은 還生孝順子_요 忤逆_은 還生忤
효 순 환 생 효 순 자 오 역 환 생 오

逆子_{하나니} 不信_{커든} 但看簷頭水_{하라}
역 자 불 신 단 간 첨 두 수

點點滴滴不差移_{니라.}
점 점 적 적 불 차 이

풀이 효순(부모에게 효도하고, 순종하는 사람)이 효순한 자식을 다시 낳는 것이요, 오역(패륜아)이 다시 패륜아를 낳는 것이다. 믿지 못하겠거든 다만 저 처마끝의 물을 보라! 한 점 한 점의 물방울들이 어긋나 옮겨지지 않는 것을!

還(돌아올 환) 忤(거스를 오) 還(돌아올 환) 信(믿을 신) 簷(처마 첨) 頭(머리 두) 看(볼 간)

滴(물방울 적) 差(어긋날 차) 移(옮길 이) 但(다만 단) 水(물 수) 點(점 점)

順序(순서) : 정해진 기준에 따라 여럿을 선후로 구분하여 나열한 것.

還元(환원) : 원상태로 되돌림. 返還(반환) : 도로 돌려 줌. 還甲(환갑) : 나이 만 60세를 가리키는 말.

逆順(역순) : 거꾸로 나아가는 순서. 逆走行(역주행) : 다른 차량들이 달리는 방향과 반대 방향으로 달림.

信任(신임) : 믿고 일을 맡김. 信用(신용) : 어떤 말이나 행동을 믿을 만한 것으로 받아들임.

但只(단지) : 다만, 겨우, 오직, 한갓. 看板(간판) : 상점(商店) 등(等)에 내 건 표지(標識).

非但(비단) : 부정(否定)의 뜻을 가진 문맥(文脈) 속에서 '다만', '오직'의 뜻을 나타냄.

看病(간병) : 병구완. 아픈 사람의 곁에서 돌봄. 看護(간호) : 병상자나, 노약자를 보살피어 돌봄 .

頭東尾西(두동미서) : 제사(祭祀)의 제물(祭物)을 진설(陳設)할 때, 생선의 머리는 동쪽을 향하고 꼬리는 서쪽을 향하게 놓음. 동두서미(東頭西尾).

頭腦(두뇌) : ① 뇌. ② 사물(事物)을 판단하는 슬기, 지혜, 머리.

點檢(점검) : 낱낱이 검사(檢査)함. 점사(點査). 검점(檢點).

焦點(초점) : 사물(事物)·관심(關心)·흥미(興味)가 집중되는 가장 중요한 부분.

滴定(적정) : 용량 분석에서 농도를 아는 시약(試藥)을 뷰렛에 넣어 검사할 액체에 떨어뜨려 그 액체와 똑같이 반응함에 요하는 시약의 용량을 구하는 방법.

差別(차별) : 차등이 있게 구별(區別)함. 隔差(격차) : 비교 대상이나 사물 간의 수준의 차이.

移轉(이전) : 사물(事物)의 소재나 주소를 다른 곳으로 옮김.

移徙(이사) : 집을 옮김. 推移(추이) : 일이나 형편(形便)이 차차 옮아 가거나 변해 감.

正己篇
정 기 편

性理書에 云하되 見人之善이어든
성 리 서 운 견 인 지 선

而尋己之善하고 見人之惡이어든
이 심 기 지 선 견 인 지 악

而尋己之惡이니 如此면 方是有益이니라.
이 심 기 지 악 여 차 방 시 유 익

풀이 성리서에서 이르기를,

다른 사람이 착한 일 하는 것을 보거든 내몸에서 착함을 찾고, 다른 사람이 악한 일 하는 것을 보거든 내몸에서 악함을 찾아라. 이와 같이 하면 바야흐로 유익함이 있을 것이다.

尋(찾을 심) 此(이 차) 是(옳을 시) 益(더할 익)

性別(성별) : 성에 따른 구별. 男性(남성) : 성의 측면에서 남자를 이르는 말.

管理(관리) : 사람을 통제(統制)하고 지휘(指揮) 감독(監督)하는 것.

理由(이유) : 까닭, 사유(事由), 내력(來歷). 處理(처리) : 일을 다스려 치러 감.

此日彼日(차일피일) : 오늘 내일 하며 자꾸 기한을 늦춤. 彼此(피차) : ① 저것과 이것. ② 서로.

益者三友(익자삼우) : 「사귀어 자기에게 유익한 세 부류(部類)의 벗」이라는 뜻으로, 정직(正直)한 사람, 친구의 도리를 지키는 사람, 지식(知識)이 있는 사람을 이르는 말.

참고 성리서(性理書) : 성리학에 대한 서적으로 인간의 심성과 이에 내재한 우주 만상의 원리를 연구하는 학문을 내용으로 하고 있다.

景行錄에 **云 大丈夫**는 **當容人**이언정
경 행 록 운 대 장 부 당 용 인

無爲人所容이니라.
무 위 인 소 용

풀이 경행록에 이르기를,
대장부는 남을 용서할망정 남으로부터 용서받는 잘못은 없어야 할 것이다.

大(큰 대) 丈(어른 장) 夫(지아비 부) 當(당할 당) 容(얼굴 용) 無(없을 무) 所(바 소)

大丈夫(대장부) : 사내답고 씩씩한 남자(男子). 夫婦(부부) : 남편(男便)과 아내.
當然(당연) : 도리상 마땅히 해야 할 일. 該當(해당) : 어떤 조건(條件)에 들어맞음. 꼭 맞음.
容恕(용서) : 관용(寬容)을 베풀어 벌(罰)하지 않음.

太公曰 勿以貴己而賤人하고 **勿而自**
태 공 왈 물 이 귀 기 이 천 인 물 이 자

大而蔑小하고 **勿以恃勇而輕敵**이니라.
대 이 멸 소 물 이 시 용 이 경 적

풀이 태공이 말하였다.
자신이 귀하다고 해서 남을 천대하지 말고, 스스로가 크다고 하여 작은 자를 멸시하지 말며, 나의 용맹만 믿고 적을 가벼이 보지 말라.

賤(천할 천) 勿(말 물) 蔑(업신여길 멸) 小(작을 소) 恃(믿을 시) 勇(날쌜 용) 輕(가벼울 경)
敵(원수 적) 凌(업신여길 릉, 업신여길 능, 얼음 릉, 얼음 능)

己未(기미) : 육십갑자(六十甲子)의 쉰여섯째. 自己(자기) : 제 몸, 제 자신(自身). 나.
賤待(천대) : 업신여기어서 푸대접함. 貴賤(귀천) : ① 부귀와 빈천. ② 귀한 사람과 천한 사람.
自身(자신) : 제 몸. 獨自(독자) : ① 저 혼자. 자기의 한 몸. ② 다른 것과 달라서 그 자체에 있는 특유함.
蔑視(멸시) : 업신여김. 凌蔑(능멸) : (사람을) 업신여겨 깔보는 것.

馬援이 曰 聞人之過失이어든
마 원 왈 문 인 지 과 실

如聞父母之名하여 耳可得聞이언정
여 문 부 모 지 명 이 가 득 문

口不可言也니라.
구 불 가 언 야

풀이 마원이 말했다.

　남의 잘못을 들으면 내 부모님 이름을 듣는 것과 같이 하여, 귀로는 듣되
입으로 말해서는 아니된다.

援(당길 원) 聞(들을 문) 過(지날 과) 名(이름 명) 耳(귀 이) 可(옳을 가) 口(입 구) 言(말씀 언)

康節邵先生이 曰 聞人之謗이라도
강 절 소 선 생 왈 문 인 지 방

未嘗怒하며 聞人之譽라도 未嘗喜하며
미 상 노 문 인 지 예 미 상 희

聞人之惡이라도 未嘗和하며 聞人之善則
문 인 지 악 미 상 화 문 인 지 선 즉

就而和之하고 又從而喜之니라.
취 이 화 지 우 종 이 희 지

其詩에 曰 樂見善人하며 樂聞善事하며
기 시 왈 락 견 선 인 락 문 선 사

樂道善言하고 樂行善意하고 聞人之惡이어든
락 도 선 언   락 행 선 의   문 인 지 악

如負芒刺하고 聞人之善이어든 如佩蘭蕙니라.
여 부 망 자   문 인 지 선   여 패 란 혜

풀이 강절소 선생이 말했다.

　남으로부터 비방을 들어도 성내지 말며, 남으로부터 칭찬을 들어도 기뻐하지 말라. 남의 악함을 들어도 곧 동조하지 말고, 남의 착함을 들으면 곧 나아가 그와 친절히 하며, 또한 그를 따르며 기뻐하라. 시(詩)에 이르기를, 착한 사람 보기를 즐겨하고, 착한 일 듣기를 즐겨하며, 착한 말하기를 즐겨하고, 착한 뜻 행하기를 즐겨하라. 남의 악을 들으면 가시나무를 쥔 것처럼 여기고, 남의 착함을 들으면 향내 나는 난초를 몸에 찬 것처럼 여기라고 하였다.

節(마디 절)　謗(헐뜯을 방)　嘗(맛볼 상)　怒(성낼 노)　譽(기릴 예)　蕙(혜초 혜)　意(뜻 의)

喜(기쁠 희)　康(편안할 강)　和(화할 화)　就(이룰 취)　和(화할 화)　從(좇을 종)　其(그 기)

刺(찌를 자)　負(질 부)　　佩(찰 패)　　芒(까끄라기 망)　蘭(난초 란{난})　邵(고을 이름 소)

誹謗(비방) : 남을 헐뜯어 말함.　毁謗(훼방) : ① 남을 헐뜯어 비방함. ② 남의 일을 방해(妨害)함.

臥薪嘗膽(와신상담) : 섶에 누워 쓸개를 씹는다는 뜻으로, 원수(怨讐)를 갚으려고 온갖 괴로움을 참고 견딤을 이르는 말.

怒發大發(노발대발) : 몹시 크게 성을 냄.　憤怒(분노) : 분(憤)하여 성을 냄.

榮譽(영예) : 빛나는 명예(名譽).　出藍之譽(출람지예) : 제자가 스승보다 낫다는 평판이나 명성.

喜悲(희비) : 기쁨과 슬픔.　歡喜(환희) : ① 매우 즐거움. ② 불법(佛法)을 듣고 믿음을 얻어 느끼는 기쁨.

和睦(화목) : 서로 뜻이 맞고 정다움.　平和(평화) : 평온(平穩)하고 화목(和睦)함.

就職(취직) : 직업(職業)을 얻음.　成就(성취) : 목적(目的)대로 일을 이룸.

從事(종사) : 어떤 일에 매달려 일함.

類類相從(유유상종) : 같은 무리끼리 서로 왕래하며 사귐.

負擔(부담) : 어떤 일이나 의무·책임 따위를 떠맡음, 또는 떠맡게 된 일이나 의무·책임 따위.

芒種(망종) : 24절기(節氣)의 하나. 양력 6월 5일 무렵으로, 보리가 익고 모를 심기 좋은 때.

刺戟(자극) : 일정한 현상(現象)이 촉진(促進)되도록 충동(衝動)함.

佩物(패물) : 몸에 차는 장식물. 노리개.　銘佩(명패) : 고마움을 마음속 깊이 새겨서 간직함.

蘭雪軒(난설헌) : 조선 허초희(許楚姬)의 호(號).

道吾善者는 是吾敵이오 道吾惡者는
도 오 선 자 시 오 적 도 오 악 자

是吾師니라.
시 오 사

[풀이] 나의 잘못을 잘한다고 칭찬하는 자는 나의 적(원수)이요, 나의 잘못을 자주 꾸짖어 주는 자는 나의 은사(은인)다.

道(길 도) 吾(나 오) 敵(원수 적) 師(스승 사)

吾不關焉(오불관언) : ① 나는 그 일에 상관(相關)하지 아니함. ② 또는 그런 태도(態度).
敵軍(적군) : 적국(敵國)의 군사(軍士). 無敵(무적) : 겨룰 만한 맞수가 없음.
師範(사범) : 모든 행동과 학덕(學德)이 남의 스승이 될 만한 모범(模範). 본보기.

太公이 曰 勤爲無價之寶요
태 공 왈 근 위 무 가 지 보

愼是護身之符니라.
신 시 호 신 지 부

[풀이] 태공이 말했다.
부지런함은 값으로 따질 수 없는 보배요, 모든 일을 신중하게 함은 몸을 지키는 부적과 같다고 했다.

勤(부지런할 근) 價(값 가) 寶(보배 보) 愼(삼갈 신) 護(보호할 호) 符(부신 부)

勤務(근무) : (직장에 적을 두고) 직무(職務)에 종사(從事)하는 것. 保護(보호) : 잘 보살피고 지킴.
價値(가치) : ① 값, 값어치. ② 욕망(慾望)을 충족(充足)시키는 재화(財貨)의 중요 정도.
寶物(보물) : 썩 드물고 귀한, 가치 있는 물건. 護國(호국) : 외적으로부터 나라를 지키는 것.
愼重(신중) : 매우 조심스러움. 謹愼(근신) : 언행(言行)을 삼가고 조심함.
符合(부합) : 틀림없이 서로 꼭 들어맞음. 名實相符(명실상부) : 이름과 실상(實相)이 서로 들어맞음.
身體(신체) : 사람의 몸. 代身(대신) : ① 남을 대리함. ② 새것으로나 다른 것으로 바꾸어 갈아 채움.

景行錄에 曰 保生者는 寡慾하고 保身者는
경 행 록 왈 보 생 자 과 욕 보 신 자

避名이니 無慾은 易나 無名은 難이니라.
피 명 무 욕 이 무 명 난

풀이 경행록에 이르기를,
삶을 오래도록 보전하고자 하는 사람은 욕심을 적게 가지므로 과오를 범하지 않아 편안한 생활을 누린다. 몸을 오래도록 보전하고자 하는 사람은 이름을 숨겨야 한다. 그러나 욕심을 없애기는 쉬우나 이름을 숨기기는 어렵다.

保(지킬 보) 寡(적을 과) 慾(욕심 욕) 易(바꿀 역) 難(어려울 난)

保管(보관) : 물건을 어느 곳에 안전하게 두는 것.
寡默(과묵) : 입이 무겁고 침착(沈着)함. 寡婦(과부) : 남편(男便)이 죽어서 혼자 사는 여자(女子).
意慾的(의욕적) : 행동(行動)을 적극적(積極的)으로 하는 마음이 넘치어 있는 모양(模樣).
安易(안이) : ① 손쉬움. ② 어렵지 않음. 容易(용이) : 아주 쉬움.
難兄難弟(난형난제) : 「누구를 형이라 아우라 하기 어렵다」는 뜻으로, 누가 더 낫다고 할 수 없을 정도(程度)로 서로 비슷함.
難攻不落(난공불락) : 공격(攻擊)하기 어려워 좀처럼 함락(陷落)되지 아니함.

子曰 君子有三戒하니 小之時엔
자 왈 군 자 유 삼 계 소 지 시

血氣未定이라 戒之在色하고 及其壯也하여
혈 기 미 정 계 지 재 색 급 기 장 야

血氣方剛이라 戒之在鬪하고 及其老也엔
혈 기 방 강 계 지 재 투 급 기 로 야

血氣旣衰라 戒之在得이니라.
혈 기 기 쇠 계 지 재 득

풀이 공자께서 말씀하시기를,

군자가 세 가지 경계해야 할 일이 있으니 젊었을 때는 혈기가 안정되지 않아 여색을 주의해야 하고, 장년(壯年)이 되면 혈기가 왕성하므로 싸우는 일을 주의해야 하며, 늙어서는 혈기가 쇠약하므로 욕심(慾心)내는 것을 주의해야 한다.

氣(기운 기) 剛(굳셀 강) 鬪(싸움 투) 戒(경계할 계) 血(피 혈) 色(빛 색) 壯(씩씩할 장)
旣(이미 기) 衰(쇠할 쇠) 老(늙은이 로{노})

三顧草廬(삼고초려) : 유비(劉備)가 제갈공명(諸葛孔明)을 세 번이나 찾아가 군사(軍師)로 초빙(招聘)한 데서 유래한 말로, 임금의 두터운 사랑을 입다라는 뜻.
三旬九食(삼순구식) : 한 달에 아홉 번 밥을 먹는다는 뜻으로, 집안이 몹시 가난하다는 말.
戒嚴令(계엄령) : 사변 기타 국가 비상사태가 발생하여 군사력으로써 국가의 공공 안녕과 질서를 유지할 필요가 있을 때에 대통령이 계엄법에 의하여 선포하는 비상 명령.
血液(혈액) : 사람 또는 동물(動物)의 몸 안에 돌고 있는 피.
雰圍氣(분위기) : 어떤 환경(環境)이나 어떤 자리 등(等)에서 저절로 만들어져서 감도는 느낌.
巧言令色(교언영색) : 남의 환심(歡心)을 사기 위해 교묘히 꾸며서 하는 말과 아첨하는 얼굴빛.
傾國之色(경국지색) : 「나라를 기울일 만한 여자」라는 뜻으로, 첫눈에 반할 만큼 매우 아름다운 여자.
壯士(장사) : 기개와 골격이 굳센 사람. 壯談(장담) : 확신을 가지고 자신 있게 하는 말.

孫眞人養生銘에 云 怒甚偏傷氣요
손 진 인 양 생 명 운 노 심 편 상 기

思多太損神이라 神疲心易役이요
사 다 태 손 신 신 피 심 이 역

氣弱病相因이라 勿使悲歡極하고
기 약 병 상 인 물 사 비 환 극

當令飮食均하여 再三防夜醉하고
당 령 음 식 균 재 삼 방 야 취

第一戒晨嗔하라.
제 일 계 신 진

풀이 손진인양생명이 말하기를,

성내는 것이 심하면 기운을 해치게 되고, 생각이 많으면 정신을 크게 손상시킨다. 정신이 피곤하면 마음이 쉽게 고달파지고, 기운이 약해지면 병이 생기는 원인이 된다. 슬픔과 기쁨을 극도로 나타내지 말고, 음식은 마땅히 고르게 섭취하고, 밤중에 술취하는 일이 없도록 하며, 새벽에 성내는 것을 경계하라고 했다.

眞(참 진) 養(기를 양) 銘(새길 명) 甚(심할 심) 偏(치우칠 편) 傷(상처 상) 思(생각할 사)
損(덜 손) 疲(지칠 피) 易(바꿀 역) 役(부릴 역) 使(하여금 사) 弱(약할 약) 因(인할 인)
食(밥 식) 悲(슬플 비) 飮(마실 음) 均(고를 균) 歡(기뻐할 환) 令(영 령{영}) 再(두 재)
防(둑 방) 醉(취할 취) 嗔(성낼 진) 第(차례 제) 戒(경계할 계) 晨(새벽 신) 夜(밤 야)

眞情(진정) : 진실(眞實)하여 애틋한 마음. 養成(양성) : 가르쳐서 유능한 사람을 길러 냄.
銘心(명심) : 잊지않게 마음에 깊이 새김. 傷害(상해) : 남의 몸에 상처를 내어 해를 입힘.
座右銘(좌우명) : 늘 자리 옆에 적어놓고 자기를 경계(警戒)하는 말.
甚至於(심지어) : 심하면, 심하게는, 심하다 못해 나중에는.
偏見(편견) : 공정하지 못하고 한쪽으로 치우친 생각. 思想(사상) : 사유(思惟)를 통하여 생겨나는 생각.
易地思之(역지사지) : 처지(處地)를 서로 바꾸어 생각함이란 뜻으로, 상대방(相對方)의 처지(處地)에서 생각해봄.

景行錄에 曰 食淡精神爽이요
경 행 록 왈 식 담 정 신 상

心淸夢寐安이니라.
심 청 몽 매 안

풀이 경행록에서 말했다.
음식이 담박하면 정신이 상쾌하고, 마음이 맑으면 꿈자리도 편안하다.

淡(묽을 담) 精(쓿은 쌀 정) 爽(시원할 상) 淸(맑을 청) 夢(꿈 몽) 寐(잠잘 매) 安(편안할 안)

淡水(담수) : 짠맛이 없는 맑은 물. 단물. 민물. 夢寐(몽매) : 잠을 자며 꿈을 꿈.

定心應物하면 雖不讀書라도
정 심 응 물 　 수 불 독 서

可以爲有德君子니라.
가 이 위 유 덕 군 자

풀이 안정된 마음으로 사물을 대하면 비록 글을 읽지 않았더라도 가히 덕이 있는 군자가 될 수 있다.

應(응할 응)　物(만물 물)　雖(비록 수)　讀(읽을 독)　德(덕 덕)

應答(응답) : 물음이나 부름에 응(應)하여 대답(對答)함.　物質(물질) : 물건(物件)의 본바탕.
讀書(독서) : 책을 읽는 것.　　　　　　　　　　　德談(덕담) : 잘 되라고 비는 말.
君子三樂(군자삼락) : 군자의 세 가지 즐거움이라는 뜻으로, 첫째는 부모가 다 살아 계시고 형제
　　가 무고한 것, 둘째는 하늘과 사람에게 부끄러워할 것이 없는 것, 셋째는 천하의 영재를 얻
　　어서 교육하는 것.

近思錄에 云 懲忿을 如故人하고
근 사 록 　운 　징 분 　여 고 인

窒慾을 如防水하라.
질 욕 　여 방 수

풀이 근사록에 이르기를,
"분함 징계하기를 죽은 사람 보는 것과 같이 생각하고, 욕심 막기를 물을 막듯이 하라"고 하였다.

近(가까울 근)　懲(혼날 징)　忿(성낼 분)　故(옛 고)　窒(막을 질)　慾(욕심 욕)　防(둑 방)

近墨者黑(근묵자흑) :「먹을 가까이하면 검어진다」는 뜻으로, 나쁜 사람을 가까이하면 그 버릇에 물들
　　기 쉽다는 말.
懲戒(징계) : 자기 스스로 과거(過去)에 당한 일을 돌아보고 뉘우치고 경계(警戒)함.
忿怒(분노) : ☞ 분노(憤怒).　故人(고인) : 죽은 사람.　窒息(질식) : 숨이 막힘.

夷堅志_에 云 避色_을 如避讐_{하고} 避風_을
이 견 지 운 피 색 여 피 수 피 풍

如避箭_{하며} 莫喫空心茶_{하고} 少食中夜飯_{하라.}
여 피 전 막 끽 공 심 다 소 식 중 야 반

풀이 이견지에서 이르기를,

　"여색(여자) 피하기를 원수 피하듯 하고, 바람(나쁜 풍속) 피하기를 화살 피하듯이 하라. 빈속에 차를 마시지 말고, 한밤중에 밥을 많이 먹지 말라"고 했다.

夷(오랑캐 이)　堅(굳을 견)　志(뜻 지)　讐(원수 수)　箭(화살 전)　喫(마실 끽)　茶(차 다)
少(적을 소)　　飯(밥 반)

堅固(견고) : 굳세고 단단함.　夜間(야간) : 밤 사이. 밤 동안, 밤 사이.
戴天之讐(대천지수) : 함께 하늘을 이고 살 수 없는 원수(怨讐),
意志(의지) : 어떤 일을 해내거나 이루어 내려고 하는 마음의 상태(狀態)나 작용(作用). 마음. 뜻.

참고 이견지(夷堅志) : 중국 송나라 때, 홍매(洪邁)가 엮은 설화집(說話集). 송대(宋代) 초부터 그가 살아 있을 당시까지 민간(民間)의 기이한 사건이나 괴담(怪談)을 모은 책으로 모두 420권이었으나 지금은 절반 정도만 전해진다.

荀子曰 無用之辯_과 不急之察_을
순 자 왈 무 용 지 변 불 급 지 찰

棄而勿治_{하라.}
기 이 물 치

풀이 순자가 말했다. 쓸데없는 말과, 급하지 않은 일은 버려두고 다스리지 말라.

荀(풀이름 순)　用(쓸 용)　辯(말 잘할 변)　急(급할 급)　察(살필 찰)　棄(버릴 기)　治(다스릴 치)

참고 순자(荀子) : 중국 전국 시대, 조나라의 사상가.

子曰衆이 好之라도 必察焉하며 衆이 惡之라도
자 왈 중 호 지 필 찰 언 중 오 지

必察焉이니라.
필 찰 언

풀이 공자께서 말씀하셨다.
모든 사람이 좋아하는 일이라도 반드시 살펴보고, 모든 사람이 미워하는
일이라도 반드시 살펴야 한다.

衆(무리 중) 好(좋을 호) 焉(어찌 언) 惡(악할 악, 미워할 오)

衆寡不敵(중과부적) : 적은 수효(數爻)로 많은 수효를 대적(對敵)하지 못한다는 뜻.
衆口難防(중구난방) : 여러 사람의 입을 막기 어렵다는 뜻으로, 막기 어려울 정도로 여럿이 마구
　　지껄임을 이르는 말.　好衣好食(호의호식) : 좋은 옷과 좋은 음식(飮食).
好事多魔(호사다마) : 좋은 일에는 방해(妨害)가 되는 일이 많음.
檢察(검찰) : ① 검사하여 살핌. ② 죄 지은 흔적을 가려 그 사실과 증거를 찾음 또는 그 기관.

酒中不語는 眞君子요
주 중 불 어 진 군 자

財上分明은 大丈夫니라.
재 상 분 명 대 장 부

풀이 술 취한 가운데에서도 말이 없으면 자신을 다스릴 줄 아는 참다운 군
자요, 재물에 대하여 분명히 하면 대장부이다.

酒(술 주) 財(재물 재) 丈(어른 장)

酒池肉林(주지육림) : 「술이 못을 이루고 고기가 수풀을 이룬다」는 뜻으로, 매우 호화(豪華)스럽
　　고 방탕(放蕩)한 생활을 이르는 말.
財産(재산) : 개인이나 가정, 단체가 소유하는 재물.

萬事從寬이면 其福自厚니라.
만 사 종 관　기 복 자 후

풀이 만 가지 일을 너그럽게 따르면 복이 저절로 두터워지느니라.

從(좇을 종)　寬(너그러울 관)　厚(두터울 후)

寬容(관용) : 마음이 넓어 남의 말을 너그럽게 받아들이거나 용서(容恕)함.
厚顔無恥(후안무치) : 얼굴이 두껍고 부끄러움이 없다라는 뜻으로, 뻔뻔스러워 부끄러워할 줄 모름.

太公이 曰 欲量他人인대 先須自量하라
태 공　왈 욕 량 타 인　선 수 자 량

傷人之語는 還是自傷이니 含血噴人이면
상 인 지 어　환 시 자 상　함 혈 분 인

先汚其口니라.
선 오 기 구

풀이 태공이 말했다.
　다른 사람의 마음을 알려고 한다면 먼저 자기 자신의 마음을 헤아려야 하고, 남을 해치는 말은 도리어 자기를 해치는 것이 되느니, 피를 머금어 남에게 뿜으면 먼저 그 입부터 더러워진다.

含(머금을 함)　他(다를 타)　傷(상처 상)　欲(하고자 할 욕)　量(헤아릴 량{양})　須(모름지기 수)
汚(더러울 오)　語(말씀 어)　噴(뿜을 분)　還(돌아올 환)　　血(피 혈)

力量(역량) : 힘, 능력(能力), 어떤 일을 감당(堪當)하여 해낼 수 있는 힘.
他山之石(타산지석) : 다른 른 산의 돌이라는 뜻으로,다른 산에서 나는 거칠고 나쁜 돌이라도 숫돌로
　　쓰면 자기의 옥을 갈 수가 있으므로, 다른 사람의 하찮은 언행(言行)이라도 자기의 지덕(智德)을
　　닦는 데 도움이 됨을 비유해 이르는 말.
含有(함유) : 어떤 성분(成分)을 안에 가지고 있음.　噴出(분출) : ① 뿜어 나옴. ② 내뿜음.

凡戲는 無益이요 惟勤이 有功이니라.
범 희 무 익 유 근 유 공

풀이 무릇 놀기만 하는 것은 유익함이 없고, 오직 부지런한 것만이 공이
된다.

凡(무릇 범) 戲(놀 희) 惟(생각할 유) 功(공 공)

凡例(범례) : 책 머리에 그 책의 내용이나 쓰는 방법 등에 관한 참고 사항 따위를 말해 놓은 글.
戲弄(희롱) : 말이나 행동(行動)으로 실없이 놀리는 짓.
思惟(사유) : ① 마음으로 생각함. ② 개념(概念), 구성(構成), 판단(判斷), 추리(推理) 등(等)을
　　　행하는 인간의 이성(理性)이 작용(作用).
思惟(사유) : ① 생각하고 궁리함. ② 개념, 구성, 판단 등을 하는 인간의 지적 작용.
功勞(공로) : 어떤 목적(目的)을 이루는 데에 힘쓴 노력(努力)이나 수고.

太公이 曰 瓜田에 不納履하고
태 공 왈 과 전 불 납 리

李下에 不正冠이니라.
이 하 부 정 관

풀이 태공이 말했다.
참외 밭에서는 신을 고쳐 신지 말고, 오얏나무 아래에서는 갓을 고쳐 쓰지
말라. 즉 참외와 오얏을 따는 것으로 오해받을 수 있기에 오해받을 만한 장
소에서는 조심하라는 뜻이다.

瓜(오이 과) 田(밭 전) 衲(기울 납) 履(신 리{이}) 李(자두나무 리{이}) 下(아래 하) 冠(갓 관)

瓜田(과전) : 외밭. 오이나 참외를 심는 밭.
納品(납품) : 계약(契約)한 곳에 물품(物品)을 바치는 것.
履歷(이력) : 지금까지 학업(學業), 직업(職業) 따위의 경력(經歷).
冠婚喪禮(관혼상례) : 관례(冠禮)와 혼례(婚禮), 상례(喪禮).

景行錄에 曰 心可逸이언정 形不可不勞요
경 행 록 왈 심 가 일 　 형 불 가 불 로

道可樂이언정 心不可不憂니 形不勞則怠
도 가 락 　 심 불 가 불 우 　 형 불 로 즉 태

惰易弊하고 心不憂則荒淫不定故로
타 이 폐 　 심 불 우 즉 황 음 부 정 고

逸生於勞而常休하고 樂生於憂而
일 생 어 로 이 상 휴 　 낙 생 어 우 이

無厭하나니 逸樂者는 憂勞를 豈可忘乎아.
무 염 　 일 락 자 　 우 로 　 기 가 망 호

풀이 경행록에서 말했다.

　마음을 편안하게 하고자 할진데 어찌 몸이 수고롭지 않을 수 있으며, 도를 즐기고자 할진데 어찌 마음에 근심스러움이 없겠는가? 즉 몸이 수고롭지 않으면 게을러져서 피폐(무너짐)해지기 쉽고, 마음이 근심스럽지 않으면 주색(술, 여자)에 빠져서 마음을 안정하지 못한다. 그러므로 편안함은 수고하는 데에서 생겨 늘 즐거운 것이며, 즐거움은 근심하는 데서 생겨 싫지 않은 것이니, 편안하고 즐거운 사람은 근심과 수고로움을 어찌 잊을 수 있겠는가?

逸(달아날 일)　憂(근심할 우)　怠(게으름 태)　易(바꿀 역)　忘(잊을 망)　勞(일할 로{노})
憂(근심할 우)　乎(어조사 호)　惰(게으를 타)　荒(거칠 황)　常(항상 상)　淫(음란할 음)
休(쉴 휴)　　　厭(싫을 염)　　弊(해질 폐)

逸話(일화) : 아직 세상(世上)에 널리 알려지지 아니한 이야기.
形態(형태) : 사물(事物)의 생김새.　淫亂(음란) : 음탕(淫蕩)하고 난잡(亂雜)함.
憂慮(우려) : (어떤 일을) 잘못되지 않을까 걱정하는 것.
怠慢(태만) : 해야 할 일을 하지 않고 게으름을 피움.　惰性(타성) : 사람의 말이나 행동에 굳어진 습성.
弊端(폐단) : 괴롭고 번거로운 일. 귀찮고 해로운 일.　荒蕪地(황무지) : 거친 땅.
常務(상무) : 회사 등에서, 일상 업무를 처리하고 집행하는 이사.
休暇(휴가) : 일정(一定)한 일에 매인 사람이 다른 일로 말미암아 얻는 겨를.

耳不聞人之非하고 目不視人之短하고
이 불 문 인 지 비　목 불 시 인 지 단

口不言人之過라야 庶幾君子니라.
구 불 언 인 지 과　서 기 군 자

풀이 귀로는 다른 사람의 그른 점을 듣지 말고, 눈으로는 다른 사람의 단점을 보지 말며, 입으로는 다른 사람의 허물을 말하지 않아야 군자에 가깝다 할 것이다.

耳(귀 이)　視(볼 시)　短(짧을 단)　過(지날 과)　庶(여러 서)　幾(기미 기)

視覺(시각) : 빛의 자극(刺戟)을 받아 눈으로 느끼는 것.　庶民(서민) : 관직(官職)이 없는 평민.
短點(단점) : 낮고 모자라는 점(點).　過程(과정) : 일이 되어 가는 경로(經路).
幾何學(기하학) : 꼴, 크기, 위치에 관한 성질을 연구하는 분과(分科).

蔡伯喈曰 喜怒는 在心하고 言出於口하나니
채 백 개 왈　희 로　재 심　언 출 어 구

不可不愼이니라.
불 가 불 신

풀이 채백개가 말했다.
　기쁨과 노여움은 마음에 달려있고, 말은 입에서 나오는 것이니, 삼가지 않을 수 없다.

蔡(거북 채)　伯(맏 백)　喈(새소리 개)　喜(기쁠 희)　怒(성낼 노)　愼(삼갈 신)

伯兄(백형) : 여러 형제 중에서 첫째가 되는 형.
伯仲之勢(백중지세) : 힘이나 능력 따위가 서로 엇비슷하여 누가 더 낫고 못함을 가리기 힘든 형세.
出發(출발) : ① 길을 떠남.　② 또는 일을 시작(始作)하여 나감.

참고 채백개(蔡伯喈) ; 131~19② 중국 후한(後漢) 때 문학자. 이름은 옹(邕),
　　　백개(伯喈)는 그의 자(字). 저서로는 채중랑전접(蔡中郎全集)이 있다.

宰予晝寢이어늘 子曰 朽木은 不可雕也요
재 여 주 침　　자 왈　후 목　불 가 조 야

糞土之墻은 不可圬也니라.
분 토 지 장　불 가 오 야

풀이 재여가 낮잠 자는 것을 본 공자께서 말씀하시기를, 썩은 나무에는 조각할 수 없고, 썩은 흙으로 쌓은 담은 흙손질을 할 수가 없다.

宰(재상 재) 予(나 여) 晝(낮 주) 寢(잠잘 침) 朽(썩을 후) 雕(독수리 조, 새길 조) 糞(똥 분)
墻(담 장) 圬(흙손 오)

宰相(재상) : 예전에, 임금을 보좌하며 모든 관원을 지휘하고 감독하는 일을 맡은 이품 이상의 벼슬이나 그런 자리에 있는 사람을 통틀어 이르던 말.
晝夜(주야) : 낮과 밤.　寢室(침실) : 잠을 자는 방(房).
老朽(노후) : (어떤 물체나 시설 등이)오래되고 낡아 사용하기 어려운 상태(狀態)에 있음.
糞尿(분뇨) : 똥과 오줌.　墻壁(장벽) : 담과 벽을 아울러 이르는 말.
雕刻匠(조각장) : 조각하는 일을 전문으로 하는 장인.

참고 宰予(재여) ; 춘추시대 공자(孔子)의 제자 가운데 학행이 뛰어난 십철(十哲) 중 한 사람으로 자(字)는 자아(子我)·재아(宰我)임.

紫虛元君誠諭心文에 曰
자 허 원 군 성 유 심 문　왈

福生於淸儉하고 德生於卑退하고
복 생 어 청 검　　덕 생 어 비 퇴

道生於安靜하고 命生於和暢하고
도 생 어 안 정　　명 생 어 화 창

憂生於多慾하고 禍生於多貪하고
우 생 어 다 욕　　화 생 어 다 탐

過生於輕慢하고 罪生於不仁하고
과 생 어 경 만　　죄 생 어 불 인

戒眼莫看他非하고 戒口於莫談他短하고
계 안 막 간 타 비　　계 구 어 막 담 타 단

戒心莫自貪嗔하고 戒身莫隨惡伴하고
계 심 막 자 탐 진　　계 신 막 수 악 반

無益之言을 莫妄說하고 不干己事를
무 익 지 언　　막 망 설　　불 간 기 사

莫妄爲하고 尊君王孝父母하며
막 망 위　　존 군 왕 효 부 모

敬長奉有德하고 別賢愚恕無識하고
경 장 봉 유 덕　　별 현 우 서 무 식

物順來而勿拒하며 物旣去而勿追하고
물 순 래 이 물 거　　물 기 거 이 물 추

身未遇而勿望하며 事已過而勿思하라
신 미 우 이 물 망　　사 이 과 이 물 사

聰明도 多暗昧요 算計도 失便宜니라
총 명　　다 암 매　　산 계　　실 편 의

損人終自失이오 依勢禍相隨라
손 인 종 자 실　　의 세 화 상 수

戒之在心하고 守之在氣라 爲不節而
계 지 재 심　　수 지 재 기　　위 불 절 이

亡家하고 因不廉而失位니라 勸君自警於
망가   인불렴이실위   권군자경어

平生하나니 可歎可警而可畏니라
평생   가탄가경이가외

上臨之以天鑑하고 下察之以地祇라
상림지이천감   하찰지이지기

明有三法相繼하고 暗有鬼神相隨라
명유삼법상계   암유귀신상수

惟正可守요 心不可欺니 戒之戒之하라.
유정가수   심불가기   계지계지

[풀이] 자허원군 「성유심문」에서 말했다.

복은 청렴과 검소함에서 생기고, 덕은 겸손하고 사양하는 데에서 생기며, 도는 편안하고 고요한 데에서 생기고, 생명은 순수하고 사모치는 곳에서 생긴다. 근심은 욕심이 많음에서 생기고, 재앙은 탐욕이 많은 데서 생기며, 과실은 경솔하고 교만한 데서 생기고, 죄악은 어질지 못한 데서 생긴다. 눈을 경계하여 다른 사람의 그릇된 것을 보지 말고, 입을 경계하여 다른 사람의 결점을 말하지 말고, 마음을 경계하여 스스로 탐내고 성내지 말고, 몸을 경계하여 나쁜 벗을 따르지 말며, 유익하지 않은 말은 함부로 하지 말고, 나에게 관련 없는 일은 함부로 하지 말라. 임금을 높이어 공경하고, 부모에게 효도하며, 웃어른을 삼가 존경하고 덕이 있는 사람을 받들며, 어진 사람과 어리석은 사람을 분별하고 무식한 사람을 용서하라. 재물이 순리로 오거든 물리치지 말고, 이미 떠난 재물을 뒤쫓지 말며, 몸이 불우에 처해 있다 해도 바라지 말고, 일이 이미 지나갔거든 생각하지 마라. 총명한 사람도 우매할 때가 많고, 계획을 치밀하게 세워놓았어도 편의를 잃는 수가 있다. 남을 손상하면 마침내 자기도 손실을 입을 것이요, 세력에 의존하면 재앙이 서로 따른다. 경계할 것은 마음에 있고, 지킬 것은 기운에 있다. 절약하지 않음으로써 집을 망치고 청렴하지 않음 때문에 지위를 잃는다. 그대에게 평생을 두고 스스로 경계할 것을 권고하노니, 가히 탄식할 만하고 놀랍게 여겨 생각할지니라. 위에는 하늘의 거울이 그대를 굽어보고, 아래에는 땅의 신령이 그대를 살피고 있다. 밝은 곳에는 삼법(三法)이 서로 이어져 있고, 어두운 곳에는 귀신이 서로 따르고 있다. 오직 바른 것을 지켜야 하고 마음을 속여서는 안되니, 경계하고 경계하라.

紫(자줏빛 자)	諭(깨우칠 유)	誠(정성 성)	卑(낮을 비)	守(지킬 수)	暢(펼 창)	去(갈 거)
輕(가벼울 경)	慢(게으를 만)	他(다를 타)	短(짧을 단)	隨(따를 수)	眼(눈 안)	看(볼 간)
妄(허망할 망)	敬(공경할 경)	尊(높을 존)	奉(받들 봉)	賢(어질 현)	鬼(귀신 귀)	伴(짝 반)
恕(용서할 서)	宜(마땅할 의)	物(만물 물)	順(순할 순)	拒(막을 거)	旣(이미 기)	識(알 식)
暗(어두울 암)	警(경계할 경)	追(쫓을 추)	遇(만날 우)	望(바랄 망)	聰(귀 밝을 총)	算(셀 산)
靜(고요할 정)	便(편할 편)	昧(새벽 매)	損(덜 손)	勢(기세 세)	隨(따를 수)	欺(속일 기)
儉(검소할 검)	節(마디 절)	勸(권할 권)	歎(읊을 탄)	臨(임할 림{임})	廉(청렴할 렴{염})	
依(의지할 의)	鑑(거울 감)	祇(토지의 신 기{마침 지})	愚(어리석을 우)			

紫外線(자외선) : 태양 광선의 스펙트럼을 사진으로 찍었을 때 가시광선의 바깥쪽에 나타나는 전자파를 통틀어 이르는 말.

虛僞(허위) : 사실(事實)이 아닌 것을 사실(事實)처럼 꾸민 것.

誠心誠意(성심성의) : 성실하고 정성스러운 마음과 뜻.　　儉素(검소) : 치레하지 않고 수수함.

卑劣(비열) : 성품(性品)이나 하는 짓이 천하고 용렬(庸劣)함.　退職(퇴직) : 현직(現職)에서 물러남.

安全(안전) : 편안(便安)하여 탈이나 위험성(危險性)이 없음.　靜肅(정숙) : 고요하고 엄숙함.

暢達(창달) : 의견이나 주장 따위를 막힘없이 널리 자유롭게 표현하고 전달함.

輕擧妄動(경거망동) : 경솔하고 조심성 없이 행동함.

眼下無人(안하무인) : 눈 아래에 사람이 없다는 뜻으로, 사람됨이 교만(驕慢)하여 남을 업신여김을 이르는 말.

談話文(담화문) : 어떤 단체나 공적인 자리에 있는 사람이 어떤 문제에 대하여 자신의 의견이나 태도를 공식적으로 밝히는 글.

隨伴(수반) : 어떤 현상이 다른 현상에 붙좇아서 따름.　尊敬(존경) : 존중히 여겨 공경(恭敬)함.

奉仕(봉사) : ① 남을 위하여 일함.　② 남을 위해 노력(努力)함.

賢明(현명) : 마음이 어질고 영리(怜悧)하여 사리(事理)에 밝음.

愚公移山(우공이산) : 우공이 산을 옮긴다는 말로, 남이 보기엔 어리석은 일처럼 보이지만 한 가지 일을 끝까지 밀고 나가면 언젠가는 목적(目的)을 달성(達成)할 수 있다는 뜻.

참고 자허원군(紫虛元君) : 도가(道家)에서 받드는 여자 선인(仙人). 자허(紫虛)는 하늘을 말한다. 원군(元君)은 여자 신선을 아름답게 일컫는 말. 남자 선인은 진인(眞人)이라 함.

安分篇
안 분 편

景行錄에 云 知足可樂이나 務貪則憂니라
경 행 록 운 지 족 가 락 무 탐 즉 우

풀이 경행록에 이르기를,
"족할줄 알면 가히 즐거울 것이요, 탐욕에 힘쓰면 곧 근심이 있느니라."

務(일 무) 貪(탐할 탐) 憂(근심할 우)

知足者는 貧賤亦樂하고 不知足者는
지 족 자 빈 천 역 락 불 지 족 자

富貴亦憂니라.
부 귀 역 우

풀이 만족함을 아는 사람은 가난하고 천하여도 역시 즐겁고, 만족함을 알지 못하는 사람은 부(富)하고 귀(貴)하여도 또한 근심하느니라.

貧(가난할 빈) 賤(천할 천) 富(가멸 부) 貴(귀할 귀)

富裕層(부유층) : 재산이 넉넉히 있는 계층(階層) 또는 그런 계층의 사람들.
知己之友(지기지우) : 자기를 가장 잘 알아주는 친한 친구.

濫想은 徒傷神이요 妄動은 反致禍니라.
남 상 도 상 신 망 동 반 치 화

풀이 쓸데없는 생각은 다만 정신을 상할 뿐이요, 분수없이 망령된 행동은 도리어 화를 부르느니라.

濫(퍼질 람{남}) 想(생각할 상) 徒(무리 도) 傷(상처 상) 動(움직일 동) 反(되돌릴 반) 致(보낼 치)

汎濫(범람) : ① 물이 넘쳐 흐름. 범일(汎溢). ② 바람직하지 못한 것들이 크게 나돎.

想像力(상상력) : ① 상상(想像)하는 힘. ② 상상(想像)을 하는 심적(心的) 능력(能力).

徒黨(도당) : ① 떼를 지은 무리. ② 불순(不順)한 사람들의 무리.

傷哉之歎(상재지탄) : 살림이 군색(窘塞)하고 가난함에 대(對)한 한탄(恨歎).

輕擧妄動(경거망동) : 경솔하고 조심성 없이 행동함.

反對(반대) : 두 사물(事物)이 맞서 있는 상태(狀態).

致命的(치명적) : 죽음·멸망(滅亡)에 관계(關係)될 만큼 결정적(決定的)인 모양(模樣).

知足常足이면 終身不辱하고 知止常止면
지 족 상 족 종 신 불 욕 지 지 상 지

終身無恥니라.
종 신 무 치

풀이 넉넉한 줄을 알고 항상 만족하면 종신토록 욕되지 아니하고, 그칠줄을 알고 항상 그치면 종신토록 부끄러움이 없느니라.

足(발 족) 常(항상 상) 辱(욕되게 할 욕) 止(발 지) 恥(부끄러워할 치)

辱說(욕설) : ① 남을 저주(咀呪)하는 말. ② 남을 미워하는 말.

止揚(지양) : 더 높은 단계(段階)로 오르기 위하여 어떠한 것을 하지 아니함.

恥辱(치욕) : 부끄럽고 욕됨. 불명예(不名譽).

恥部(치부) : ① 음부(陰部). ② 남에게 알리고 싶지 않은 부끄러운 부분.

書經에 曰 滿招損이요 謙受益이니라.
서 경 왈 만 초 손 겸 수 익

풀이 서경에 이르기를,
　가득차면 줄어들고, 겸손하면 이익을 얻느니라.

滿(찰 만)　招(부를 초)　謙(겸손할 겸)　受(받을 수)　益(더할 익)

滿身瘡痍(만신창이) : 온몸이 성한 데 없는 상처(傷處)투성이라는 뜻으로, 아주 형편(形便)없이 엉망
　　임을 형용(形容)해 이르는 말.
招請(초청) : 청하여 불러들임.
招請狀(초청장) : 일정한 격식을 갖추어 초청하는 뜻을 담은 서신.
謙讓之德(겸양지덕) : 겸손(謙遜)하게 사양(辭讓)하는 미덕(美德).

安分吟에 曰 安分身無辱이요
안 분 음 왈 안 분 신 무 욕

知機心自閑이라 雖居人世上이나
지 기 심 자 한 　　 수 거 인 세 상

却是出人間이니라.
각 시 출 인 간

풀이 안분음에서 이르기를,
　"편안한 마음으로 분수를 지키면 몸에 욕됨이 없을 것이요, 세상 돌아가
는 형편을 잘 알면 마음이 스스로 한가하나니 비록 인간 세상에 살지라도
도리어 인간 세상에서 벗어난 것이니라."

吟(읊을 음)　辱(욕되게 할 욕)　機(틀 기)　閑(막을 한)　雖(비록 수)　居(있을 거)　却(물리칠 각)

吟風詠月(음풍영월) : 맑은 바람과 밝은 달에 대하여 시를 짓고 즐겁게 놂.
機會(기회) : 공교롭게 보람 있는 고비.

子曰 不在其位하여는 不謀其政이니라.
자 왈 부 재 기 위 불 모 기 정

풀이 공자께서 말씀하셨다.
"그 지위에 있지 않으면, 그 정사(政事)를 도모하지 않는 것이다."

謀(꾀할 모) 政(정사 정)

在籍(재적) : ① 학적, 호적(戶籍), 병적 등에 적혀 있음. ② 합의체(合議體) 등의 적(籍)에 올라 있음.

在籍生(재적생) : 제적하고 있는 학생(學生).　在籍數(재적수) : 적에 올라 있는 수효(數爻).

在庫(재고) : 창고(倉庫)에 쌓아둔 물건(物件).

在庫量(재고량) : 재고(在庫) 상태(狀態)에 있는 물품(物品)의 분량(分量).

在庫品(재고품) : 창고(倉庫) 따위에 있는 물건(物件)

在庫資産(재고자산) : 기업(企業)이 갖고 있는 유동(流動) 자산(資産). 곧 기업이 앞으로 팔려고 보관
　　(保管)하고 있는 원료(原料), 재료(材料), 반제품(半製品), 재공품, 제품 따위.

在職(재직) : 직장(職場)에 근무하고 있음.

在職證明書(재직증명서) : 어떤 직장에서 근무하고 있거나 근무했음을 증명(證明)하는 문서.

在職中(재직중) : 어떤 직에 있는 동안.

現在현재) : 지금 이때. 삼세(三世)의 하나. 지금 살아 있는 이 세상(世上).

其他(기타) : ① 그것 외에 또 다른 것. ② 그밖에.

其他所得(기타소득) : 소득세법상, 세금 매길 대상(對象)으로 되는 일시적인 수입(收入). 상금, 사례금
　　(謝禮金), 취업료(就業料), 복권 당첨금(當籤金), 보상금(補償金) 따위.

位置(위치) : ① 자리나 처소. 장소. ② 사회적인 신분. 지위. ③ 사람이나 물건이 자리잡고 있는 곳.

原位置(원위치) : 본디 있던 자리.　謀免(모면) : 어떤 일 따위로부터 꾀를 써서 벗어남.

謀免策(모면책) : 어떤 일로부터 벗어나려는 방책(方策)이나 술책(術策).

謀略(모략) : 남을 해치려고 쓰는 꾀.　謀略的(모략적) : 모략(謀略)과 같은.

謀陷(모함) : 꾀를 써서 남을 어려움에 빠뜨림.

謀議(모의) : 일을 계획(計劃)하여 서로 의논(議論)함.

圖謀(도모) : 앞으로 할 일을 이루기 위하여 수단(手段)과 방법(方法)을 꾀함.

陰謀(음모) : ① 남이 모르게 일을 꾸미는 악한 꾀. ② 또 그 계략(計略), 범죄에 관한 행위(行爲).

政府(정부) : 국가를 다스리는 기관(機關). 곧, 입법부·사법부·행정부(行政府)의 총칭(總稱).

政策(정책) : 국리민복(國利民福)을 증진(增進)하려고 하는 시정(施政)의 방법(方法). 정치적(政治的)
　　목적을 실현(實現)하기 위하여 꾀하는 방법.

政權(정권) : 정치상의 권력(權力), 정부(政府)를 조직하여 정치를 담당(擔當)하는 권력(權力).

存心篇
존 심 편

景行錄에 云 坐密室을 如通衢하고
경 행 록 운 좌 밀 실 여 통 구

馭寸心을 如六馬면 可免過니라.
어 촌 심 여 육 마 가 면 과

풀이 경행록에 이르기를,

"밀실에 혼자 앉아 있더라도 확 트인 큰 거리에 있는 듯이 하고, 한 조각의 마음을 통제하는 것을 여섯 필 말을 몰듯이 하면 허물을 면할 수 있을 것이다" 하였다.

通(통할 통) 衢(네거리 구) 馭(말 부릴 어) 六(여섯 육{륙}) 免(면할 면)

坐井觀天(좌정관천) : 「우물 속에 앉아 하늘을 쳐다본다」는 뜻으로, 견문이 매우 좁음을 말함.

密接(밀접) : 빈틈없이 가깝게 맞닿음. 密集(밀집) : 빈틈없이 빽빽하게 모임.

室內(실내) : ① 방 안. ② 남의 아내를 일컬음.

擊壤詩에 云 富貴如將智力求라면
격 양 시 운 부 귀 여 장 지 력 구

仲尼年少合封侯리라. 世人은 不解
중 니 연 소 합 봉 후 세 인 불 해

靑天意하고 空使身心半夜愁니라.
청 천 의   공 사 신 심 반 야 수

풀이 격양시(擊壤詩)에 이르기를,

"부귀를 만약에 지혜나 힘으로 구할 수 있다면 중니(공자)도 젊은 나이에 제후에 봉해졌으리라. 세상 사람들은 푸른 하늘의 뜻을 이해하지 못하고 부질없이 한밤중에 심신을 근심하게 하네"라고 하였다.

擊(부딪칠 격) 智(슬기 지) 力(힘 력{역}) 壤(흙 양) 求(구할 구) 仲(버금 중) 尼(중 니{이})

封(봉할 봉)   侯(과녁 후) 靑(푸를 청)   夜(밤 야) 愁(시름 수)

擊破(격파) : 처부숨.   土壤(토양) : 흙. 모래와 점토가 알맞게 섞인 흙.

仲裁(중재) : 제3자가 당사자(當事者) 사이에 들어 분쟁(紛爭)을 조정(調停)하여 해결(解決)하는 일.

封鎖(봉쇄) : ① 봉하고 잠금. ② 외부(外部)와의 연락(連絡)을 끊음.

獨也靑靑(독야청청) : 홀로 푸르다는 뜻으로, 홀로 높은 절개를 지켜 늘 변함이 없음을 이르는 말.

范忠宣公이 戒子弟曰 人雖至愚나
범 충 선 공   계 자 제 왈   인 수 지 우

責人則明하고 雖有聰明이나 恕己則昏이라
책 인 즉 명   수 유 총 명   서 기 즉 혼

爾曹는 但當以責人之心으로 責己하고
이 조   단 당 이 책 인 지 심   책 기

恕己之心으로 恕人이면 則不患不到聖賢
서 기 지 심   서 인   즉 불 환 부 도 성 현

地位也니라.
지 위 야

풀이 범충선공이 아들을 훈계하여 말하기를,

"비록 지극히 어리석은 사람일지라도 남을 꾸짖는 것은 밝고, 비록 총명할지라도 자기를 용서함에는 어두우니, 너희들은 마땅히 남을 꾸짖는 마음으로써 자기를 꾸짖고, 자기를 용서하는 마음으로써 남을 용서한다면 성현(聖賢)의 경지에 이르지 못한 것을 근심할 것이 없느니라" 하였다.

范(풀이름 범) 宣(베풀 선) 弟(아우 제) 責(꾸짖을 책) 昏(어두울 혼) 爾(너 이) 曹(마을 조)
但(다만 단)   患(근심 환)

忠誠(충성) : 마음에서 우러나는 정성(精誠). 責任(책임) : 도맡아 해야 할 임무(任務).
疾患(질환) : 질병(疾病). 몸의 온갖 병(病).   聰明(총명) : 슬기롭고 도리(道理)에 밝음.
昏迷(혼미) : 정신(精神)이 흐리고 멍하게 됨.

子曰 聰明思睿라도 守之以愚하고
자 왈 총 명 사 예   수 지 이 우

功被天下라도 守之以讓하고 勇力振世라도
공 피 천 하   수 지 이 양   용 력 진 세

守之以怯하고 富有四海라도
수 지 이 겁   부 유 사 해

守之以謙이니라.
수 지 이 겸

풀이 공자께서 말씀하시기를,

"총명하고 생각함이 뛰어날지라도 어리석음으로써 지켜야 하고, 공적이 천하를 뒤덮을지라도 사양하는 마음으로써 이를 지켜야 하고, 용맹이 세상에 떨칠지라도 무서워하는 마음으로써 이를 지켜야 하고, 부유함이 온 천하에 있을지라도 겸손으로써 지켜야 하느니라" 하셨다.

聰(귀 밝을 총) 睿(깊고 밝을 예) 愚(어리석을 우) 被(이불 피) 讓(사양할 양) 功(공 공)
勇(날쌜 용)   振(떨칠 진)   怯(겁낼 겁)   海(바다 해) 謙(겸손할 겸)

睿德(예덕) : ① 몹시 뛰어난 덕망. ② 왕세자(王世子)의 덕망.
被害(피해) : 어떤 사람이 재물(財物)을 잃거나 신체적·정신적으로 해를 입은 상태(狀態).
分讓(분양) : 나누어서 넘겨 줌. 振動(진동) : 흔들리어 움직임.
勇敢無雙(용감무쌍) : 용감하기 짝이 없음. 卑怯(비겁) : 비열(卑劣)하고 겁이 많음.
海洋(해양) : 넓은 바다, 지구(地球)의 거죽에 큰 넓이로 짠물이 많이 괴어 있는 곳.

素書에 云 薄施厚望者는 不報하고
소 서 운 박 시 후 망 자 불 보

貴而忘賤者는 不久니라.
귀 이 망 천 자 불 구

[풀이] 소서에 이르기를,
"박하게 베풀고 후한 것을 바라는 자에게는 보답이 없고, 몸이 귀하게 돼서 천했던 때를 잊는 자는 오래 계속되지 못하느니라"고 하였다.

素(흴 소) 薄(엷을 박) 施(베풀 시) 厚(두터울 후) 望(바랄 망) 賤(천할 천) 久(오랠 구)

素養(소양) : 평소(平素)에 닦아 쌓은 교양(敎養).
薄俸(박봉) : 많지 않은 봉급(俸給). 淺薄(천박) : 학문(學問)이나 생각이 얕음.
施設(시설) : 도구, 기계 장치 따위를 설치(設置)하거나, 일정한 구조물(構造物)을 베풀어 차림.
厚德(후덕) : 두터운 심덕(心德). 두터운 덕행(德行).
刻骨難忘(각골난망) : 입은 은혜(恩惠)에 대(對)한 고마운 마음이 뼈에까지 사무쳐 잊혀지지 아니함.
久遠(구원) : 몹시 오래 됨. 永久(영구) : 끝없이 오램. 悠久(유구) : 연대(年代)가 길고 오램.
望洋之歎(망양지탄) : 넓은 바다를 보고 탄식(歎息)한다는 뜻으로, 남의 원대(遠大)함에 감탄(感歎·感嘆)하고, 나의 미흡(未洽)함을 부끄러워함의 비유.

施恩이어든 勿求報하고 與人이어든 勿追悔니라.
시 은 물 구 보 여 인 물 추 회

[풀이] 은혜를 베풀었거든 그 보답 받을 것을 생각하지 말고, 남에게 주었거든 후에하거나 뉘우치지 말지니라.

恩(은혜 은) 與(줄 여) 追(쫓을 추) 悔(뉘우칠 회)

與否(여부) : ① 그러함과 그러하지 아니함. ② 틀리거나 의심(疑心)할 여지.

追加(추가) : 나중에 더하여 보탬.　追憶(추억) : 지난 일을 돌이켜 생각함.

促求(촉구) : 재촉하여 요구(要求)함. 後悔(후회) : 일이 지난 뒤에 잘못을 깨치고 뉘우침.

求心點(구심점) : 중심 쪽으로 쏠리어 모이는 점.

孫思邈이 曰 膽欲大而心欲小하고
손 사 막 왈 담 욕 대 이 심 욕 소

知欲圓而行欲方이니라.
지 욕 원 이 행 욕 방

풀이 손사막이 말했다.

담력은 크게 갖되 마음가짐은 작게하고, 지혜는 원만함을 바라되 행동은 방정토록 바라야 하느니라.

邈(멀 막) 膽(쓸개 담) 知(알 지) 圓(둥글 원)

邈遠(막원) : 멀고 아득함.　膽力(담력) : 사물(事物)을 두려워하지 않는 기력(氣力).

圓滑(원활) : ① 일이 거침 없이 잘 되어 나감. ② 규각(圭角)이 없고 원만(圓滿)함.

참고 孫思邈(손사막) : 당(唐)나라의 의학자(醫學者). 백가(百家)에 통(通)하고 노장(老壯)의 도(道)에 환하며 겸하여 음양(陰陽)과 의술(醫術)에 통달(通達)함.

念念要如臨戰日하고
염 염 요 여 임 전 일

心心常似過橋時니라.
심 심 상 사 과 교 시

풀이 생각은 요컨대 싸움터에 임한 날과 같이하고, 마음은 항상 다리를 건널 때와 같이 조심해야 하느니라.

念(생각할 념{염}) 要(구할 요) 臨(임할 림{임}) 戰(싸울 전) 似(같을 사) 橋(다리 교) 時(때 시)

記念碑(기념비) : 오래도록 어떤 뜻 깊은 일을 기념(紀念·記念)하기 위(爲)하여 세운 비(碑).
臨戰無退(임전무퇴) : 삼국 통일의 원동력이 된 화랑(花郎)의 세속오계(世俗五戒)의 하나. 싸움에 임하여 물러섬이 없음.
臨機應變(임기응변) : 그때그때 처한 뜻밖의 일을 재빨리 그 자리에서 알맞게 대처(對處)하는 일.
橋梁(교량) : 강이나 내 등을 사람이나 차량이 건널 수 있게 만든, 비교적 큰 규모의 다리.

懼法이면 朝朝樂이요 欺公이면 日日憂니라.
구 법   조 조 락   기 공   일 일 우

풀이 법을 두려워하면 아침마다 즐거울 것이요, 공적인 일에 속임수를 쓰면 날마다 근심하게 되느니라.

懼(두려워할 구) 朝(아침 조) 欺(속일 기) 憂(근심할 우)

悚懼(송구) : 두려워서 마음이 몹시 거북함.
法律(법률) : 국민이 지켜야 할 나라의 규율(規律), 나라에서 정한 법, 헌법(憲法),
朝令暮改(조령모개) : 「아침에 명령을 내리고서 저녁에 다시 바꾼다」는 뜻으로, 법령의 개정(改定)이 너무 빈번(頻煩)하여 믿을 수가 없음을 이르는 말.
欺瞞(기만) : 남을 그럴 듯하게 속여 넘김.

朱文公이 曰 守口如瓶하고 防意如城하라.
주 문 공   왈   수 구 여 병   방 의 여 성

풀이 주문공이 말하기를,
 "입을 지키는 것을 병(瓶)과 같이 하고, 뜻을 막기를 성(城)을 지키는 것 같이 하라"고 했다.

朱(붉을 주) 瓶(병 병) 防(둑 방) 城(성 성)

近朱者赤(근주자적) : 「붉은빛에 가까이 하면 반드시 붉게 된다」는 뜻으로, 주위(周圍) 환경(環境)이 중요(重要)하다는 것을 이르는 말.

心不負人이면 面無慙色이니라.
심 불 부 인　　면 무 참 색

풀이 마음이 남을 저버리지 않았으면 얼굴에 부끄러운 빛이 없느니라.

負(질 부)　面(낯 면)　慙(부끄러울 참)　色(빛 색)

慙悔(참회) : 부끄러워하며 뉘우침.　破戒無慙(파계무참) : 계율(戒律)을 어기면서 부끄러워함이 없음.

人無百歲人이나 枉作千年計니라.
인 무 백 세 인　　왕 작 천 년 계

풀이 사람은 백 살을 사는 사람이 없건만 부질없이 천 년의 계획을 세우느니라.

百(일백 백)　歲(해 세)　枉(굽을 왕)　作(지을 작)　千(일천 천)　計(꾀 계)

歲寒孤節(세한고절) : ① 추운 계절(季節)에도 혼자 푸르른 대나무. ② 겨울.

枉臨(왕림) : 남이 자기 있는 곳으로 찾아오는 일을 높여 이르는 말.

寇萊公六悔銘에 云
구 래 공 육 회 명　　운

官行私曲失時悔하고
관 행 사 곡 실 시 회

富不儉用貧時悔니라
부 불 검 용 빈 시 회

藝不少學過時悔하고
예 불 소 학 과 시 회

見事不學用時悔니라
견 사 불 학 용 시 회

醉後狂言醒時悔하고
취 후 광 언 성 시 회

安不將息病時悔니라.
안 불 장 식 병 시 회

풀이 구래공 육회명에 이르기를,

벼슬아치가 사사로운 일을 행하면 벼슬을 잃었을 때 뉘우치게 되고, 부유했을 때 검소하지 아니하면 가난해졌을 때 뉘우칠 것이요, 기술은 젊었을 때 배우지 아니하면 때가 지났을 때 후회하게 되고, 일을 보고 배우지 아니하면 필요할 때에 뉘우칠 것이요, 술취한 뒤에 망언은 술이 깨어서 뉘우칠 것이요, 건강할 때에 몸조심하지 아니하면 병들었을 때 뉘우칠 것이니라.

寇(도둑 구) 銘(새길 명) 私(사사 사) 曲(굽을 곡) 儉(검소할 검) 藝(심을 예) 萊(명아주 래{내})
學(배울 학) 醉(취할 취) 狂(미칠 광) 言(말씀 언) 安(편안할 안) 息(숨 쉴 식) 醒(깰 성)
病(병 병)

倭寇(왜구) : 13~16세기에 중국과 우리나라 근해를 설치고 다니던 일본 해적(海賊).

曲學阿世(곡학아세) : 「학문(學問)을 굽히어 세상에 아첨(阿諂)한다」는 뜻으로, 정도(正道)를 벗어난 학문으로 세상 사람에게 아첨함을 이르는 말.

曲直不問(곡직불문) : 옳고 그름을 묻지 아니함.

儉素(검소) : 치레하지 않고 수수함. 狂氣(광기) : 미친 증세(症勢).

演藝(연예) : 음악(音樂), 무용(舞踊), 연극(演劇), 만담 따위의 재주를 보임.

醉客(취객) : ① 술에 취한 사람. ② 술이 취한 손님.

大悟覺醒(대오각성) : 크게 깨달아서 번뇌(煩惱), 의혹(疑惑)이 다 없어짐 .

참고 구래공(寇萊公) : 이름은 준(準), 자는 중평(平仲)이며 송나라의 재상으로 육회명(六悔銘)은 그가 쓴 여섯 가지 후회 될 일을 경계한 글이다.

益智書에 云 寧無事而家貧이언정
익 지 서 운 영 무 사 이 가 빈

莫有事而家富요 寧無事而住茅屋이언정
막 유 사 이 가 부 영 무 사 이 주 모 옥

不有事而住金屋이요
불 유 사 이 주 금 옥

寧無病而食麤飯이언정
영 무 병 이 식 추 반

不有病而服良藥이니라.
불 유 병 이 복 양 약

[풀이] 익지서에 이르기를,

아무 걱정 없이 집은 가난할지언정 걱정 있는 부잣집이 되지 말 것이요, 아무 걱정 없이 모옥(띠집, 초가집)에 살지언정 걱정 있으면서 좋은 집에서 살지 말 것이요, 차라리 병 없이 거친 밥을 먹을지언정 병이 있어 좋은 약을 먹지 말 것이니라.

寧(편안할 녕{영}) 茅(띠 모) 屋(집 옥) 麤(거칠 추) 飯(밥 반) 服(옷 복) 良(좋을 량{양}) 藥(약 약)

安寧(안녕) : ① 걱정이나 탈이 없음. ② 몸이 건강(健康)하고 마음이 편안(便安)함.

飯饌(반찬) : 밥에 곁들여 먹는 온갖 음식(飮食).

十匙一飯(십시일반) : 열 사람이 한 술씩 보태면 한 사람 먹을 분량(分量)이 된다는 뜻으로, 여러 사람이 힘을 합하면 한 사람을 돕기는 쉽다는 말.

茅屋(모옥) : 띠풀로 엮은 집. 초가집.   服務(복무) : 직무(職務)나 임무(任務)를 맡아 봄.

改良(개량) : 나쁜 점을 고쳐 좋게 함.

不良(불량) : 행실(行實)이나 성질(性質) 따위가 나쁨.

藥局(약국) : 양약(洋藥)을 파는 곳.

漢藥局(한약국) : 한약(韓藥)을 지어 파는 약국.

心安茅屋穩하고 性定菜羹香이니라.
심 안 모 옥 온 　 성 정 채 갱 향

[풀이] 마음이 편안하면 초갓집에 살아도 편안하고, 성품이 안정되면 나물국 도 향기로우니라.

茅(띠 모) 穩(평온할 온) 性(성품 성) 菜(나물 채) 羹(국 갱) 香(향기 향)

穩全(온전) : 본바탕대로 고스란히 있음. 菜食(채식) : 푸성귀로 만든 반찬만을 먹음. 야채만을 먹음.

景行錄에 云 責人者는 不全交요
경 행 록 　 운 책 인 자 　 불 전 교

自恕者는 不改過니라.
자 서 자 　 불 개 과

[풀이] 경행록에 이르기를,
　"남을 꾸짖는 자는 사귐을 온전히 하지 못할 것이요, 자기를 용서하는 자 는 허물을 고치지 못하느니라"고 하였다.

全(온전할 전) 交(사귈 교) 恕(용서할 서) 改(고칠 개)

夙興夜寐하여 所思忠孝者는 人不知나
숙 흥 야 매 　 소 사 충 효 자 　 인 부 지

天必知之요 飽食煖衣하며 怡然自衛者는
천 필 지 지 　 포 식 난 의 　 이 연 자 위 자

身雖安이나 其如子孫이 何리요.
신 수 안 　 기 여 자 손 　 하

풀이 아침에 일찍 일어나서부터 밤에 잠들 때까지 충효를 생각하는 자는 남들이 알지 못하나 하늘이 반드시 이를 알 것이요, 배불리 먹고 따뜻하게 입고 제 몸만 힘써 지키는 자는 몸은 비록 편안하나 그 자손은 어찌할 것인가?

夙(일찍 숙) 興(일 흥) 寐(잠잘 매) 飽(물릴 포) 煖(따뜻할 난) 衣(옷 의) 怡(기쁠 이) 衛(지킬 위) 然(그러할 연)

改過遷善(개과천선) : 지난날의 잘못을 고치어 착하게 됨.
衛生(위생) : 건강의 보전과 증진을 도모하고 질병의 예방과 치유에 힘쓰는 일.
然故(연고) : 그러한 까닭으로~의 뜻의 접속(接續) 부사(副詞).

以愛妻子之心으로 事親則曲盡其孝요
이 애 처 자 지 심 사 친 즉 곡 진 기 효

以保富貴之心으로 奉君則無往不忠이요
이 보 부 귀 지 심 봉 군 즉 무 왕 불 충

以責人之心으로 責己則寡過요
이 책 인 지 심 책 기 즉 과 과

以恕己之心으로 恕人則全交니라.
이 서 기 지 심 서 인 즉 전 교

풀이 처자(妻子)를 사랑하는 마음으로써 어버이를 섬긴다면 그 효도는 곡진(曲盡:마음과 정성을 다함)하다할 것이요, 부귀를 보전하려는 마음으로써 임금을 받든다면 그 어느 때나 충성이 아니됨이 없을 것이요, 남을 꾸짖는 마음으로써 자기를 꾸짖는다면 허물이 적을 것이요, 자기를 용서하는 마음으로써 남을 용서한다면 온전히 사귐을 할 수 있을 것이니라.

愛(사랑 애) 妻(아내 처) 親(친할 친) 往(갈 왕) 寡(적을 과) 恕(용서할 서)

愛之重之(애지중지) : 매우 사랑하고 소중(所重)히 여김. 往來(왕래) : 가고 오고 함.
妻梅子鶴(처매자학) : 매화(梅花)를 아내로 삼고, 학을 아들로 삼음.
盡忠竭力(진충갈력) : 충성(忠誠)을 다하고 힘을 다함. 親姻戚(친인척) : 친척(親戚)과 인척(姻戚).

無窮無盡(무궁무진) : 끝이 없고 다함이 없음을 형용(形容)해 이르는 말.
盡人事待天命(진인사대천명) : 사람의 할 일을 다하고 천명(天命)을 기다림.

爾謀不藏이면 悔之何及이며 爾見不長이면
이 모 불 장　　　회 지 하 급　　　이 견 불 장

敎之何益이리요 利心專心則背道요
교 지 하 익　　　이 심 전 심 즉 배 도

私意確則滅公이니라.
사 의 확 즉 멸 공

풀이 너의 꾀함이 옳지 못하면 후회한들 어찌 되며, 너의 보는 것(식견)이 뛰어나지 못하면 가르친들 무슨 이로운 바 있으리오. 자기의 이익만 생각하면 도(道)를 위배하게 되고, 사사로운 일을 위하는 뜻이 굳으면 공적인 일을 망치게 되느니라.

爾(너 이) 藏(감출 장) 利(날카로울 리{이}) 專(오로지 전) 背(등 배) 確(굳을 확) 滅(멸망할 멸)

藏頭露尾(장두노미) : 머리는 감추었는데 꼬리는 드러나 있다는 뜻으로, 진실을 숨기려만 거짓의 실마리는 이미 드러나 있다는 의미. 속으로 감추면서 들통 날까봐 전전긍긍하는 태도를 빗댐.
專門家(전문가) : 어떤 학과나 일을 집중적으로 연구하여 그에 관한 지식이나 경험이 풍부한 사람.
省墓(성묘) : 조상(祖上)의 산소(山所)에 가서 인사를 드리고 산소를 살피는 일.
背恩忘德(배은망덕) : 남에게 입은 은덕을 잊고 배반함.
面從腹背(면종복배) : 겉으로는 순종(順從)하는 체하고 속으로는 딴 마음을 먹음.
確認(확인) : 확실히 인정함. 滅私奉公(멸사봉공) : 사(私)를 버리고 공(公)을 위(爲)하여 힘써 일함.

生事事生이요 省事事省이니라.
생 사 사 생　　　생 사 사 생

풀이 일은 만들면 일이 생기고, 일을 덜면 일이 줄어지느니라.

省(살필 성, 덜 생) 事(일 사)

戒性篇
계 성 편

景行錄_에 云 人性如水_니 水一傾則
경 행 록 운 인 성 여 수 수 일 경 즉

不可復_{이요} 性一縱則不可反_{이니라.}
불 가 복 성 일 종 즉 불 가 반

制水者_는 必以堤防_{이요}
제 수 자 필 이 제 방

制性者_는 必以禮法_{이니라.}
제 성 자 필 이 예 법

풀이 경행록에서 말하였다.

　사람의 성품은 물과 같으니, 물은 한번 쏟아지면 다시 주워 담을 수 없고 성품은 한번 방종해지면 돌이킬 수 없다. 물을 제압하려는 사람은 반드시 제방(堤防)으로 해야 하고, 성품을 제압하려는 사람은 반드시 예법(禮法)으로 해야 한다.

傾(기울 경)　復(돌아올 복)　縱(늘어질 종)　制(마를 제)　堤(둑 제)　禮(예도 예{례})

復元(복원) : 부서지거나 없어진 사물(事物)을 원래(原來)의 모습이나 상태(狀態)로 되돌려 놓는 것.

縱橫(종횡) : ① 가로와 세로. ② 자유자재(自由自在)로 거침이 없음.

堤防(제방) : 수해 예방(豫防)을 위(爲)해 토석으로 쌓은 둑. 방죽.

忍一時之忿이면 免百日之憂니라.
인 일 시 지 분   면 백 일 지 우

[풀이] 한 때의 성냄을 참으면 백일의 근심을 면하리라.

忍(참을 인) 忿(성낼 분) 免(면할 면) 憂(근심할 우)

得忍且忍하고 得戒且戒하라 不忍不戒면
득 인 차 인   득 계 차 계   불 인 불 계

小事成大니라.
소 사 성 대

[풀이] 참고 또 참을 것이며, 경계하고 또 경계하라. 참지 않고 경계하지 않으면 작은 일이 크게 되리라.

得(얻을 득) 且(또 차) 戒(경계할 계)

忍耐(인내) : 참고 견딤. 감인(堪忍). 忍耐心(인내심) : 참고 견디는 마음.
免除(면제) : 책임(責任)이나 의무(義務)를 벗어나게 해 줌.
得魚忘筌(득어망전) : 물고기를 잡고 나면 통발을 잊는다는 뜻으로, 바라던 바를 이루고 나면 그 목적을 달성하기 위해서 썼던 사물을 잊어버림을 비유해 이르는 말.
且問且答(차문차답) : 한편 묻고 한편 대답(對答)함.

愚濁生嗔怒는 皆因理不通이라
우 탁 생 진 노   개 인 리 불 통

休添心上火하고 只作耳邊風하라
휴 첨 심 상 화   지 작 이 변 풍

長短은 家家有요 炎凉은 處處同이라
장 단 　 가 가 유 　 염 량 　 처 처 동

是非無實相하여 究竟摠成空이니라.
시 비 무 실 상 　 구 경 총 성 공

풀이 어리석고 흐리멍텅한 자가 성을 내는 것은 다 이치에 통달하지 못했기 때문이요, 마음 위에 불길을 더하지 말고, 다만 귓전을 스치는 바람결로 여겨라. 장점과 단점은 집집마다 있고 (인정의)따뜻함과 싸늘함은 곳곳이 같으니라. 옳고 그름이란 본래 실상이 없어서 마침내는 모두가 다 헛된 것이 되느니라.

濁(흐릴 탁)　只(다만 지)　邊(가 변)　炎(불탈 염)　涼(서늘할 량)　實(열매 실)　究(궁구할 구)
竟(다할 경)　摠(모두 총)　成(이룰 성)

濁酒(탁주) : 막걸리. 우리나라 고유(固有)한 술의 하나.

邊境(변경) : 나라의 경계(境界)가 되는 변두리의 땅.

納凉(납량) : 여름에 더위를 피하여 서늘함을 맛봄.

炎凉世態(염량세태) : 「뜨거웠다가 차가워지는 세태(世態)」라는 뜻으로, 권세(權勢)가 있을 때에는 아첨(阿諂)하여 좇고 권세(權勢)가 떨어지면 푸대접하는 세속(世俗)의 형편.

究竟不淨(구경부정) : 사람이 죽으면 그 육신(肉身)은 땅에 묻히어 흙이 되고, 벌레가 먹으면 똥이 되는 등 신체의 종말이 깨끗하지가 못하다는 말.

畢竟(필경) : 마침내. 결국에는. 그예.

子張이 欲行에 辭於夫子할새
자 장 　 욕 행 　 사 어 부 자

願賜一言爲修身之美하노이다.
원 사 일 언 위 수 신 지 미

子曰 百行之本이 忍之爲上이니라.
자 왈 백 행 지 본 　 인 지 위 상

子張이 曰 何爲忍之잇고.
자 장 왈 하 위 인 지

子曰 天子忍之면 國無害하고 諸侯忍之면
자 왈 천 자 인 지 국 무 해 제 후 인 지

成其大하고 官吏忍之면 進其位하고
성 기 대 관 리 인 지 진 기 위

兄弟忍之면 家富貴하고 夫妻忍之면
형 제 인 지 가 부 귀 부 처 인 지

終其世하고 朋友忍之면 名不廢하고
종 기 세 붕 우 인 지 명 불 폐

自身忍之면 無禍害니라.
자 신 인 지 무 화 해

풀이 자장이 떠나려 하여 공자께 하직을 고하면서 몸을 닦는 가장 아름다운 길을 말씀해 주시기를 원합니다 하니,
공자께서 말씀하시기를,
　"모든 행실의 근본은 참는 것이 그 으뜸이 되느니라."고 하니,
　자장이 말하기를,
　"어찌하면 참는 것이 되나이까?"
　공자가 말씀하시기를,
　"천자가 참으면 나라에 해가 없고, 제후가 참으면 큰일을 이룩하고, 벼슬아치가 참으면 그 지위가 올라가고, 형제가 참으면 집안이 부귀하고, 부부가 참으면 일생을 해로할 수 있고, 친구끼리 참으면 이름이 깎이지 않고, 자신이 참으면 재앙이 없느니라"고 하셨다.

張(베풀 장) 辭(말 사) 賜(줄 사) 國(나라 국) 侯(과녁 후) 官(벼슬 관) 吏(벼슬아치 리{이})
弟(아우 제) 朋(벗 붕) 友(벗 우) 廢(폐할 폐) 害(해칠 해)

張三李四(장삼이사) : 장씨의 셋째 아들과 이씨의 넷째 아들이란 뜻으로, 성명이나 신분이 뚜렷하지
    못한 평범한 사람들.
辭讓之心(사양지심) : 사단(四端)의 하나. 겸손히 마다하며 받지 않거나 남에게 양보하는 마음.
下賜(하사) : 왕이나 국가(國家) 원수(元首) 등(等)이 아랫사람에게 금품(金品)을 줌.
廢止(폐지) : 실시(實施)하던 제도(制度), 법규(法規) 및 일을 그만두거나 없앰.

子張이 曰 不忍則如何닛고
자 장 왈 불 인 즉 여 하

子曰 天子不忍이면
자 왈 천 자 불 인

國空虛하고 諸侯不忍이면 喪其軀하고
국 공 허 제 후 불 인 상 기 구

官吏不忍이면 刑法誅하고 兄弟不忍이면
관 리 불 인 형 법 주 형 제 불 인

各分居하고 夫妻不忍이면 令子孤하고
각 분 거 부 처 불 인 영 자 고

朋友不忍이면 情意疎하고 自身不忍이 면
붕 우 불 인 정 의 소 자 신 불 인

患不除니라. 子張이 曰 善哉善哉라,
환 불 제 자 장 왈 선 재 선 재

難忍難忍이여 非人不忍이요 不忍非人이로다.
난 인 난 인 비 인 불 인 불 인 비 인

풀이 자장이 묻기를,

"참지 않으면 어떻게 됩니까?" 하니 공자께서 말씀하시기를,

"천자가 참지 않으면 나라가 공허하게 되고, 제후가 참지 않으면 그 몸을 잃어버리고, 벼슬아치가 참지 않으면 형법에 의하여 죽게 되고, 형제가 참지 않으면 각각 헤어져서 따로 살게 되고, 부부가 참지 않으면 자식을 외롭게 하고, 친구끼리 참지 않으면 정과 뜻이 서로 갈리고, 자신이 참지 않으면 근심이 덜어지지 않느니라"고 하셨다.

자장이 말하기를,

"참으로 좋고도 좋으신 말씀이로다. 참는 것은 어렵고 어렵도다. 사람이 아니면 참지 못할 것이요, 참지 못하면 사람이 아니로다"고 하였다.

虛(빌 허) 喪(죽을 상) 軀(몸 구) 令(영 령) 孤(외로울 고) 除(섬돌 제) 哉(어조사 재)
難(어려울 난)

虛心坦懷(허심탄회) : 마음을 비우고 생각을 터놓음, 명랑(明朗)하고 거리낌이나 숨김이 없는 마음.
喪家之狗(상가지구) : 「초상집의 개」라는 뜻으로, 별 대접(待接)을 받지 못하는 사람을 이르는 말.
體軀(체구) : 몸.　老軀(노구) : 늙은 몸.　巨軀(거구) : 큰 몸집.
令夫人(영부인) : 남(특히, 사회적 신분이 높은 사람)을 높여 그의 아내를 이르는 말.
孤立無援(고립무원) : 고립(孤立)되어 도움을 받을 데가 없음.
孤掌難鳴(고장난명) : 외손뼉은 울릴 수 없다는 뜻으로, 혼자서는 어떤 일을 이룰 수 없다는 말.
孤城落日(고성낙일) : 「외딴 성(城)이 해가 지려고 하는 곳에 있다」는 뜻으로, 도움 없이 고립된 상태.
除外(제외) : 범위 밖에 두어 빼어 놓음.　削除(삭제) : 글 따위 내용의 일부를 없애거나 지워버림.

景行錄에 云 屈己者는 能處重하고
경 행 록 운 굴 기 자 능 처 중

好勝者는 必遇敵이니라.
호 승 자 필 우 적

풀이 경행록에 이르기를,

"자기를 굽히는 자는 중요한 지위에 처할 수 있으며, 이기기를 좋아하는 자는 반드시 적을 만나느니라"고 하였다.

屈(굽힐 굴)　重(무거울 중)　好(좋을 호)　勝(이길 승)　遇(만날 우)　敵(원수 적)

屈服(굴복) : ① 굽혀 복종(服從)함. ② 힘이 모자라 복종(服從)함.

重要(중요) : 매우 귀중(貴重)하고 소중(所重)함.

好事多魔(호사다마) : 좋은 일에는 방해(妨害)가 되는 일이 많음.

好衣好食(호의호식) : ① 좋은 옷과 좋은 음식(飮食). ② 잘 입고 잘 먹음.

待遇(대우) : 예의(禮儀)를 갖추어 대함. 접대(接待).

惡人이 罵善人커든 善人은 摠不對하라
악 인　　매 선 인　　　선 인　　총 불 대

不對는 心淸閑이오 罵者는 口熱沸니라
불 대　　심 청 한　　　매 자　　구 열 비

正如人唾天하여 還從己身墜니라.
정 여 인 타 천　　　환 종 기 신 추

풀이 악한 사람이 착한 사람을 꾸짖거든 착한 사람은 전연 대꾸하지 마라. 대꾸하지 않는 사람은 마음이 맑고 한가하나, 꾸짖는 자는 입에 불이 붙는 것처럼 뜨겁고 끓느니라. 마치 사람이 하늘에다 대고 침을 뱉은 것 같아서 그것이 도루 자기 몸에 떨어지느니라.

罵(욕할 매)　對(대답할 대)　摠(모두 총)　閑(막을 한)　熱(더울 열)　沸(끓을 비)　唾(침 타)

從(좇을 종)　還(돌아올 환)　墜(떨어질 추)

罵倒(매도) : ① 몹시 꾸짖음. ② 심히 욕함.

閑散(한산) : ① 일이 없어 한가함. ② 조용하고 쓸쓸함.

仰天而唾(앙천이타) : 하늘을 바라보고 침을 뱉는다는 뜻으로, 남을 해치려다가 도리어 자기가 해를 입음.

墜落(추락) : 높은 곳에서 떨어짐.

惡循環(악순환) : ① 나쁜 현상(現象)이 끊임없이 되풀이되는 일. ② 원인(原因)과 결과(結果)가 되풀이되어 한없이 악화(惡化)하는 일

失墜(실추) : ① 떨어뜨림. ② 잃음.

惡影響(악영향) : 나쁜 영향(影響).

我若被人罵_{라도} 佯聾不分說_{하라}
아 약 피 인 매 양 롱 불 분 설

譬如火燒空_{하여} 不救自然滅_{이라}
비 여 화 소 공 불 구 자 연 멸

我心_은 等虛空_{이어늘} 摠爾飜脣舌_{이니라.}
아 심 등 허 공 총 이 번 순 설

[풀이] 내가 만약 남에게 욕설을 듣더라도 거짓 귀먹은 체하고 시비를 가려서 말하지 말라. 비유하건대 불이 아무것도 없는 허공에서 타다가 끄지 않아도 저절로 꺼지는 것과 같아서 내 마음은 아무것도 없는 허공과 같거늘 너의 입술과 혀만이 모두 쉬지 않고 엎쳤다 뒤쳤다 하느니라.

被(입을 피) 佯(거짓 양) 聾(귀머거리 롱{농}) 譬(비유할 비) 燒(사를 소) 救(건질 구)
飜(뒤칠 번) 脣(입술 순) 舌(혀 설) 等(가지런할 등)

佯若不知(양약부지) : 알고 있으면서 거짓 모르는 체함. 舌戰(설전) : 말다툼. 입씨름.
譬喩(비유) : ☞ 비유(比喩). 譬喩法(비유법) : ☞ 비유법(比喩法).
燒眉之急(소미지급) : 「눈썹이 타는 위급함」이라는 뜻으로, 잠시도 늦출 수 없는 다급(多急)한 일.
飜譯(번역) : 어떤 말의 글을 다른 나라 말의 글로 옮김.
脣亡齒寒(순망치한) : 입술을 잃으면 이가 시리다는 뜻으로, 가까운 사이의 한쪽이 망하면 다른 한쪽
　　도 그 영향을 받아 온전(穩全)하기 어려움을 비유하여 이르는 말.

凡事_에 有人情_{이면} 後來_에 好相見_{이니라.}
범 사 유 인 정 후 래 호 상 견

[풀이] 모든 일에 인자스럽고 따뜻한 정을 남겨두면 뒷날 만났을 때 좋은 낯으로 서로 보게 되느니라.

凡(무릇 범) 情(뜻 정) 好(좋을 호)

情緒的(정서적) : 정서(情緒)를 띤 모양.

勤 學 篇
근 학 편

子曰 博學而篤志하고 切問而近思면
자 왈 박 학 이 독 지 절 문 이 근 사

仁在其中矣니라.
인 재 기 중 의

풀이 공자가 말하기를,
"널리 배워서 뜻을 두텁게 하고 간절하게 묻고 잘 생각하면 어짊(仁)이 그 속에 있느니라"고 하셨다.

博(넓을 박)　篤(도타울 독)　志(뜻 지)　切(끊을 절)　問(물을 문)　近(가까울 근)
矣(어조사 의)

博士(박사) : 교수(敎授)의 임무를 맡거나 전문(專門) 기술에 종사(從事)하는 사람에게 주는 벼슬.

篤志家(독지가) : 마음이 독실(篤實)한 사람.　志向(지향) : 뜻이 쏠리는 방향(方向).

志操(지조) : 곧은 뜻과 절조(節操).

問題點(문제점) : 문제(問題)가 되는 점(點).

切齒腐心(절치부심) : 이를 갈고 마음을 썩이다는 뜻으로, 대단히 분(憤)하게 여기고 마음을 썩임.

近朱者赤(근주자적) : 「붉은빛에 가까이 하면 반드시 붉게 된다」는 뜻으로, 주위(周圍) 환경(環境)이 중요(重要)하다는 것을 이르는 말.

仁者樂山智者樂水(인자요산지자요수) : 산을 좋아하고 물을 좋아한다는 뜻으로, ① 산수(山水) 경치(景致)를 좋아함을 이르는 말.　② 어진 자는 의리(義理)에 밝고 산과 같이 중후(重厚)하여 변하지 않으므로 산을 좋아하고, 지혜로운 자는 사리(事理)에 통달(通達)하여 물과 같이 막힘이 없으므로 물을 좋아한다는 말.

莊子曰 人之不學은 如登天而無術하고
장 자 왈 인 지 불 학 여 등 천 이 무 술

學而智遠이면 如披祥雲而覩靑天하고
학 이 지 원 여 피 상 운 이 도 청 천

登高山而望四海니라.
등 고 산 이 망 사 해

풀이 장자가 말하기를,
　"사람이 배우지 않으면 재주 없이 하늘에 오르려는 것과 같고, 배워서 아는 것이 원대하면 상서로운 구름을 헤치고 푸른 하늘을 보며 산에 올라 사해를 바라보는 것과 같느니라"고 하셨다.

登(오를 등) 術(꾀 술) 披(나눌 피) 祥(상서로울 상) 雲(구름 운) 覩(볼 도) 而(말 이을 이)
望(바랄 망)

登場(등장) : 소설·영화 또는 무대(舞臺) 등에서 나옴.
技術(기술) : 만들거나 짓거나 하는 재주 또는 솜씨.
披露宴(피로연) : 결혼·출생 등과 같은 기쁜 일을 널리 알리기 위하여 베푸는 잔치.
祥瑞(상서) : 경사(慶事)롭고 길한 징조(徵兆).
雲雨之樂(운우지락) : 남녀가 성교하는 즐거움.
雲雨之情(운우지정) : 남녀(男女) 간(間)의 육체적(肉體的)으로 어울리는 정.
望雲之情(망운지정) : 구름을 바라보며 그리워한다는 뜻으로, 타향(他鄕)에서 고향(故鄕)에 계신 부모(父母)를 생각함.

禮記에 曰 玉不琢이면 不成器하고
예 기 왈 옥 불 탁 불 성 기

人不學이면 不知義니라.
인 불 학 불 지 의

풀이 예기에서 말하기를,
"옥은 다듬지 않으면 그릇이 되지 못하고, 사람은 배우지 않으면 의를 알지 못하느니라"고 하였다.

記(기록할 기) 玉(옥 옥) 琢(쫄 탁) 器(그릇 기) 義(옳을 의)

琢磨(탁마) : ① 옥 따위를 갈고 닦음. ② 수행(修行)하여 학문·기예(技藝)·정신 따위를 향상시킴.
器具(기구) : 「세간·그릇·도구(道具)」 따위의 통틀어 일컬음. 집물(什物).

太公이 曰 人生不學이면 如冥冥夜行이니라.
태 공 왈 인 생 불 학   여 명 명 야 행

풀이 태공이 말하기를,
"사람이 배우지 않으면 어둡고 어두운 밤길을 가는 것과 같으니라"고 하였다.

冥(어두울 명) 夜(밤 야)

韓文公이 曰 人不通古今이면
한 문 공 왈 인 불 통 고 금

馬牛而襟裾니라.
마 우 이 금 거

풀이 한문공이 말하기를,
"사람이 고금의 성인의 가르침을 알지 못하면 금수에 옷을 입힌 것과 같으니라"고 하셨다.

韓(나라 이름 한) 古(옛 고) 今(이제 금) 牛(소 우) 襟(옷깃 금) 裾(옷자락 거)

참고 韓文公 : 韓愈(한유)를 일컬음, 字(자)는 退之(퇴지), 文公(문공)은 諡號(시호)임.

朱文公이 曰 家若貧이라도 不可因貧而
주 문 공 왈 가 약 빈　　불 가 인 빈 이

廢學이오 家若富라도 不可恃富而怠學이니
폐 학　　가 약 부　　불 가 시 부 이 태 학

貧若勤學이면 可以立身이요 富若勤學이면
빈 약 근 학　　가 이 립 신　　부 약 근 학

名乃光榮하리니 惟見學者顯達이요
명 내 광 영　　유 견 학 자 현 달

不見學者無成이니라 學者는 乃身之寶요
불 견 학 자 무 성　　학 자　　내 신 지 보

學者는 乃世之珍이니라 是故로
학 자　　내 세 지 진　　시 고

學則乃爲君子요 不學則爲小人이니
학 즉 내 위 군 자　　불 학 즉 위 소 인

後之學者는 宜各勉之니라.
후 지 학 자　　의 각 면 지

풀이 주문공이 말하기를,

"집이 만약 가난하더라도 가난한 것으로 인해서 배우는 것을 버리지 말 것이요, 집이 만약 부유하더라도 부유한 것을 믿고 학문을 게을리 해선 안 된다. 가난한 자가 만약 부지런히 배운다면 몸을 세울 수 있을 것이요, 부유한 자가 만약 부지런히 배운다면 이름이 더욱 빛날 것이니라. 오직 배운 자가 훌륭해지는 것을 보았으며 배운 사람으로써 성취하지 못하는 것은 보지 못했다. 배움이란 곧 몸의 보배요, 배운 사람이란 곧 세상의 보배다. 그러므

로 배우면 군자가 되고 배우지 않으면 천한 소인이 될 것이니 후에 배우는
자는 마땅히 각각 힘써야 하느니라"고 하였다.

廢(폐할 폐) 恃(믿을 시) 怠(게으름 태) 光(빛 광) 榮(꽃 영) 顯(나타날 현) 達(통달할 달)
寶(보배 보) 珍(보배 진) 勉(힘쓸 면)

貧困(빈곤) : 가난하고 궁색(窮塞)하여 살기 어려움.
怠慢(태만) : 해야 할 일을 하지 않고 게으름을 피움.
榮枯盛衰(영고성쇠) : 영화(榮華)롭고 마르고 성하고 쇠함이란 뜻으로, 개인이나 사회의 성(盛)하고
　　쇠함이 서로 뒤바뀌는 현상.
勉學(면학) : 학문(學問)에 힘써 공부(工夫)함.

徽宗皇帝曰 學者는 如禾如稻하고
휘 종 황 제 왈 학 자 여 화 여 도

不學者는 如蒿如草로다 如禾如稻兮여
불 학 자 여 호 여 초 여 화 여 도 혜

國之精糧이요 世之大寶로다 如蒿如草兮여
국 지 정 량 세 지 대 보 여 호 여 초 혜

耕者憎嫌하고 鋤者煩惱니라 他日面墻에
경 자 증 혐 서 자 번 뇌 타 일 면 장

悔之已老로다.
회 지 이 노

풀이 휘종황제가 말하기를,
　"배운 사람은 낟알 같고 벼 같고, 배우지 않으면 사람은 쑥 같고 풀 같도
다. 아아 낟알 같고 벼 같음이여! 나라의 좋은 양식이요, 온 세상의 보배로

다. 그러나 쑥 같고 풀 같음이여 밭을 가는 자가 보기 싫어 미워하고, 밭을
매는 자가 수고롭고 더욱 힘이 드느니라. 다음 날에서도 만날 때에 뉘우친
들 이미 그때는 늦었도다"라고 하셨다.

宗(마루 종) 皇(임금 황) 嫌(싫어할 혐) 帝(임금 제) 禾(벼 화) 徽(아름다울 휘) 稻(벼 도)
耕(밭갈 경) 糧(양식 량) 憎(미워할 증) 鋤(호미 서) 墻(담 장) 兮(어조사 혜) 蒿(쑥 호)
煩(괴로워할 번) 惱(괴로워할 뇌) 草(풀 초)

徽章(휘장) : 신분·직무·명예를 나타내기 위해 옷이나 모자 등에 붙이는 표장(表章). 마아크(mark).
皇帝(황제) : 대한제국(大韓帝國) 때, 임금을 높여 부르는 말.
宗敎(종교) : 일반적으로 초인간, 초자연적 힘에 대해 인간이 경외, 존중 신앙하는 일의 총체적 체계.
嫌惡感(혐오감) : 싫어하고 미워하는 감정(感情).   嫌惡(혐오) : 싫어하고 미워함.
稻熱病(도열병) : 볏과 식물(植物), 특(特)히 벼 종류(種類)에 많이 나는 병의 한 가지.
耕作(경작) : 토지를 갈아서 농작물을 심음.   耕作地(경작지) : 경작(耕作)하는 땅.
晝耕夜讀(주경야독) : 낮에는 농사 짓고 밤에는 공부한다는 뜻으로, 바쁜 틈을 타서 어렵게 공부함
    을 이르는 말.   煩惱(번뇌) : 마음이 시달려 괴로움.
糧穀(양곡) : 양식(糧食)으로 쓰는 곡식(穀食).   憎惡(증오) : 몹시 미워함.
憎惡心(증오심) : 몹시 미워하는 마음.   憎惡感(증오감) : 사무치게 미워하는 감정(感情)
寶庫(보고) : 귀중(貴重)한 물건(物件)을 간수하여 두는 곳. 훌륭한 재원(財源)이 묻혀 있는 땅.
後悔(후회) : 일이 지난 뒤에 잘못을 깨치고 뉘우침.
恐怖(공포) : 무서움과 두려움.
恐怖心(공포심) : 무서워하는 마음.
恐怖感(공포감) : 공포(恐怖)를 느끼는 감정(感情)의 상태(狀態)

論語에 曰 學如不及이요 惟恐失之니라.
론 어   왈 학 여 불 급   유 공 실 지

풀이 논어에 말하기를,

"배우기를 미치지 못한 것 같이 하고 배운 것을 잃을까 두려워 할지니라"
고 하였다.

論(말할 론{논}) 語(말씀 어) 惟(생각할 유) 恐(두려울 공) 失(잃을 실)

訓 子 篇
훈 자 편

景行錄에 云 賓客不來면 門户俗하고
경 행 록 운 빈 객 불 래 문 호 속

詩書無敎면 子孫愚니라.
시 서 무 교 자 손 우

풀이 경행록에 이르기를,
"손님이 오지 않으면 집안이 저속해 지고 시서(詩書)를 가르치지 않으면
자손이 어리석어 지느니라"고 하였다.

門(문 문) 户(지게 호) 俗(풍속 속) 敎(가르침 교) 愚(어리석을 우)

賓客(빈객) : ① 손님. ② 문하(門下)의 식객.
客反爲主(객반위주) :「손님이 도리어 주인 행세(行世)를 한다」는 뜻으로, 주객(主客)이 전도(顚倒)됨
　　을 이르는 말.
來年(내년) : 올해의 다음 해, 명년(明年).　來年度(내년도) : 다가올 연도(年度).

莊子曰 事雖小나 不作이면 不成이오
장 자 왈 사 수 소 불 작 불 성

子雖賢이나 不敎면 不明이니라.
자 수 현 불 교 불 명

풀이 장자가 말하기를,

"일이 비록 작더라도 하지 않으면 이루지 못할 것이요, 자식이 비록 어질지라도 가르치지 않으면 현명하지 못하느니라"고 하셨다.

雖(비록 수) 賢(어질 현) 敎(가르침 교)

漢書에 云 黃金滿籯이 不如敎子一經이요
한 서 운 황 금 만 영 불 여 교 자 일 경

賜子千金이 不如敎子一藝니라.
사 자 천 금 불 여 교 자 일 예

풀이 한서에 이르기를,

"황금이 상자에 가득 차 있다해도 자식에게 경서 하나를 가르치는 것만 같지 못하고, 자식에게 천금을 물려 준다 해도 기술 한 가지를 가르치는 것만 못하느니라"고 하였다.

漢(한수 한) 黃(누를 황) 滿(찰 만) 籯(광주리 영) 經(날 경) 賜(줄 사) 藝(재주 예, 심을 예)

至樂은 莫如讀書요 至要는 莫如敎子니라.
지 락 막 여 독 서 지 요 막 여 교 자

풀이 지극히 즐거움은 책을 읽는 것만 같음이 없고 지극히 필요한 것은 자식을 가르치는 것만 같음이 없느니라.

黃金(황금) : 「금」은 누른빛을 띤다는 뜻에서 다른 금속과 구별하여 쓰는 말. 돈이나 재물의 비유.

滿喫(만끽) : (음식을) 마음껏 먹고 마시는 것.   經濟(경제) : 경세제민(經世濟民)의 준말.

至誠感天(지성감천) : 지극(至極)한 정성(精誠)에는 하늘도 감동(感動)한다라는 뜻으로, 무엇이든 정
　　성껏 하면 하늘이 움직여 좋은 결과를 맺는다는 뜻.

莫逆之友(막역지우) : 마음이 맞아 서로 거스르는 일이 없는, 생사를 같이할 수 있는 친밀한 벗.

呂滎公이 曰 內無賢父兄하고
여 형 공 왈 내 무 현 부 형

外無嚴師友而能有成者가 鮮矣니라.
외 무 엄 사 우 이 능 유 성 자 선 의

풀이 여형공이 말하기를,
"집안에 지혜로운 어버이와 형이 없고 밖으로 엄한 스승과 벗이 없으면 능히 뜻을 이룰 수 있는 자가 드무니라"고 하였다.

呂(음률 여{려}) 滎(실개천 형) 嚴(엄할 엄) 師(스승 사) 能(능할 능) 鮮(고울 선)

太公이 曰 男子失教면 長必頑愚하고
태 공 왈 남 자 실 교 장 필 완 우

女子失教면 長必麤疎니라.
여 자 실 교 장 필 추 소

풀이 태공이 말하기를,
"남자가 가르침을 받지 못하면 자라서 반드시 미련하고 어리석어지며, 여자가 가르침을 받지 못하면 자라서 반드시 거칠고 솜씨가 없느니라"고 하셨다.

頑(완고할 완) 愚(어리석을 우) 麤(거칠 추) 疎(트일 소)

內容(내용) : 사물(事物)의 속내나 실속. 案內(안내) : 인도하여 내용을 알려 줌. 또는 그 일.
嚴冬雪寒(엄동설한) : 눈 내리는 깊은 겨울의 심한 추위.
師弟之間(사제지간) : 스승과 제자(弟子)와의 사이.
頑强(완강) : 태도(態度)가 완고(頑固)하고 의지(意志)가 굳셈.
愚問愚答(우문우답) : 어리석은 질문(質問)에 어리석은 대답(對答).
嚴冬雪寒(엄동설한) : 눈 내리는 깊은 겨울의 심한 추위.
君師父一體(군사부일체) : 임금과 스승과 아버지의 은혜(恩惠)는 똑같다는 말.

男年長大어든 莫習樂酒하고 女年長大어든
남 년 장 대 　 막 습 락 주 　 여 년 장 대

莫令遊走니라.
막 령 유 주

풀이 남자가 자라나거든 풍류나 술을 익히지 못하도록 하고, 여자가 자라나
거든 놀러다니지 못하게 할지니라.

習(익힐 습) 酒(술 주) 令(영 령{영}) 遊(놀 유) 走(달릴 주)

莫無可奈(막무가내) : 도무지 어찌할 수 없음.

習慣(습관) : 여러 번 되풀이함으로써 저절로 익고 굳어진 행동(行動).

習得(습득) : 배워 터득(攄得)함.

樂曲(악곡) : 노래의 곡조(曲調).

學習(학습) : (사물(事物)을) 배워서 익히는 일.

樂學軌範(악학궤범) : 조선 성종(成宗) 때 성현(成俔) 등이 임금의 명을 받들어 편찬한 음악책.

酒池肉林(주지육림) : 「술이 못을 이루고 고기가 수풀을 이룬다」는 뜻으로, 매우 호화(豪華)스럽고 방
　　탕(放蕩)한 생활을 이르는 말.

酒店(주점) : 술집.

團欒酒店(단란주점) : 가라오케 악기(樂器) 반주(伴奏)에 맞춰 술과 노래를 즐길 수 있는 주점.

酒案床(주안상) : 술과 안주를 차려 놓은 상(床). 술상.

麥酒(맥주) : 엿기름에 홉(hop)을 넣어 발효(醱酵)시킨 술. 알코올 성분이 적고 이산화(二酸化) 탄소
　　(炭素)가 들어 있으며 쓴맛이 있음. 비어(beer).

主酒客飯(주주객반) : 주인은 손에게 술을 권하고, 손은 주인에게 밥을 권하며 다정하게 먹고 마심.

長期的(장기적) : 장기간(長期間)에 걸치는 모양(模樣).

長點(장점) : 좋은 점(點). 보다 뛰어난 점(點).

遊園地(유원지) : 유람(遊覽)이나 오락(娛樂)을 위하여 여러 가지 설비(設備)를 한 곳. 놀이터.

遊興業所(유흥업소) : 유흥(遊興) 시설(施設)을 갖추고, 손님에게 유흥(遊興)을 할 수 있게 하여 요
　　금(料金)을 받는 영업소(營業所).

走馬看山(주마간산) : 「말을 타고 달리면서 산을 바라본다」는 뜻으로, 바빠서 자세(仔細)히 살펴보지
　　않고 대강 보고 지나감을 이름.

走馬看花(주마간화) : 달리는 말 위에서 꽃을 본다는 뜻으로, 사물(事物)의 겉면만 훑어보고, 그 깊은
　　속은 살펴보지 않음을 비유해 이르는 말.

嚴父는 出孝子요 嚴母는 出孝女니라.
엄 부 　 출 효 자 　 엄 모 　 출 효 녀

憐兒어든 多與棒하고 憎兒어든 多與食하라.
연 아 　 다 여 봉 　 증 아 　 다 여 식

人皆愛珠玉이나 我愛子孫賢이니라.
인 개 애 주 옥 　 아 애 자 손 현

풀이　엄한 아버지는 효자를 길러내고, 엄한 어머니는 효녀를 길러내느니라. 아이를 사랑하거든 매를 많이 주고 아이를 미워하거든 먹을 것을 많이 주라. 남은 모두 귀중한 주옥을 사랑하지만, 나는 자손 어진 것을 사랑하느니라.

嚴(엄할 엄)　出(날 출)　憐(불쌍히 여길 련{연})　兒(아이 아)　多(많을 다)　棒(몽둥이 봉)
愛(사랑 애)　憎(미워할 증)

嚴重(엄중) : ① 몹시 엄함.　② 용서(容恕)할 수 없을 만큼 중대(重大)함.

出帆(출범) : 배가 돛을 달고 떠남.

反哺之孝(반포지효) :「까마귀 새끼가 자란 뒤에 늙은 어미에게 먹이를 물어다 주는 효성(孝誠)」이라는 뜻으로, 자식(子息)이 자라서 부모를 봉양함을 이르는 말.

憐愛(연애) : 불쌍히 생각하여 사랑함.

憐憫(연민) : ① 가엾어 함.　② 불쌍히 여김.

同病相憐(동병상련) : 같은 병자(病者)끼리 가엾게 여긴다는 뜻으로, 어려운 처지(處地)에 있는 사람끼리 서로 불쌍히 여겨 동정(同情)하고 서로 도움.

兒童(아동) : 어린아이.

兒童服(아동복) : 어린이의 옷.

棒鋼(봉강) : 강괴(鋼塊)나 강편(鋼片)을 재료로 하여 압연(壓延)한 막대꼴의 강재(鋼材). 각종 기계·기구의 구조재(構造材) 부분품(部分品) 따위에 사용함.

綿棒(면봉) : 끝에 솜을 말아 붙인 가느다란 막대

珠玉(주옥) : 구슬과 옥.

珠玉篇(주옥편) : (많은 작품 가운데서) 가장 알짜로 되어 뛰어나게 훌륭한 작품을 이르는 말.

愛國歌(애국가) : ① 나라를 사랑하는 뜻으로 온 국민(國民)이 부르는 노래.　② 대한민국(大韓民國) 국가(國歌)의 이름.

省心篇
성 심 편

(上)

景行錄에 云 寶貨는 用之有盡이요
경 행 록 운 보 화 용 지 유 진

忠孝는 享之無窮이니라.
충 효 향 지 무 궁

풀이 경행록에 이르기를,

"보화는 쓰면 다함이 있고 충성과 효성은 누려도 다함이 없느니라"고 하였다.

貨(재화 화) 盡(다될 진) 享(누릴 향) 窮(다할 궁)

貨幣(화폐) : 상품 교환의 매개체로서, 지불의 수단이나 가치의 척도 또는 축적의 목적물로서 사회에 유통되는 금화·은화·동화·지폐 따위. 돈.

用語(용어) : 사용(使用)하는 말.

公用語(공용어) : 한 나라 안에서 공식적(公式的)으로 쓰이는 말.

享樂(향락) : 즐거움을 누림.

享樂(향악) : 제향(祭享)의 음악(音樂).

窮理(궁리) : 일이나 물건을 처리하거나 밝히기 위(爲)하여 따져 헤아리며 이치를 깊이 연구함.

國寶(국보) : 나라에서 나라의 보배로 지정(指定)한 물체(物體).

國寶的(국보적) : 나라의 보배가 될 만한 것.

無窮無盡(무궁무진) : 끝이 없고 다함이 없음을 형용(形容)해 이르는 말.

仁義禮智(인의예지) : 인(仁), 의(義), 예(禮), 지(智)의 사단(四端). 사람으로서 갖추어야 할 네 가지 마음가짐, 곧 어짊과 의로움과 예의(禮儀)와 지혜(智慧·知慧).

家和_면 貧也好_{어니와} 不義_면 富如何_오
가 화 빈 야 호 불 의 부 여 하

但存一子孝_면 何用子孫多_{리오.}
단 존 일 자 효 하 용 자 손 다

[풀이] 집안이 화목하면 가난해도 좋거니와, 의롭지 않다면 부자인들 무엇하랴, 다만 한 자식이라도 효도하는 자가 있다면 자손이 많아서 무엇하리요.

和(화할 화) 貧(가난할 빈) 好(좋을 호) 義(옳을 의) 存(있을 존) 用(쓸 용)

好轉(호전) : ① 무슨 일이 잘 되어 가기 시작함. ② 병 증세(症勢)가 차차 나아지기 시작함.

義務教育(의무교육) : 교육법(教育法)에 의하여, 국민이 그 보호하는 아동에게 의무로서 일정 기간 받게 하지 않으면 아니 되는 초등교육(初等教育).

富貴榮華(부귀영화) : 부귀(富貴)와 영화(榮華).

父不憂心因子孝_요 夫無煩惱是妻賢_{이라}
부 불 우 심 인 자 효 부 무 번 뇌 시 처 현

言多語失皆因酒_요 義斷親疎只爲錢_{이라.}
언 다 어 실 개 인 주 의 단 친 소 지 위 전

[풀이] 아버지가 근심하지 않음은 자식이 효도하기 때문이요, 남편이 번뇌가 없는 것은 아내가 어질기 때문이다. 말이 많아 말에 실수함은 술 때문이요, 의가 끊어지고 친함이 갈라지는 것은 오직 돈 때문이니라.

斷(끊을 단) 錢(돈 전)

斷機之戒(단기지계) : 베를 끊는 훈계(訓戒)란 뜻으로, 학업(學業)을 중도(中途)에 폐(廢)함은 짜던 피륙의 날을 끊는 것과 같아 아무런 이익이 없다는 훈계.

錢可通神(전가통신) : 돈은 귀신과도 통할 수 있다라는 뜻으로, 무엇이든 할 수 있는 돈의 위력(威力)을 비유한 말.

旣取非常樂이어든 須防不測憂니라.
기 취 비 상 락　　　수 방 불 측 우

풀이 이미 심상치 못한 즐거움을 가졌거든 모름지기 헤아릴 수 없는 근심을 방비할 것이니라.

取(취할 취)　須(모름지기 수)　防(둑 방)　測(잴 측)

旣得權(기득권) : 특정(特定)한 자연인(自然人) 또는 법인(法人)이 정당(正當)한 절차(節次)를 밟아 이미 법규(法規)에 의(依)하여 얻은 권리(權利).

取扱(취급) : ① 사물(事物)을 다룸. ② 다루어 처리(處理)함. 取扱者(취급자) : 취급(取扱)하는 사람.

必須(필수) : ① 꼭 필요(必要)로 함. ② 없어서는 아니 됨.

測定(측정) : 헤아려 정(定)함.　測定値(측정치) : 측정(測定)하여 얻은 수치(數値).

得寵思辱하고 居安慮危니라
득 총 사 욕　　거 안 려 위

풀이 사랑을 받거든 욕먹을 일을 생각하고, 편안함에 거하거든 위태함을 생각할 것이니라.

寵(사람할 총)　辱(욕되게 할 욕)　慮(생각할 려{여})　危(위태할 위)

寵愛(총애) : ① 남달리 귀엽게 여겨 사랑함. ② 천주(天主)의 사랑.

辱說(욕설) : ① 남을 저주(咀呪)하는 말. ② 남을 미워하는 말.

居安思危(거안사위) : 편안할 때에도 위험과 곤란이 닥칠 것을 생각하며 잊지말고 미리 대비해야 함.

配慮(배려) : 보살펴 주려고 이리저리 마음을 써 줌.

危機一髮(위기일발) : 머리털 하나로 천균(千鈞)이나 되는 물건을 끌어당긴다는 뜻으로, 당장에라도 끊어질 듯한 위험한 순간을 비유해 이르는 말.

榮輕辱淺하고 利重害深이니라.
영 경 욕 천　　이 중 해 심

[풀이] 영화가 가벼우면 욕됨이 얕고, 이(利)가 무거우면 해도 무거우니라.

榮(영화 영) 輕(가벼울 경) 辱(욕되게 할 욕) 淺(얕을 천) 利(날카로울 이{리})

輕擧妄動(경거망동):「가볍고 망령(妄靈)되게 행동한다」는 뜻으로, 도리나 사정을 생각하지 아니하고 경솔(輕率)하게 행동함.

淺薄(천박):학문(學問)이나 생각이 얕음. 淺薄性(천박성):천박(淺薄)한 특성(特性).

甚愛必甚費요 甚譽必甚毁요
심 애 필 심 비 심 예 필 심 훼

甚喜必甚憂요 甚贓必甚亡이라.
심 희 필 심 우 심 장 필 심 망

[풀이] 사랑함이 심하면 반드시 심한 소모를 가져오고, 칭찬받음이 심하면 반드시 심한 헐뜯음을 가져온다. 기뻐함이 심하면 반드시 심한 근심을 가져오고, 뇌물 탐함이 심하면 반드시 심한 멸망을 가져오느니라.

甚(심할 심) 費(쓸 비) 譽(기릴 예) 毁(헐 훼) 喜(기쁠 희) 贓(장물 장)

甚至於(심지어):심하면, 심하게는, 심하다 못해 나중에는.
費用(비용):물건을 사거나 어떤 일을 하는 데 드는 돈. 비발.
榮譽(영예):빛나는 명예.
毁謗(훼방):① 남을 헐뜯어 비방(誹謗)함. ② 남의 일을 방해(妨害)함.
贓物(장물):범죄 행위로 부당하게 얻은 타인(他人) 소유의 물건.

子曰 不觀高崖면 何以知顚墜之患이며
자 왈 불 관 고 애 하 이 지 전 추 지 환

不臨深泉이면 何以知沒溺之患이며
불 임 심 천 하 이 지 몰 익 지 환

不觀巨海면 何以知風波之患이리오.
불 관 거 해　　하 이 지 풍 파 지 환

풀이 공자께서 말씀하시기를,

　"높은 낭떠러지를 보지 않으면 어찌 굴러 떨어지는 환란을 알며, 깊은 샘에 가지 않으면 어찌 빠져 죽을 환란을 알며, 큰 바다를 보지 않으면 어찌 풍파가 일어나는 무서운 환란을 알리요" 라고 하셨다.

觀(볼 관)　崖(벼랑 애)　顚(꼭대기 전)　墜(떨어질 추)　患(근심 환)　臨(임할 임{림})　深(깊을 심)
泉(샘 천)　波(물결 파)　沒(가라앉을 몰)　溺(빠질 익{닉})　巨(클 거)

袖手傍觀(수수방관) : 팔짱을 끼고 보고만 있다는 뜻으로, 어떤 일을 당하여 옆에서 보고만 있는 것.
溫泉(온천) : 지열로 땅 속에서 평균 기온 이상으로 물이 더워져서 땅위로 솟아오르는 샘.
沒落(몰락) : 성하던 것이 쇠하여 아주 형편없이 됨. 사회적·경제적으로 쇠하여 보잘것없이 됨.
斷崖(단애) : (깎아 세운 듯한)낭떠러지.
溺死(익사) : 물에 빠져 죽음.
波濤(파도) : 큰 물결.
波浪(파랑) : 작은 물결과 큰 물결.
巨大(거대) : 엄청나게 큼.
巨額(거액) : 많은 액수(額數)의 금액(金額).

慾知未來인대 先察已然이니라.
욕 지 미 래　　선 찰 이 연

풀이 미래를 알려거든 먼저 지나간 일을 살펴보라.

慾(욕심 욕)　察(살필 찰)　已(이미 이)

警察(경찰) : 사회 공공의 질서 유지와 그 장해(障害) 제거를 위하여 당사자에게 강제, 명령하는 행정
　　작용이나 그 조직.
知天命(지천명) : 나이 50세를 말함. 50세에 드디어 천명(天命)을 알게 된다는 나이.
意慾的(의욕적) : 행동을 적극적으로 하는 마음이 넘치어 있는 모양.

子曰 明鏡은 所以察形이오
자 왈 명경 소 이 찰 형

往者는 所以知今이니라.
왕 자 소 이 지 금

풀이 공자가 말씀하시기를,
"밝은 거울은 얼굴을 살필 수 있고, 지나간 일은 현재를 알 수 있느니라"
고 하셨다.

鏡(거울 경) 察(살필 찰) 形(모양 형) 往(갈 왕) 今(이제 금)

明鏡(명경) : 맑은 거울. 形成(형성) : ① 어떠한 꼴을 이룸. ② 또는, 어떠한 꼴로 이루어짐.
鏡花水月(경화수월) :「거울 속의 꽃이나 물에 비친 달」이라는 뜻으로, 눈에 보이나 잡을 수 없음.
明心寶鑑(명심보감) : 조선 시대에 아동과 부녀자들이 흔히 읽던 교양서적.

過去事는 如明鏡이요 未來事는 暗似漆이니라.
과 거 사 여 명 경 미 래 사 암 사 칠

풀이 지나간 일은 밝은 거울 같고, 미래의 일은 어둡기가 칠흑과 같으니라.

似(같을 사) 漆(옻 칠)

似而非(사이비) : 겉으로 보기에는 비슷한 듯하지만 근본적(根本的)으로는 아주 다른 것.
漆板(칠판) : 분필(粉筆)로 글씨를 쓰는 대체로 검은칠을 한 판(板).

景行錄에 云 明朝之事를 薄暮에
경 행 록 운 명 조 지 사 박 모

不可必이오 薄暮之事를 晡時에 不可必이니라.
불 가 필 박 모 지 사 포 시 불 가 필

풀이 경행록에 이르기를,

"내일 아침의 일을 저녁때에 가히 꼭 그렇게 된다고 알지 못할 것이요, 저녁때의 일을 오후 네 시 쯤 가히 꼭 그렇게 된다고 알지 못할 것이니라"고 하였다.

暮(저물 모) 薄(엷을 박) 晡(신시(申時 ; 오후 4시) 포)

暮色蒼然(모색창연) : 저녁 빛이 짙어 어둑어둑함.
薄情(박정) : 인정(人情)이 적음.

天有不測風雨하고 人有朝夕禍福이니라.
천 유 불 측 풍 우   인 유 조 석 화 복

풀이 하늘에는 예측할 수 없는 비 바람이 있고, 사람은 아침 저녁으로 화와 복이 있느니라.

測(잴 측) 夕(저녁 석)

暴風雨(폭풍우) : 폭풍(暴風)과 폭우. 사나운 비바람.
夕陽(석양) : 저녁 나절의 해.   夕刊新聞(석간신문) : 매일 저녁 때에 발행하는 신문.
雨順風調(우순풍조) : 바람 불고 비오는 것이 때와 분량(分量)이 알맞음.
雨後竹筍(우후죽순) : 비가 온 뒤에 솟는 죽순(竹筍)이라는 뜻으로,   어떤 일이 일시(一時)에 많이 일
　　　　어남을 이르는 말.

未歸三尺土하얀 難保百年身이요
미 귀 삼 척 토   난 보 백 년 신

已歸三尺土하얀 難保百年墳이니라.
이 귀 삼 척 토   난 보 백 년 분

풀이 석 자 되는 흙 속으로 돌아가지 아니 하고서는 백년의 몸을 보전하기

어렵고, 이미 석자 되는 흙 속으로 돌아가선 백년동안 무덤을 보전키 어려울 것이니라.

歸(돌아갈 귀) 土(흙 토) 尺(자 척) 墳(무덤 분)

歸去來(귀거래) : 관직(官職)을 물러나서 고향(故鄕)으로 돌아간다는 말..

土積成山(토적성산) : 흙이 쌓여 산을 이룬다는 뜻으로, 작은 것이 쌓여 큰 것이 됨을 비유한 말.

吾鼻三尺(오비삼척) : 오비체수삼척(吾鼻涕垂三尺)의 준말로, 곤경(困境)에 처해 자기(自己) 일도 해결(解決)하기 어려운 판국(版局)에 어찌 남을 도울 여지가 있겠는가라는 말.

景行錄에 云 木有所養이면 則根本固하고
경 행 록 운 목 유 소 양 즉 근 본 고

而枝葉茂하야 棟樑之材成하니라
이 지 엽 무 동 량 지 재 성

水有所養이면 則泉源壯하고
수 유 소 양 즉 천 원 장

而流派長하야 灌漑之利博하니라
이 류 파 장 관 개 지 이 박

人有所養이면 則志氣大하고 而識見明하여
인 유 소 양 즉 지 기 대 이 식 견 명

忠義之士出이니 可不養哉아.
충 의 지 사 출 가 불 양 재

[풀이] 경행록에 이르기를,

"나무를 잘 기르면 뿌리가 튼튼하고 가지와 잎이 무성해서 동량의 재목을 이루고, 수원(水源)을 잘 만들어 놓으면 물 줄기가 풍부하고 흐름이 길어서 관개의 이익이 베풀어지고, 사람을 기르면 마음과 기상이 뛰어나고 식견이 밝아져서 충의의 선비가 나온다. 어찌 기르지 않을 것이냐"고 하였다.

根(뿌리 근)　固(굳을 고)　枝(가지 지)　茂(우거질 무)　棟(기둥 동)　本(밑 본)　葉(잎 엽)
材(재목 재)　源(근원 원)　博(넓을 박)　壯(씩씩할 장)　流(흐를 유{류})　派(물갈래 파)
灌(물 댈 관)　漑(물 댈 개)　泉(샘 천)　　哉(어조사 재)　樑(들보 량{양})

根據(근거) : ① 근본 되는 토대(土臺).　② 의논(議論), 의견(意見)에 그 근본이 되는 의거(依據).
固定觀念(고정관념) : 어떤 사람의 마음속에 잠재(潛在)하여, 항상 머리에서 떠나지 않고, 외계의 동향
　　이나 상황의 변화에 의해서도 변혁(變革)되기가 어려운 생각.
枝葉(지엽) : ① 가지와 잎.　② 중요하지 않은 부분.
汗牛充棟(한우충동) : 수레에 실어 운반하면 소가 땀을 흘리게 되고, 쌓아올리면 들보에 닿을 정도의
　　양이라는 뜻으로, 장서(藏書)가 많음을 이르는 말.

自信者는 人亦信之하나니 吳越이 皆兄弟요
자　신　자　인　역　신　지　　오　월　개　형　제

自疑者는 人亦疑之하나니 身外皆敵國이니라.
자　의　자　인　역　의　지　　신　외　개　적　국

풀이 스스로 믿는 자는 남도 또한 자기를 믿나니, 오나라와 월나라와 같은 적국 사이라도 형제와 같이 될 수 있고, 스스로를 믿지 못하는 자는 남도 또한 자기를 믿어주지 않으니 자기 이외에는 모두 원수와 같은 나라가 되느니라.

吳(나라 이름 오)　越(넘을 월)　疑(의심할 의)　敵(원수 적)

吳越同舟(오월동주) : 오(吳)나라 사람과 월(越)나라 사람이 한 배에 타고 있다라는 뜻으로, ① 어려운
　　상황에서는 원수라도 협력하게 됨.　② 뜻이 전혀 다른 사람들이 한자리에 있게 됨.
越等(월등) : ① 차이가 현격(懸隔)함.　② 정도(程度)의 차이가 큼.
疑惑(의혹) : ① 의심(疑心)하여 분별(分別)에 당혹(當惑)함.　② 수상(殊常)하게 여김.
皆骨山(개골산) : 강원도 고성군과 회양군에 걸쳐 있는 이름난 산으로, 봄에는 금강산(金剛山), 여름에
　　는 봉래산(蓬萊山), 가을에는 풍악산(楓嶽山), 겨울에는 개골산(皆骨山)이라고 함.

疑人莫用하고 用人勿疑니라.
의 인 막 용　　용 인 물 의

풀이 사람을 의심하거든 쓰지 말고 사람을 쓰거든 의심하지 말지니라.

諷諫에 云 水底魚天邊雁은 高可射兮
풍 간 운 수 저 어 천 변 안 고 가 사 혜

低可釣어니와 惟有人心咫尺間이라도
저 가 조 유 유 인 심 지 척 간

咫尺人心不可料니라.
지 척 인 심 불 가 료

풀이 풍간에 이르기를,
　"물속 깊이 있는 고기와 하늘 높이 떠다니는 기러기는 쏘고 낚을 수 있거니와, 사람의 마음은 바로 지척간에 있음에도 이 지척간에 있는 마음은 가히 헤아릴 수 없느니라"고 하였다.

魚(고기 어)　諷(욀 풍)　諫(간할 간)　底(밑 저)　雁(기러기 안)　射(궁술 사)　低(밑 저)　釣(낚시 조)
咫(길이 지)　料(되질할 료{요})

諷刺(풍자) : 무엇에 빗대어 재치 있게 경계(警戒)하거나 비판(批判)함.
諫臣(간신) : ① 임금에게 옳은 말로 간하는 신하.　② 간관(諫官).
諷諫(풍간) : 완곡한 표현으로 잘못을 고치도록 말함.
底邊(저변) : ① 수학(數學)에서 밑변의 옛 용어(用語).
鴻雁(홍안) : 큰 기러기와 작은 기러기.　低廉(저렴) : 물건값(物件－)이 쌈.
射石爲虎(사석위호) : 「돌을 범인 줄 알고 쏘았더니 돌에 화살이 꽂혔다」는 뜻으로, 성심(誠心)을 다하면 아니 될 일도 이룰 수 있음.
釣而不綱(조이불강) : 낚시질은 해도 그물질(物質)은 하지 않는다는 뜻.
咫尺(지척) : 아주 가까운 거리(距離)　咫尺之間(지척지간) : 매우 가까운 거리.

畵虎畵皮難畵骨이요 知人知面不知心이니라.
화 호 화 피 난 화 골　　지 인 지 면 부 지 심

풀이 범을 그리되 모양은 그릴 수 있으나 뼈는 그리기 어렵고, 사람을 알되 얼굴은 알지만 마음은 알지 못하느니라.

畵(그림 화) 虎(범 호) 皮(가죽 피) 骨(뼈 골) 面(낯 면)

畵龍點睛 (화룡점정) : 무슨 일을 하는 데 가장 중요한 부분을 완성시키는 것을 비유적으로 이르는 말.

虎視眈眈(호시탐탐) : 「범이 먹이를 노린다」는 뜻으로, 「기회를 노리며 형세를 살핌」을 비유하는 말.

皮骨相接(피골상접) : 살가죽과 뼈가 맞붙을 정도로 몹시 마름.

骨肉相殘(골육상잔) : 부자나 형제 또는 같은 민족(民族) 간에 서로 싸움.

面從腹背(면종복배) : 겉으로는 순종(順從)하는 체하고 속으로는 딴 마음을 먹음.

對面共話하되 心隔千山이니라.
대 면 공 화　　심 격 천 산

풀이 얼굴을 맞대고 서로 이야기는 하나 마음은 천산을 격해 있는 것처럼 떨어져 있느니라.

對(대답할 대) 話(말할 화) 隔(사이 뜰 격)

對話(대화) : 마주 대(對)하여 서로 의견(意見)을 주고받으며 이야기하는 것.

携帶電話(휴대전화) : 개인이 단말기를 들고 다니면서 통화할 수 있는 디지털 무선 전화기.

隔世之感(격세지감) : 그리 오래지 않은 동안에 상당히 많이 달라져서 전혀 다른 세상 혹은 다른 세대 가 된 것 같은 느낌.

海枯終見底나 人死不知心이니라.
해 고 종 견 저　　인 사 불 지 심

풀이 바다는 마르면 마침내 바닥을 볼 수 있으나, 사람은 죽어도 그 마음을 알지 못하느니라.

枯(마를 고) 底(밑 저) 死(죽을 사)

枯渴(고갈) : (흐르거나 괴어 있던 물이)말라서 없어짐. 마름. 말라 붙음.

起死回生(기사회생) : 죽을 뻔하다가 살아남.

太公이 日 凡人은 不可逆相이요 海水는
태 공 왈 범 인 불 가 역 상 해 수

不可斗量이니라.
불 가 두 량

풀이 태공이 말하기를,

"무릇 사람은 앞질러 점칠 수 없고 바닷물은 가히 말(斗)로 될 수 없느니라"고 하였다.

凡(무릇 범) 逆(거스를 역) 水(물 수) 斗(말 두) 量(헤아릴 량{양})

凡常(범상) : 대수롭지 않고 예사(例事)로움.

逆戰(역전) : 역습(逆襲)하여 싸움. 相對的(상대적) : 서로 상대되는 것.

景行錄에 云 結怨於人은 謂之種禍요
경 행 록 운 결 원 어 인 위 지 종 화

捨善不爲는 謂之自賊이니라.
사 선 불 위 위 지 자 적

풀이 경행록에 이르기를,

"남과 원수를 맺는 것을 재앙의 씨를 심는 것이라 말하고, 착한 것을 버리고 착한 일을 하지 않는 것은 스스로를 해치는 것이니라"고 하였다.

結(맺을 결) 怨(원망할 원) 謂(이를 위) 捨(버릴 사) 賊(도둑 적)

結草報恩(결초보은) : 「풀을 묶어서 은혜를 갚는다」라는 뜻으로, 죽어 혼이 되더라도 입은 은혜를 잊
　　지 않고 갚음.

怨入骨髓(원입골수) : 원한(怨恨)이 골수(骨髓)에 사무침.

所謂(소위) : ① 이른바. ② 세상에서 흔히 말하는 바.

四捨五入(사사오입) : 반올림. 근삿값을 구할 때 4 이하의 수는 버리고 5 이상의 수는 그 윗자리에 1을
　　더하여 주는 방법.

賊反荷杖(적반하장) : 도둑이 도리어 몽둥이를 든다는 뜻으로, 잘못한 사람이 도리어 잘 한 사람을 나
　　무라는 경우(境遇)를 이르는 말.

若聽一面說이면 便見相離別이니라.
약 청 일 면 설 　 편 견 상 이 별

[풀이] 만약 한 편 말만 들으면 문득 친한 사이가 멀어짐을 볼 것이니라.

聽(들을 청)　離(떼놓을 이{리})　別(나눌 별)

聽聞會(청문회) : 국회 또는 행정기관 등이 중요한 안건을 심사할 때에 증인·감정인·참고인으로부터
　　증언·진술(陳述)을 청취(聽取)하거나 증거(證據)의 채택(採擇)을 위하여 여는 모임.

離散家族(이산가족) : 가족의 구성원이 본의 아니게 흩어짐으로써 서로 만날 수 없게 된 가족.

別有天地(별유천지) : 「속계를 떠난 특별한 경지에 있다」라는 뜻으로, 별세계(別世界)를 말함.

飽煖엔 思淫慾하고 飢寒엔 發道心이니라.
포 난 　 사 음 욕 　 기 한 　 발 도 심

[풀이] 배부르고 따뜻한 곳에서 호강하게 살면 음욕이 생기고, 굶주리고 추
운 곳에서 고생하게 살면 도심(道心)이 일어나느니라.

飽(물릴 포)　煖(따뜻할 난)　淫(음란할 음)　飢(주릴 기)　寒(찰 한)　發(쏠 발)

飽和狀態(포화상태) : ① 더할 수 없는 양에 이른 상태. ② 더 받아들일 수 없는 상태.

非帛不煖(비백불난) : 비단옷을 입어야 따뜻하다는 뜻으로, 노인의 쇠약해진 때를 이르는 말.

飢不擇食(기불택식) : 굶주린 사람은 먹을 것을 가리지 않는다는 뜻으로, 빈곤한 사람은 대수롭지 않
　　은 은혜에도 감격함의 비유.

疏廣이 曰 賢人多財則損其志하고
소 광 왈 현 인 다 재 즉 손 기 지

愚人多財則益其過니라.
우 인 다 재 즉 익 기 과

풀이 소광이 말하기를,
 "어진 사람이 재물이 많으면 그 뜻을 손상하고 어리석은 사람이 재물이 많으면 허물을 더 하느니라"고 하였다.

疏(트일 소) 廣(넓을 광) 才(재주 재) 志(뜻 지) 過(지날 과, 허물 과)

疏遠(소원) : ① 지내는 사이가 두텁지 않고 버성김. ② 서먹서먹함.
廣範圍(광범위) : 넓은 범위(範圍). 廣域(광역) : ① 넓은 구역(區域). ② 넓은 지역.
才氣煥發(재기환발) :「사리(事理) 판단(判斷)이 날카롭고 재능(才能)이 빛난다」는 뜻.
過猶不及(과유불급) : 모든 사물이 정도를 지나치면 미치지 못한 것과 같다는 뜻으로, 중용(中庸)이 중
    요(重要)함을 가리키는 말.

참고 소광(疏廣) : 漢나라 사람으로『春秋』에 대한 연구가 매우 깊어 일찍이 조정에 박사로 초빙되었다.

人貧智短하고 福至心靈이니라.
인 빈 지 단 복 지 심 령

풀이 사람이 가난하면 지혜가 짧아지고, 복이 이르면 마음이 영롱하여 지느니라.

智(슬기 지) 短(짧을 단) 靈(신령 령{영})

老馬之智(노마지지) : 늙은 말의 지혜라는 뜻으로, 연륜이 깊으면 나름의 장점과 특기(特技)가 있음.
絶長補短(절장보단) : 긴 것을 잘라서 짧은 것에 보태어 부족함을 채운다는 뜻으로, 좋은 것으로 부족
    한 것을 보충함을 이르는 말.
幽靈(유령) : ① 죽은 사람의 혼령(魂靈). ② 이름 뿐이고 실체(實體)는 없는 것.
外華內貧(외화내빈) : 겉치레는 화려(華麗)하나 실속이 없음.

不經一事면 不長一智니라.
불 경 일 사 　　불 장 일 지

풀이 한 가지 일을 경험하지 않으면 한 가지 지혜가 자라지 않느니라.

經(날 경) 長(길 장, 어른 장) 智(슬기 지, 지혜 지)

牛耳讀經(우이독경) : 「쇠귀에 경 읽기」란 뜻으로, 우둔(愚鈍)한 사람은 아무리 가르치고 일러주어도
　　알아듣지 못함을 비유하여 이르는 말.
長點(장점) : ① 좋은 점. 보다 뛰어난 점. ② 특히 잘하는 점.

是非終日有라도 不聽이면 自然無니라.
시 비 종 일 유 　　불 청 　　자 연 무

풀이 시비가 종일토록 있을지라도 듣지 않으면 저절로 없어지느니라.

聽(들을 청) 然(그러할 연) 無(없을 무)

願乞終養(원걸종양) : 「부모가 돌아가시는 날까지 봉양(奉養)하기를 원한다」는 뜻으로, 부모에 대한 지
　　극한 효성(孝誠)을 이르는 말

來設是非者는 便是是非人이니라.
내 설 시 비 자 　　편 시 시 비 인

풀이 와서 시비를 말하는 자는 이것이 곧 시비하는 사람이니라.

設(베풀 설) 是(옳을 시) 便(편할 편)

建設(건설) : ① 건물을 짓거나 시설들을 이룩함. ② 어떤 사업을 이룩함.
是是非非(시시비비) : 옳은 것은 옳다, 그른 것은 그르다고 한다는 뜻으로, 사리(事理)를 공정하게 판단
　　함을 이르는 말.
便宜主義(편의주의) : 어떤 사물을 근본적으로 처리하지 아니하고, 임시로 둘러맞추는 방법.

擊壤詩_에 云 平生_에 不作皺眉事_{하면} 世上_에
격 양 시 운 평 생 불 작 추 미 사 세 상

應無切齒人_{이니} 大名_을 豈有鐫頑石_가
응 무 절 치 인 대 명 기 유 전 완 석

路上行人_이 口勝碑_{니라.}
로 상 행 인 구 승 비

풀이 격양시에 이르기를,

"평생에 눈썹 찡그릴 일을 하지 않으면 세상에 이를 갈 원수 같은 사람이 없을 것이다. 크게 난 이름을 어찌 뜻 없는 돌에 새길 것인가. 길가는 사람의 입이 비석보다 나으리라"고 하였다.

擊(부딪칠 격) 壤(흙 양) 皺(주름 추) 眉(눈썹 미) 齒(이 치) 豈(어찌 기) 鐫(새길 전)
勝(이길 승) 碑(돌기둥 비)

衝擊(충격) : 서로 맞부딪쳐서 몹시 침. 마음에 격동(激動)을 받는 강한 자극(刺戟).
平壤(평양) : 평안남도(平安南道)의 한 시(市). 도청 소재지로서 대동군(大同郡) 중앙부(中央部).
皺眉(추미) : 눈썹을 찡그림, 또는 그 눈썹.
擧案齊眉(거안제미) : 「밥상을 눈썹 높이로 들어 공손(恭遜)히 남편 앞에 가지고 간다」는 뜻으로, 남편을 깍듯이 공경(恭敬)함을 일컫는 말.

有麝自然香_{이니} 何必當風立_{가.}
유 사 자 연 향 하 필 당 풍 립

풀이 사향을 지녔으면 저절로 향기로운데 어찌 반드시 바람이 불어야만 향기가 나겠는가.

麝(사향노루 사) 當(당할 당) 風(바람 풍) 立(설 립{입})

有福莫享盡하라 福盡身貧窮이요
유 복 막 향 진　　복 진 신 빈 궁

有勢莫使盡하라 勢盡冤相逢이니라
유 세 막 사 진　　세 진 원 상 봉

福兮常自惜하고 勢兮常自恭하라
복 혜 상 자 석　　세 혜 상 자 공

人生驕與侈는 有始多無終이니라.
인 생 교 여 치　　유 시 다 무 종

풀이 복이 있다 해도 다 누리지 말라. 복이 다하면 몸이 빈궁해질 것이요, 권세가 있다 해도 함부로 부리지 말라. 권세가 다하면 원수와 서로 만나느니라. 복이 있거든 항상 스스로 아끼고, 권세가 있거든 항상 스스로 겸손하라. 사람에 있어서 교만과 사치는 처음은 있으나 흔히 나중에는 없는 것이니라.

享(누릴 향) 冤(원통할 원) 惜(아낄 석) 恭(공손할 공) 驕(교만할 교) 侈(사치할 치) 始(처음 시)

享有(향유) : 누려서 가짐.　享年(향년) : 한평생 살아 누린 나이.
冤痛(원통) : 분(憤)하고 억울(抑鬱)함.
買占賣惜(매점매석) : 물건값이 오를 것을 예상하고 물건을 많이 사두었다가 값이 오른 뒤 아껴서 팖.
驕慢(교만) : 잘난 체하고 뽐내며 방자(放恣)함.
奢侈(사치) : 필요(必要) 이상(以上)으로 돈이나 물건(物件)을 씀.

王參政四留銘에 曰 留有餘不盡之巧하야
왕 참 정 사 유 명　왈 유 유 여 부 진 지 교

以還造物하고 留有餘不盡之祿하야
이 환 조 물　　유 유 여 부 진 지 록

以還朝廷하고 留有餘不振之財하야
이 환 조 정　　　유 유 여 부 진 지 재

以還百姓하고 留有餘不振之福하야
이 환 백 성　　　유 유 여 부 진 지 복

以還子孫이니라.
이 환 자 손

풀이 왕참정의 사유명에 말하기를,

　"여유 있는 재주를 쓰지 않았다가 조물주에게 돌려주고, 여유 있게 복록을 다 쓰지 않았다가 조정에 돌려주고, 여유 있는 재물을 다 쓰지 않았다가 백성에게 돌려주며, 여유 있는 복을 다 누리지 않았다가 자손에게 돌려줄지니라."고 하였다.

參(간여할 참)　留(머무를 유{류})　造(지을 조)　祿(복 록{녹})　廷(조정 정)　振(떨칠 진)　姓(성 성)

參加(참가) : 어떤 모임이나 단체(團體)에 참여(參與)하거나 가입(加入)함.

留學生(유학생) : 외국(外國)에 유학(儒學)하는 학생(學生),

造作(조작) : ① 물건(物件)을 지어서 만듦. ② 일부러 무엇과 비슷하게 만듦. ③ 일을 꾸미어 만듦.

國祿(국록) : 나라에서 주는 급료(給料).

朝廷(조정) : 나라의 정치(政治)를 의논(議論), 집행(執行)하던 곳.

振興策(진흥책) : 진흥(振興)시키는 대책(對策)이나 방책(方策) 일으키기.

黃金千兩이 未爲貴요
황 금 천 량　　　미 위 귀

得人一語가 勝千金이니라.
득 인 일 어　　승 천 금

풀이 황금 천냥이 귀한 것이 아니고 사람의 말 한마디는 듣는 것이 천금보다 나으니라.

黃(누를 황) 金(쇠 금) 兩(두 량{양})

兩極化(양극화) : 서로 다른 계층 또는 집단이 점점 더 달라지고 멀어지거나 그렇게 하는 일.
黃海(황해) : 중국(中國) 동부(東部) 해안(海岸)과 한반도(韓半島) 사이에 있는 바다.

巧者는 拙之奴요 苦者는 樂之母니라.
교 자 졸 지 노 고 자 낙 지 모

풀이 재주 있는 사람은 재주 없는 사람의 종이 되고 괴로움은 즐거움의 근본이 되느니라.

巧(공교할 교) 拙(졸할 졸) 奴(종 노)

巧言令色(교언영색) : 남의 환심(歡心)을 사기 위해 교묘히 꾸며서 하는 말과 아첨(阿諂)하는 얼굴빛.
拙劣(졸렬) : ① 옹졸(壅拙)하고 비열(卑劣)함. ② 서투르고 보잘것없음.
奴隸(노예) : 자유(自由)를 구속(拘束)당(當)하고 남에게 부림을 받는 사람.

小船은 難堪重載요 深逕은 不宜獨行이니라.
소 선 난 감 중 재 심 경 불 의 독 행

풀이 작은 배는 무겁게 싣는 것을 견디기 어렵고, 으슥한 길은 혼자 다니기에 좋지 못하느니라.

船(배 선) 堪(견딜 감) 載(실을 재) 逕(소로 경) 宜(마땅할 의) 獨(홀로 독)

船舶(선박) : '배'를 전문용어로서 이르는 말. 특히, 상당히 큰 규모로 만들어진 배를 가리킴.
堪當(감당) : 일을 능히 맡아서 해냄. 不堪當(불감당) : 감당할 수 없음.
揭載(게재) : 신문(新聞) 따위에 글이나 그림을 실음.
千蹊萬逕(천혜만경) : 천 갈래의 좁은 길과 만 갈래의 지름길이라는 뜻으로, 갖가지 수단과 방법을 구사함을 비유하여 이르는 말이다.

黄金이 未是貴요 安樂이 値錢多니라.
황 금 미 시 귀 안 락 치 전 다

풀이 황금이 귀한 것이 아니요, 편안하고 즐거움이 보다 값 많은 것이니라.

値(값 치) 錢(돈 전)

基準値(기준치) : 어떤 상태를 판정하는 기준이 되는 수치(數値).

多多益善(다다익선) : 많으면 많을수록 더욱 좋다는 말.

金枝玉葉(금지옥엽) :「금 가지에 옥 잎사귀」란 뜻으로, 임금의 자손(子孫)이나 집안을 이르는 말.

在家에 不會邀賓客이면 出外에
재 가 불 회 요 빈 객 출 외

方知少主人이니라.
방 지 소 주 인

풀이 집에 있어서 손님을 맞아 대접할 줄 모르면 밖에 나가서 다른 집에 손님으로 가 보아야 이제 주인 적은 줄을 알리라.

邀(맞을 요{료}) 賓(손 빈) 主(주인 주)

邀擊(요격) : 공격해 오는 대상을 기다리고 있다가 도중(途中)에서 맞받아침.

賓客(빈객) : ① 손님. ② 문하(門下)의 식객.

貧居鬧市無相識이요
빈 거 요 시 무 상 식

富住深山有遠親이니라.
부 주 심 산 유 원 친

풀이 가난하게 살면 번화한 시장거리에 살아도 서로 아는 사람이 없고, 넉넉하게 살면 깊은 산중에 살아도 먼데서 찾아오는 친구가 있느니라.

鬧(시끄러울 료{뇨,요}) 市(저자 시) 山(뫼 산)

鬧擾(요요) : 시끄럽고 떠들썩함.
市民(시민) : 도시(都市)의 주민(住民). 시인(市人).

人義는 盡從貧處斷이요
인 의 진 종 빈 처 단

世情은 便向有錢家니라.
세 정 편 향 유 전 가

풀이 사람의 의리는 다 가난한 데서 끊어지고, 세상의 인정은 곧 돈 있는 집으로 쏠리느니라.

斷(끊을 단) 向(향할 향) 錢(돈 전)

斷腸(단장) : 창자가 끊어진다는 뜻으로, 창자가 끊어지는 듯하게 견딜 수 없는 심한 슬픔이나 괴로움.
向後(향후) : ① 뒤미처(그 뒤에 곧 잇따라) 오는 때나 자리. ② 이다음.

寧塞無底缸이언정 難塞鼻下橫이니라.
녕 색 무 저 항 난 색 비 하 횡

풀이 차라리 밑 빠진 항아리는 막을지언정 코 아래 가로 놓인 것(입)은 막기 어려우니라.

寧(편안할 녕{영}) 塞(막힐 색{변방 새}) 缸(항아리 항) 鼻(코 비) 橫(가로 횡)

要塞(요새) : 중요한 곳에 구축(構築)하여 놓은 견고(堅固)한 성채나 방어 시설.
魚缸(어항) : 완상용이나 실험용으로 물고기를 기르는 데 쓰는 유리 따위로 모양 있게 만든 항아리.
橫斷步道(횡단보도) : 차도(車道) 위에 사람이 가로 건너 다니게 마련한 길.

人情은 皆爲窘中疎니라.
인 정 개 위 군 중 소

풀이 사람의 정분은 다 군색한 가운데서 성기어 지게 되느니라.

窘(막힐 군) 疎(트일 소)

困窘(곤군) : 곤란하고 군색(窘塞)함. 곤란하고 고달픔.
疎外感(소외감) : 남에게 따돌림을 당(當)한 것 같은 느낌.

史記에 曰 郊天禮廟는 非酒不享이요
사 기 왈 교 천 예 묘 비 주 불 향

君臣朋友는 非酒不義요
군 신 붕 우 비 주 불 의

鬪爭相和는 非酒不勸이라
투 쟁 상 화 비 주 불 권

故로 酒有成敗而不可泛飲之니라.
고 주 유 성 패 이 불 가 범 음 지

풀이 사기에 말하기를,
"하늘에 제사를 지내고 사당에 제례 올림에도 술이 아니면 제물을 받지
않을 것이요, 임금과 신하, 벗과 벗 사이에도 술이 아니면 의리가 두터워지
지 않을 것이요, 싸움을 하고 서로 화해함에도 술이 아니면 권하지 못할 것
이다. 그러므로 술은 성공과 실패를 얻는 것으로 가히 함부로 마시지 못하
느니라"고 하였다.

史(역사 사) 郊(성 밖 교) 廟(사당 묘) 臣(신하 신) 鬪(싸움 투) 爭(다툴 쟁) 勸(권할 권)
飲(마실 음) 敗(패할 패) 泛(뜰 범)

史記(사기) : 역사를 기록한 책(冊). 사서(史書). 사승(史乘). 사적(史籍). 사책(史冊).

郊外線(교외선) : 도시의 바깥 부근을 연결한 철길.　　泛舟(범주) : 배를 물에 띄움.

宗廟社稷(종묘사직) : 왕실(王室)과 나라를 함께 이르는 말.

臣下(신하) : 임금을 섬기어 벼슬을 하는 자리에 있는 사람.

鬪士(투사) : 전장(戰場)이나 경기장에 싸우려고 나선 사람.

爭點(쟁점) : ① 서로 다투는 중요한 점. ② 쟁송(爭訟)의 초점(焦點)이 되는 중요한 점.

勸善懲惡(권선징악) : 착한 행실을 권장하고 악한 행실을 징계(懲戒)함.

子曰 士志於道而恥惡衣惡食者는
자 왈 사 지 어 도 이 치 악 의 악 식 자

未足與議也이니라.
미 족 여 의 야

[풀이] 공자가 말씀하시기를,
"선비가 도에 뜻을 두면서 악의악식을 부끄럽게 하는 자는 서로 더불어 의논할 사람이 못되느니라" 고 하셨다.

士(선비 사)　志(뜻 지)　恥(부끄러워할 치)　議(의논할 의)　與(줄 여, 더불어 여)

士氣衝天(사기충천) : 사기(士氣)가 하늘을 찌를 듯이 높음.

恥辱(치욕) : 부끄럽고 욕됨. 불명예(不名譽).

議題(의제) : 의논(議論)할 문제(問題).

與黨(여당) : 정부(政府)의 정책(政策)을 지지(支持)하여, 이것에 편을 드는 정당(政黨).

荀子曰 士有妬友하면 則賢交不親하고
순 자 왈 사 유 투 우 　 즉 현 교 불 친

君有妬臣하면 則賢人不至니라.
군 유 투 신 　 즉 현 인 부 지

풀이 순자가 말하기를,

"선비가 벗을 투기하는 일이 있으면 어진 벗과 친할 수 없고, 임금이 신하를 투기하는 일이 있으면 어진 신하가 오지 않느니라"고 하였다.

苟(풀이름 순) 妬(강샘할 투)

嫉妬心(질투심) : 질투(嫉妬)하는 마음.
松筍(송순) : 소나무에 돋아난 새 순.
松筍酒(송순주) : 소나무의 새 순을 따 넣고 함께 빚은 술

天不生無祿之人하고
천 불 생 무 록 지 인

地不長無名之草니라.
지 불 장 무 명 지 초

풀이 하늘은 녹 없는 사람을 내지 않고, 땅은 이름 없는 풀을 기르지 않느니라.

祿(복 록{녹}) 草(풀 초) 無(없을 무)

祿科田柴(녹과전시) : 고려시대, 나라에서 벼슬아치들에게 녹봉 대신에 품계에 따라 나누어 주던 논밭과 산판.
草原(초원) : 풀이 난 들.
前無後無(전무후무) : 전(前)에도 없었고 앞으로도 있을 수 없음.

大富는 由天하고 小富는 由勤이니라.
대 부 유 천 소 부 유 근

풀이 큰 부자는 하늘에 달려 있고 작은 부자는 부지런한데 달려 있느니라.

富(가멸 부) 由(말미암을 유) 勤(부지런할 근)

富貴榮華(부귀영화) : 부귀(富貴)와 영화(榮華).
理由(이유) : ① 까닭, 사유(事由), 내력(來歷). ② 넓은 뜻으로는 존재(存在)의 기초(基礎),
勤儉貯蓄(근검저축) : 부지런하고 알뜰하여 재물(財物)을 모음.

成家之兒는 惜糞如金하고
성 가 지 아 석 분 여 금

敗家之兒는 用金如糞이니라.
패 가 지 아 용 금 여 분

[풀이] 집을 이룰 아이는 똥 아끼기를 금같이 하고, 집을 망칠 아이는 돈 쓰기를 똥과 같이 하느니라.

惜(아낄 석) 糞(똥 분) 敗(패할 패)

惜敗(석패) : 경기(競技)나 시합(試合)에서 약간의 점수(點數) 차이(差異)로 애석(哀惜)하게 짐.
佛頭着糞(불두착분) : 부처의 얼굴에 똥을 묻힌다는 뜻으로, 훌륭한 저서(著書)에 서투른 서문(序文)을 쓴다는 말.
敗家亡身(패가망신) : 가산(家産)을 탕진(蕩盡)하고 몸을 망침.
兒童走卒(아동주졸) :「어린이와 바쁘게 돌아다니는 심부름꾼」이라는 뜻으로, 철없는 아이들과 어리석은 사람들을 이르는 말.

康節邵先生이 曰 閑居에 愼勿設無妨하라
강 절 소 선 생 왈 한 거 신 물 설 무 방

纔說無妨便有妨이니라 爽口勿多能作疾이요
재 설 무 방 편 유 방 상 구 물 다 능 작 질

快心事過必有殃이라 與其病後能服藥으론
쾌 심 사 과 필 유 앙 여 기 병 후 능 복 약

不若病前能自防이니라.
불 약 병 전 능 자 방

풀이 강절 소 선생이 말하기를,

"편안하고 한가롭게 살 때 삼가 걱정할 것이 없다고 말하지 말라. 겨우 걱정할 것이 없다는 말이 입에 나가자 문득 걱정거리가 생기리라. 입에 상쾌한 음식이라고 해서 많이 먹으면 병을 만들 것이요, 마음에 상쾌한 일이라고 해서 지나치게 하면 반드시 재앙이 있으리라. 병이 난 후에 약을 먹는 것 보다는 병이 나기 전에 스스로 조심하는 것만 못하느니라." 고 하였다.

閑(막을 한) 妨(방해할 방) 纔(겨우 재) 疾(병 질) 快(쾌할 쾌) 殃(재앙 앙) 藥(약 약)

閑談屑話(한담설화) :「한가한 말과 자질구레한 이야기」라는 뜻으로, 심심풀이로 하는 실없는 말을 이르는 말.

妨害物(방해물) : 일에 방해(妨害)가 되는 사물(事物).

疾走(질주) : 빨리 달림. 疾風怒濤(질풍노도) : 몹시 빠르게 부는 바람과 무섭게 소용돌이치는 물결.

快刀亂麻(쾌도난마) : 헝클어진 삼을 잘 드는 칼로 자른다는 뜻으로, 복잡하게 얽힌 사물이나 비꼬인 문제들을 솜씨 있고 바르게 처리함을 비유해 이르는 말.

災殃(재앙) : 천변지이(天變地異)로 인한 온갖 불행한 일.

梓潼帝君垂訓에 曰
재 동 제 군 수 훈 왈

妙藥도 難醫冤債病이요 橫財는
묘 약 난 의 원 채 병 횡 재

不富命窮人이라 生事事生을 君莫怨하고
불 부 명 궁 인 생 사 사 생 군 막 원

害人人害를 汝休嗔하라
해 인 인 해 여 휴 진

天地自然皆有報하니
천 지 자 연 개 유 보

遠在兒孫近在身이니라.
원 재 아 손 근 재 신

풀이 재동제군이 훈계를 내려 말하기를,

"신묘한 약이라도 원한의 병은 고치기 어렵고, 뜻밖에 생기는 재물도 운수가 궁한 사람은 부자가 되게 할 수 없다. 일을 생기게 하고 나서 일이 생기는 것을 원망하지 말고, 남을 해치고 나서 남이 해치는 것을 너는 꾸짖지 말라. 천지간에 모든 일은 다 갚음이 있나니 멀면 자손에게 있고 가까우면 자기 몸에 있느니라"고 하였다.

梓(가래나무 재) 潼(강 이름 동) 醫(의원 의) 冤(원통할 원) 債(빛 채) 汝(너 여)

醫藥品(의약품) : 의료(醫療)에 쓰이는 약품(藥品).
冤魂(원혼) : 원통(冤痛)하게 죽은 사람의 넋.
債權者(채권자) : 채무자(債務者)에게 어떤 급부(給付)를 청구(請求)할 권리(權利)가 있는 사람.
債務者(채무자) : 채권자(債權者)에게 급부(給付)의 의무(義務)가 있는 사람.

참고 재동제군(梓潼帝君) : 도가(道家)에서 받들어모시는 신.

花落花開開又落하고
화 락 화 개 개 우 락

錦衣布衣更換着이라
금 의 포 의 갱 환 착

豪家未必常富貴요
호 가 미 필 상 부 귀

貧家未必長寂寞이라
빈 가 미 필 장 적 막

扶人未必上青霄_요
부 인 미 필 상 청 소

推人未必塡邱壑_{이라}
추 인 미 필 전 구 학

勸君凡事_를 莫怨天_{하라}
권 군 범 사 막 원 천

天意於人_에 無厚薄_{이니라.}
천 의 어 인 무 후 박

[풀이] 꽃은 졌다가 다시 피고 피었다 또 진다. 비단옷도 다시 베옷으로 바꿔 입느니라. 넉넉하고 호화로운 집이라고 해서 반드시 언제나 부귀한 것이 아니요, 가난한 집도 반드시 오래 적적하고 쓸쓸하지 않으리라. 사람이 밀어 올려도 반드시 하늘에 올라가지 못할 것이요, 사람을 밀어도 반드시 깊은 구렁에 떨어지지 않느니라. 그대에게 권고하노니, 모든 일에 하늘을 원망하지 말라. 하늘의 뜻은 본시 사람에게 후하고 박함이 없느니라.

錦(비단 금)　換(바꿀 환)　布(베 포)　豪(호걸 호)　寂(고요할 적)　寞(쓸쓸할 막)　着(붙을 착{저})

扶(도울 부)　靑(푸를 청)　壑(골 학)　霄(하늘 소)　邱(땅이름 구)　推(옮을 추)　　塡(메울 전)

勸(권할 권)　薄(엷을 박)　厚(두터울 후)

錦上添花(금상첨화) : 「비단(緋緞) 위에 꽃을 더한다」는 뜻으로, 좋은 일에 또 좋은 일이 더하여짐을
　　이르는 말.

換骨奪胎(환골탈태) : 환골은 옛사람의 시문(詩文)을 본떠서 어구를 만드는 것,

布施(포시) : ① 보시(布施)의 본딧말.　② 자비심(慈悲心)으로 남에게 조건(條件) 없이 베푸는 것,

英雄豪傑(영웅호걸) : 영웅(英雄)과 호걸(豪傑).

寂寞(적막) : 적적(寂寂)함. 고요함.　寂寞感(적막감) : 적막한 느낌. 적적한 (외로움) 마음. 쓸쓸한 마음.

着服(착복) : ① 옷을 입음, 착의(着衣).　② 남의 금품(金品)을 부당하게 자기 것으로 함.

扶養(부양) : 스스로의 힘으로 살아 갈 수 없는 사람의 생활을 돌봄. 도와 기름.

推進(추진) : 밀고 나아감.　推進力(추진력) : 밀고 나아가는 힘.

補塡(보전) : 부족(不足)한 것을 메워 보충(補充)함.

堪歎人心이 毒似蛇라 誰知天眼이
감 탄 인 심　 독 사 사　 수 지 천 안

轉如車요 去年에 妄取東隣物터니
전 여 거　 거 년　 망 취 동 인 물

今日還歸北舍家라 無義錢財는
금 일 환 귀 북 사 가　 무 의 전 재

湯潑雪이요 儻來田地는 水推沙나라
탕 발 설　 당 래 전 지　 수 추 사

若將狡譎爲生計면 恰似朝雲暮落花나라.
약 장 교 휼 위 생 계　 흡 사 조 운 모 락 화

풀이 사람의 마음이 독하기가 뱀 같음을 한탄하여 마지않는다. 누가 하늘에서 보는 눈이 수레바퀴처럼 돌아가고 있음을 알 것이요. 지나간 해에 망녕되게 동녘이웃의 물건을 탐내어 가져 왔더니 오늘에 어느덧 북녘집으로 돌아갔구나. 의리가 아니게 취한 돈과 재물은 끓는 물에서 녹는 눈과 같이 없어질 것이요, 뜻밖에 얻어진 전답은 물에 밀려온 모래니라. 만약 교활한 꾀로서 생활하는 방법을 삼는다면 그것은 흡사 아침에 떠오르는 구름이나 저녁에 시들어지는 꽃과 같이 오래 가지 못하느니라.

歎(읊을 탄)　毒(독 독)　狡(교활할 교)　轉(구를 전)　恰(마치 흡)　隣(이웃 인{린})　蛇(뱀 사)
潑(뿌릴 발)　雪(눈 설)　湯(넘어질 탕)　沙(모래 사)　譎(속일 휼)　儻(빼어날 당)　　眼(눈 안)
舍(집 사)

歎息(탄식) : ① 한숨쉬며 한탄(恨歎)함.　② 감탄(感歎)함.

毒蛇(독사) : 이빨에 독액(毒液) 분비선(分泌腺)을 갖는 뱀의 총칭(總稱).

狡兔三窟(교토삼굴) : 「교활(狡猾)한 토끼는 굴을 세 개 파 놓는다」는 뜻으로, 사람이 교묘(巧妙)하게 잘 숨어 재난(災難)을 피함을 비유하여 이르는 말.

轉禍爲福(전화위복) : 화가 바뀌어 오히려 복이 된다는 뜻으로, 어떤 불행한 일이라도 끊임없는 노력과 강인한 의지로 힘쓰면 불행을 행복으로 바꾸어 놓을 수 있다는 말.

無藥可醫卿相壽요
무 약 가 의 경 상 수

有錢難買子孫賢이니라.
유 전 난 매 자 손 현

풀이 약은 가히 재상과 같은 귀한 목숨도 고칠 수 없고, 돈은 자손의 현철함을 사지 못하느니라.

醫(의원 의) 卿(벼슬 경) 壽(목숨 수) 買(살 매)

醫院(의원) : 병자(病者)를 치료하기 위하여 특별한 시설을 한 집.
樞機卿(추기경) : 로마 교황(敎皇)의 최고(最高) 고문(顧問).
壽宴(수연) : 장수(長壽)함을 축하(祝賀)하는 잔치. 보통 환갑(還甲)잔치를 말함.
買死馬骨(매사마골) : 죽은 말의 뼈다귀를 산다는 뜻으로, 귀중한 것을 손에 넣기 위해서는 먼저 희생(犧牲)을 치러야 한다는 것을 가리키는 말.

一日清閑이면 一日仙이니라.
일 일 청 한 일 일 선

풀이 하루라도 마음이 깨끗하고 편안하다면 그 하루는 신선이 되느니라.

閑(막을 한) 仙(신선 선)

等閑(등한) : ① 대수롭지 않게 여겨 내버려 둠. ② 마음에 두지 않고 예사(例事)로 여김
等閑視(등한시) : 마음에 두지 아니하고 대수롭지 아니하게 보아 넘김.
忙中閑(망중한) : 바쁜 가운데에서도 한가로운 때.
仙姿玉質(선자옥질) : 「신선의 자태(姿態)와 옥 같은 바탕」이라는 뜻으로, 용모도 아름다운데다가 기품(氣稟)도 뛰어난 사람을 형용해 이르는 말.
羽化登仙(우화등선) : 「날개가 돋아 신선이 되어 하늘에 오른다」는 뜻으로, 술이 거나하게 취하여 기분이 좋음.
仙境(선경) : ① 신선(神仙)이 산다는 곳. ② 경치(景致)가 신비스럽고 그윽한 곳.

省心篇
성 심 편
(下)

眞宗皇帝御製에 曰
진 종 황 제 어 제 왈

知危識險이면 終無羅網之門이요
지 위 식 험 종 무 라 망 지 문

擧善薦賢이면 自有安身之路라
거 선 천 현 자 유 안 신 지 로

施仁布德은 乃世代之榮昌이요
시 인 포 덕 내 세 대 지 영 창

懷妬報冤은 與子孫之爲患이라
회 투 보 원 여 자 손 지 위 환

損人利己면 終無顯達雲仍이요
손 인 이 기 종 무 현 달 운 잉

害衆成家면 豈有長久富貴리요
해 중 성 가 기 유 장 구 부 귀

改名異體는 皆因巧語而生이요
개 명 이 체 개 인 교 어 이 생

禍起傷身은 皆是不仁之召니라.
화 기 상 신 개 시 불 인 지 소

풀이 진종황제 어제에 말하기를,

"위태함을 알고 험한 것을 알면 마침내 그물에 걸리는 일이 없을 것이요, 선한 일을 받들고 착한 일을 추켜올리고 어진 사람을 천거하면 스스로 편안할 길이 있고, 인을 베풀고 덕을 폄은 곧 대대로 번영을 가져올 것이다. 시기하는 마음을 품고 원한을 보복함은 자손에게 근심을 끼쳐주는 것이요, 남을 해롭게 해서 자기를 이롭게 한다면 마침내 현달하는 자손이 없고, 뭇사람을 해롭게 해서 성가를 한다면 어찌 그 부귀가 길게 가겠는가. 이름을 바꾸고 몸을 달리함은 모두 교묘한 말로 말미암아 생겨나고, 재앙이 일어나고 몸이 상하게 됨은 다 어질지 못함이 부르는 것이니라"고 하였다.

御(어거할 어) 製(지을 제) 險(험할 험) 網(그물 망) 顯(나타날 현) 擧(들 거)   眞(참 진)
薦(천거할 천) 懷(품을 회) 衆(무리 중) 改(고칠 개) 冤(원통할 원) 路(길 노{로}) 豈(어찌 기)
達(통달할 달) 久(오랠 구) 異(다를 이) 仍(인할 잉) 昌(창성할 창) 起(일어날 기) 體(몸 체)
召(부를 소)   羅(새그물 라{나})

御史(어사) : 왕명으로 특별한 임무를 맡아 지방에 파견되는 임시직 관리.
擧論(거론) : 어떤 사항(事項)을 내놓아 논제(論題)로 삼음.
懷抱(회포) : ① 마음속에 품은 생각. ② 잊혀지지 않은 생각.
衆寡不敵(중과부적) : ① 적은 수효(數爻)로 많은 수효를 대적(對敵)하지 못한다는 뜻.
改編(개편) : ① 단체의 조직(組織) 따위를 고치어 편성(編成)함.
達成(달성) : 뜻한 바, 목적한 바를 이룸. 永久的(영구적) : 영구히 변하지 아니함.
半永久的(반영구적) : 어떤 사실(事實)이나 일이 거의 영구(永久)에 가까운.
仍孫(잉손) : 곤손(昆孫)의 아들. 곧 칠대손(七代孫).

神宗皇帝御製에 曰 遠非道之財하고
신 종 황 제 어 제 왈 원 비 도 지 재

戒過度之酒하며 居必擇隣하고
계 과 도 지 주 거 필 택 린

交必擇友하며 嫉妬를 勿起於心하고 讒言을
교 필 택 우   질 투   물 기 어 심   참 언

勿宣於口하며 骨肉貧者를 莫疎하고
물 선 어 구   골 육 빈 자   막 소

他人富者를 莫厚하라 克己는 以勤儉爲先하고
타 인 부 자   막 후   극 기   이 근 검 위 선

愛衆은 以謙和爲首하며 常思已往之非하고
애 중   이 겸 화 위 수   상 사 이 왕 지 비

每念未來之咎하라 若依朕之斯言이면
매 념 미 래 지 구   약 의 짐 지 사 언

治國家而可久니라.
치 국 가 이 가 구

풀이 신종황제 어제에 말하기를,

"사람으로써 마땅히 지켜야 할 도리가 아닌 재물은 멀리하고, 정도에 지나치는 술을 경계하며, 반드시 이웃을 가려 살고, 벗을 가려 사귀며, 남을 시기하는 마음을 일으키지 말고, 남을 헐뜯어 말하지 말며, 동기간이 가난한 자를 소홀히 하지 말고, 부유한 자에게 아첨하지 말고, 자기의 사욕을 극복하는 것은 부지런하고 아껴쓰는 것이 첫째이고, 사람을 사랑하되 겸손하고 화평함을 첫째로 삼을 것이며, 언제나 지난날 나의 잘못됨을 생각하고, 또 앞날의 허물을 생각하라. 만약 나의 이 말에 의한다면 나라와 집안을 다스림이 가히 오래갈 것이니라" 하셨다.

宗(마루 종) 度(법도 도) 擇(가릴 택) 隣(이웃 린) 嫉(시기할 질) 妬(강샘할 투) 讒(참소할 참)
宣(베풀 선) 肉(고기 육) 克(이길 극) 咎(허물 구) 儉(검소할 검) 朕(나 짐) 斯(이 사) 久(오랠 구)

宗親(종친) : ① 임금의 친족(親族)이나 일가친척. ② 친속(親屬).

度量衡(도량형) : 길이·부피·무게 따위의 단위를 재는 법 및 그 재는 기구(器具).

擇日單子(택일단자) : 결혼 날짜를 잡아 상대편에게 알리는 종이.

讒訴(참소) : 남을 헐뜯어서 없는 죄를 있는 듯이 꾸며 고해 바치는 일.

宣布(선포) : 세상에 널리 펴 알림. 宣布文(선포문) : 선포(宣布)하는 글.

克己復禮(극기복례) : 욕망이나 사(詐)된 마음 등을 자기자신의 의지력으로 억제하고 예의에 어그러 지지 않도록 함.

斯文亂賊(사문난적) : 유교(儒敎)를 어지럽히는 도적(盜賊)이라는 뜻으로, 교리(敎理)에 어긋나는 언 동(言動)으로 유교를 어지럽히는 사람을 이르는 말.

참고 神宗皇帝(신종황제) : 송나라 제6대 임금.

高宗皇帝御製에 曰 一星之火도
고 종 황 제 어 제 왈 일 성 지 화

能燒萬頃之薪하고 半句非言도
능 소 만 경 지 신 반 구 비 언

誤損平生之德이라 身被一縷나
오 손 평 생 지 덕 신 피 일 루

常思織女之勞하고 日食三飧이나
상 사 직 녀 지 로 일 식 삼 손

每念農夫之苦하라 苟貪妬損이면
매 념 농 부 지 고 구 탐 투 손

終無十載安康하고 積善存仁이면
종 무 십 재 안 강 적 선 존 인

必有榮華後裔니라 福緣善慶은
필 유 영 화 후 예 복 연 선 경

多因積行而生이요 入聖超凡은
다 인 적 행 이 생　　입 성 초 범

盡是眞實而得이니라.
진 시 진 실 이 득

풀이 고종황제 어제에 말하기를,

"한 점의 불티도 능히 만경의 숲을 태우고, 짧은 반 마디 그릇된 말이 평생의 덕을 허물어뜨린다. 몸에 한 오라기의 실을 입었어도 항상 베짜는 여자의 수고로움을 생각하고, 하루 세 끼니의 밥을 먹거든 농부의 힘드는 것을 생각하라. 미워하고 탐내고 시기해서 남에게 손해를 끼친다면 마침내 10년의 편안함도 없을 것이요, 선을 쌓고 인을 보존하면 반드시 후손들에게 영화가 있으리라. 행복과 경사는 대부분이 선행을 쌓는데서 생겨나고, 범용을 초월해서 성인의 경지에 들어가는 것은 다 진실함으로써 얻어지는 것이니라" 하였다.

燒(사를 소) 薪(섶나무 신) 裔(후손 예)　緣(가선 연) 半(반 반) 句(글귀 구) 星(별 성)

載(실을 재) 誤(그릇할 오) 縷(실 루{누}) 超(넘을 초) 織(짤 직) 飧(저녁밥 손)

華(꽃 화)　苟(진실로 구) 聖(성스러울 성) 頃(밭 넓이 단위 경)

燒滅(소멸) : 불 타서 없어짐, 또는 불살라 없애 버림.

臥薪嘗膽(와신상담) : 섶에 눕고 쓸개를 씹는다는 뜻으로, 원수를 갚으려고 온갖 괴로움을 참고 견딤을 이르는 말.

後裔(후예) : 핏줄을 이은 먼 후손(後孫).　後裔國(후예국) : 후예(後裔)가 세우거나 개척한 나라.

緣木求魚(연목구어) : 「나무에 인연하여 물고기를 구한다」라는 뜻으로, 목적이나 수단이 일치하지 않아 성공이 불가능함을 이르는 말.

半導體素子(반도체소자) : 반도체(半導體)를 사용한 전자(電子) 회로(回路) 소자(素子).

星宿(성수) : 모든 성좌(星座)의 별들.

頃刻(경각) : 잠시(暫時), 잠깐 동안, 눈 깜박할 동안. 극히 짧은 시간.

참고 고종(高宗) : 1852년(철종 3)에 흥선대원군 이하응(李昰應)과 여흥부대부인 민씨 사이의 둘째 아들로 태어났다. 철종이 1863년(철종 14) 12월 8일에 후사를 남기지 않고 죽자 조대비(신정왕후 조씨, 익종의 비)에 의해 후계자로 지목되어 왕위에 올랐다. 이때 고종의 나이는 12세에 불과했다. 이름은 희(熙), 아명은 명복(命福), 초명은 재황(載晃), 초자는 명부(明夫), 자는 성림(聖臨)이다.

王良이 曰 欲知其君인대 先視其臣하고
왕 량 왈 욕 지 기 군 선 시 기 신

欲識其人이면 先視其友하고 欲知其父면
욕 식 기 인 선 시 기 우 욕 지 기 부

先視其子하라 君聖臣忠하고 父慈子孝니라.
선 시 기 자 군 성 신 충 부 자 자 효

풀이 왕량이 말하기를,

"그 임금을 알려고 한다면 먼저 그 신하를 보고, 그 사람을 알려고 한다면 먼저 그 벗을 보고, 그 아비를 알려고 한다면 먼저 그 자식을 보라. 임금이 거룩하면 그 신하가 충성스럽고, 아비가 인자하면 자식이 효행하느니라"고 하였다.

視(볼 시) 臣(신하 신) 慈(사랑할 자)

視聽者(시청자) : 텔레비전의 방송(放送) 프로를 시청(視聽)하는 사람.
慈悲心(자비심) : ① 사랑하고 가엽게 여기는 마음. ② 중생(衆生)에게 자비(慈悲)를 베푸는 마음.
友邦國(우방국) : 서로 우호적(友好的)인 관계를 맺고 있는 나라.

참고 왕량(王良) : 춘추시대(春秋時代) 진(晉)나라 사람.

家語에 云 水至淸則無魚하고
가 어 운 수 지 청 즉 무 어

人至察則無徒니라.
인 지 찰 즉 무 도

풀이 가어에 이르기를,

"물이 지극히 맑으면 고기가 없고, 사람이 지극히 살피면 친구가 없느니라"고 하였다.

許敬宗이 曰 春雨如膏나 行人은
허 경 종 왈 춘 우 여 고 행 인

惡其泥濘하고 秋月이 揚輝나 盜者는
오 기 이 녕 추 월 양 휘 도 자

憎其照鑑이니라.
증 기 조 감

풀이 허경종이 말하기를,
"봄비는 기름과 같으나 길가는 사람은 그 질퍽하는 진창을 싫어하고, 가을의 달빛이 밝게 비치나 도둑놈은 그 밝게 비치는 것을 싫어하느니라"고 하였다.

許(허락할 허) 膏(살찔 고) 揚(오를 양) 輝(빛날 휘) 泥(진흙 니{이}) 濘(진창 녕{영})
憎(미워할 증) 盜(훔칠 도) 照(비출 조) 鑑(거울 감)

膏粱珍味(고량진미) : 살진 고기와 좋은 곡식(穀食)으로 만든 맛있는 음식(飮食).

揚水機(양수기) : 물을 높은 곳으로 퍼 올리는 기계(機械).

輝煌燦爛(휘황찬란) : 광채(光彩)가 나서 눈부시게 번적임.

泥沙波忽(이사파홀) : 땅 이름. 경기도 마전(麻田)의 고구려시대 이름.

憎惡心(증오심) : 몹시 미워하는 마음 .

鷄鳴狗盜(계명구도) : 「닭의 울음소리를 잘 내는 사람과 개의 흉내를 잘 내는 좀도둑」이라는 뜻으로.

肝膽相照(간담상조) : 「간과 쓸개를 내놓고 서로에게 내보인다」라는 뜻으로, 서로 마음을 터놓고 친밀히 사귐.

鑑別(감별) : ① 감정(鑑定)하여 분별(分別)함. ② 작품의 잘되고 못됨과 좋고 나쁨을 분별함.

許容(허용) : 허락(許諾)하여 받아들임. 許容量(허용량) : 허용(許容)하는 분량(分量).

康衢煙月(강구연월) : 「강구(康衢)는 사통오달의 큰길로서 사람의 왕래가 많은 거리, 연월(煙月)은 연기가 나고 달빛이 비친다」는 뜻으로, 태평(太平)한 세상의 평화로운 풍경(風景).

참고 허경종(許敬宗 : 592-672)은 절강성 항주(杭州)사람이며 唐나라 고종(高宗) 때 예부상서(禮部尙書)가 되어 고종(高宗)이 무측천(武則天,혹은 則天武后)을 황후로 세우는 것을 도와 시중(侍中)에 발탁되었다. 원래 무측천(武則天)은 14살때 당태종(太宗)의 후궁이 되었는데, 태종이 죽자 관례대로 절에 들어가 비구니가 되었으나, 태종의 아들 고종(高宗)은 그녀를 환속시켜 후궁으로 삼았다. 그후 무측천이 황후(皇后)가 된 후 허경종은 무소부지의 권력을 휘둘렀다.

景行錄에 云 大丈夫는 見善明故로
경 행 록 운 대 장 부 견 선 명 고

重名節於泰山하고 用心精故로
중 명 절 어 태 산 용 심 정 고

輕死生於鴻毛니라.
경 사 생 어 홍 모

풀이 경행록에 이르기를,
　"대장부는 착한 것을 보는 것이 밝으므로 명분과 절의를 태산보다 중하게 여기고, 마음 쓰기가 깨끗하므로 죽고 사는 것을 아주 홍모(가볍게)와 같이 여기느니라"고 하였다.

泰(클 태)　鴻(큰 기러기 홍)　毛(털 모)

泰然自若(태연자약) : 마음에 충동(衝動)을 받아도 동요(動搖)하지 않고 천연(天然)스러운 것.
鴻鵠(홍곡) : 큰 기러기와 고니라는 뜻으로, 곧, 큰 인물을 비유한 말.
龜背刮毛(귀배괄모) : 「없는 거북 등의 털을 벗겨 뜯는다」는 뜻으로, 없는 것을 애써 구하려고 하는 것을 비유함.

悶人之凶하고 樂人之善하며 濟人之急하고
민 인 지 흉 낙 인 지 선 제 인 지 급

求人之危니라.
구 인 지 위

풀이 남의 흉한 것을 민망히 여기고, 남의 착한 것을 즐겁게 여기며, 남의 급한 것을 건지고, 남의 위태함을 구하여야 되느니라.

悶(번민할 민)　凶(흉할 흉)　濟(건널 제)　急(급할 급)　危(위태할 위)

苦悶(고민) : 괴로워하고 번민(煩悶)함. 苦悶相(고민상) : 고민(苦悶)하는 모양이나 형편(形便).

濟河焚舟(제하분주) : 적을 치러 가면서 배를 타고, 물을 건너고 나서는 그 배를 태워버린다는 뜻으로, 필사(必死)의 각오(覺悟)로 싸움에 임함을 이르는 말.

急增(급증) : ① 급히 늘어남. ② 급히 불어남.

危如累卵(위여누란) : 「알을 쌓아 놓은 것같이 위태롭다」는 뜻으로, 몹시 위태로움을 이르는 말.

經目之事도 恐未皆眞이어늘 背後之言을
경 목 지 사   공 미 개 진   배 후 지 언

豈足深信이리오.
기 족 심 신

[풀이] 직접 보고 경험한 일도 모두 참되지 아니할까 두렵거늘, 뒤에서 하는 말을 어찌 족히 깊이 믿으리오.

恐(두려울 공) 背(등 배) 豈(어찌 기) 信(믿을 신)

恐怖感(공포감) : 공포(恐怖)를 느끼는 감정(感情)의 상태(狀態).

背信感(배신감) : 신의(信義)를 저버림을 당한 불쾌감(不快感).

豈敢毁傷(기감훼상) : 부모께서 낳아 길러 주신 이 몸을 어찌 감히 훼상(毁傷)할 수 없음.

信憑性(신빙성) : 자백(自白), 증언(證言)에 대하여 신용할 수 있는 정도.

不恨自家汲繩短하고
불 한 자 가 급 승 단

只恨他家苦井深이로다.
지 한 타 가 고 정 심

[풀이] 자기 집 두레박줄이 짧은 것은 탓하지 않고 다만 남의 집 우물 깊은 것만 탓하는도다.

恨(한할 한) 汲(길을 급) 繩(줄 승)

恨歎(한탄) : 원망(怨望)하거나 또는 뉘우침이 있을 때에 한숨짓는 탄식(歎息).
汲水軍(급수군) : ① 수영(水營)에 딸려 물을 긷던 군사(軍士). ② 물을 긷는 사람.
捕繩(포승) : 죄인(罪人)을 잡아 묶는 노끈. 捕繩術(포승술) : 포승을 쓰는 갖가지 방법.

贓濫이 滿天下라도 罪拘薄福人이니라.
장 람 만 천 하 죄 구 박 복 인

풀이 부정한 재물을 취하는 사람이 천하에 가득 할지라도 죄는 복이 적은
사람에게 걸리느니라.

贓(장물 장) 濫(퍼질 람{남}) 拘(잡을 구) 薄(엷을 박)

贓物(장물) : 범죄 행위로 부당하게 얻은 타인 소유의 물건(物件).
氾溢(범일) : 물이 넘쳐 흐름. 범창.
拘留(구류) : 잡아서 가둠. 1일 이상 30일 미만 구류장에 가두어 자유를 속박하는 자유형의 하나.
輕薄(경박) : 언행(言行)이 경솔(輕率)하고 천박(淺薄)함.

天若改常이면 不風卽雨요 人若改常이면
천 약 개 상 불 풍 즉 우 인 약 개 상

不病卽死니라.
불 병 즉 사

풀이 하늘이 만약 상도를 어기면 바람 아니면 비가 오고, 사람이 만약 상도
를 벗어나면 병들지 아니하면 죽으리라.

雨(비 우) 卽(곧 즉)

雨順風調(우순풍조) : 바람 불고 비오는 것이 때와 분량(分量)이 알맞음.
卽刻(즉각) : 곧 그 시각(時刻)에. 卽時(즉시) : 그 자리에서. 금방. 바로 그때. 당장에.

壯元詩_에 云 國正_{이면} 天心順_{이요}
장 원 시 운 국 정 천 심 순

官淸_{이면} 民自安_{이라} 妻賢_{이면} 夫禍少_요
관 청 민 자 안 처 현 부 화 소

子孝_면 父心寬_{이니라.}
자 효 부 심 관

풀이 장원시에 이르기를,
"나라가 바르면 하늘도 순하고, 벼슬아치가 바르고 청백하면 온 백성이 저절로 편안하느니라. 아내가 어질면 남편의 화가 적을 것이요, 자식이 효도하면 아버지의 마음이 너그러워지느니라"고 하였다.

壯(씩씩할 장) 寬(너그러울 관)

壯士(장사) : 기개와 힘이 아주 센 사람.
寬容(관용) : 마음이 넓어 남의 말을 너그럽게 받아들이거나 용서(容恕)함.
賢母良妻(현모양처) : 어진 어머니이면서 또한 착한 아내.

子曰 木從繩則直_{하고} 人受諫則聖_{이니라.}
자 왈 목 종 승 즉 직 인 수 간 즉 성

풀이 공자가 말씀하시기를,
"나무가 먹줄을 좇으면 곧고, 사람이 간함을 받아들이면 거룩하게 되느니라"고 하셨다.

繩(줄 승) 直(곧을 직) 諫(간할 간) 聖(성스러울 성)

直接的(직접적) : 직접(直接)으로 하거나 되는 것.
諫言(간언) : (임금이나 윗사람에게) 간하는 말.
聖誕節(성탄절) : ① 크리스마스. ② 12월 24일부터 1월1일 또는 6일까지의 성탄을 축하하는 명절.
受諾(수락) : 요구(要求)를 받아들여 승낙(承諾)함.

一派青山景色幽러니 前人田土後人收라
일 파 청 산 경 색 유　　　전 인 전 토 후 인 수

後人收得莫歡喜하라 更有收人在後頭니라.
후 인 수 득 막 환 희　　　갱 유 수 인 재 후 두

[풀이] 한 줄기 푸른 산은 경치가 그윽하더라. 저 땅은 옛 사람이 가꾸던 밭인데 뒷사람들이 거두는 것이다. 뒷사람은 차지했다 해서 기뻐하지 말라. 다시 거둘 사람은 뒤에 있느니라.

派(물갈래 파)　幽(그윽할 유)　更(다시 갱, 고칠 경)　收(거둘 수)　頭(머리 두)　歡(기뻐할 환)

派出所(파출소) : 파출(派出)된 사람이 사무를 보는 곳. 부원(部員)을 파견하여 둔 곳.
深山幽谷(심산유곡) : 깊숙하고 고요한 산골짜기.　歡呼雀躍(환호작약) : 기뻐서 소리치며 날뜀.
更新(갱신·경신) : ① 옛 것을 고쳐 새롭게 함.　② 종전(從前)의 기록을 깨뜨림.
收穫(수확) : ① 곡식(穀食)을 거두어들임.　② 전(轉)하여 소득(所得)을 거둠.

蘇東坡曰 無故而得千金이면
소 동 파 왈 무 고 이 득 천 금

不有大福이라 必有大禍이니라.
불 유 대 복　　　필 유 대 화

[풀이] 소동파가 말하기를,
"까닭없이 천금을 얻는 것은 큰 복이 있는 것이 아니라 반드시 재앙이 있느니라"고 하였다.

蘇(차조기 소)　坡(고개 파)

蘇聯(소련) : 소비에트 사회주의(社會主義) 공화국(共和國) 연방(聯邦). 러시아.
坡州市(파주시) : 경기도 파주시(坡州市).

[참고] 소동파(蘇東坡) : 아버지 소순, 동생 소철과 함께 '3소'(三蘇)라고 일컬어지며, 이들은 모두 당송8대가에 속한다. 소동파는 조정의 정치를 비방하는 내용의 시를 썼다는 죄로 황주로 유형되었는데, 이때 농사 짓던 땅을 동쪽 언덕이라는 뜻의 '동파'로 이름짓고 스스로 호를 삼았다.

康節邵先生이 **曰 有人**이 **來問卜**하되
강절소선생 왈 유인 래문복

如何是禍福고 **我虧人是禍**요
여하시화복 아휴인시화

人虧我是福이니라.
인휴아시복

풀이 강절 소 선생이 말하기를,
"나에게 운수를 묻는 사람이 있으나 어떠한 것이 화와 복일고. 내가 남을 해롭게 하면 이것이 화요, 남이 나를 해롭게 하면 이것이 복이니라"고 하였다.

卜(점 복) 虧(이지러질 휴)

卜術(복술) : ① 점을 치는 술법(術法). ② 점을 치는 일을 업(業)으로 삼는 사람. 복술쟁이.
虧損(휴손) : ① 부족(不足). ② 손실(損失).

大廈千間이라도 **夜臥八尺**이요
대 하 천 간 야 와 팔 척

良田萬頃이라도 **日食二升**이니라.
양 전 만 경 일 식 이 승

풀이 큰 집이 천간이라도 밤에 눕는 곳은 여덟 자 뿐이요, 좋은 밭이 만 평이 있더라도 하루에 두되면 먹느니라.

廈(큰집 하) 臥(엎드릴 와) 尺(자 척) 良(좋을 양{량}) 頃(밭 넓이 단위 경) 升(되 승)

高枕而臥(고침이와) : 베개를 높이 하고 누웠다는 뜻으로, 마음을 편안히 하고 잠잘 수 있음을 말함.
吾鼻三尺(오비삼척) : 곤경에 처해 자기 일도 해결하기 어려운 판국에 남 도울 여지가 없다는 말.

久住令人賤이요 頻來親也疎라
구 주 영 인 천　　빈 래 친 야 소

但看三五日에 相見不如初라.
단 간 삼 오 일　　상 견 불 여 초

풀이 오래 머물러 있으면 사람으로 하여금 천하게 여기고, 자주 오면 친하던 것도 멀어지느니라. 오직 사흘이나 닷새 만에 서로 보는데도 처음 보는 것 같지 않느니라.

住(살 주) 頻(자주 빈) 看(볼 간) 初(처음 초)

住宅(주택) : ① 살림살이를 할 수 있도록 지은 집. ② 사람이 살 수 있도록 지은 집.
頻繁(빈번) : 일이 매우 잦음. 도수(度數)가 번거로울 정도(程度)로 잦고 복잡(複雜)함.
病看護(병간호) : 앓는 사람을 잘 보살펴 구호(救護)함.
初志一貫(초지일관) : 처음에 세운 뜻을 이루려고 끝까지 밀고 나감.

渴時一滴은 如甘露요 醉後添盃는
갈 시 일 적　　여 감 로　　취 후 첨 배

不如無니라.
불 여 무

풀이 목이 마를 때 한 방울의 물은 단 이슬과 같고, 취한 후에 잔을 더하는 것은 안 먹는 것만 같지 못하느니라.

渴(목마를 갈) 滴(물방울 적) 露(이슬 로{노}) 醉(취할 취) 添(더할 첨) 盃(잔 배)

渴而穿井(갈이천정) : 「목마른 사람이 샘을 판다」는 뜻으로, 자기가 급해야 서둘러서 일을 함.
暴露(폭로) : 남의 비밀(秘密), 비행(非行) 따위를 파헤쳐서 남들 앞에 드러내 놓는 일.
醉氣(취기) : 술에 취해 얼근한 기운(氣運). 添削(첨삭) : 문자나 문장 등을 보태거나 뺌.
後來三盃(후래삼배) : 뒤에 오면 석 잔이라. 술자리에서, 늦게 온 사람은 거푸 석 잔의 술을 마셔야 한다는 뜻으로 이르는 말.

酒不醉人이요 人自醉라 色不迷人이요
주 불 취 인　　인 자 취　　색 불 미 인

人自迷니라.
인 자 미

풀이 술이 사람을 취하게 하는 것이 아니라, 사람이 스스로 취하는 것이요, 색이 사람을 미혹시키는 것이 아니라 사람이 스스로 미혹되는 것이니라.

醉(취할 취)　迷(미혹할 미)

迷路(미로) : 갈피를 잡을수 없는 길.
昏迷(혼미) : ① 정신이 흐리고 멍하게 됨. ② 사리(事理)에 어두운 상태(狀態).
迷宮(미궁) : 그 가운데 들어가면 손쉽게 나올 길을 찾을 수 없게 되어 있는 곳.

公心을 若比私心이면 何事不辨이며 道念을
공 심　　약 비 사 심　　　하 사 불 변　　도 념

若同情念이면 成佛多時니라.
약 동 정 념　　성 불 다 시

풀이 공을 위하는 마음이 사를 위하는 마음에 비할 수 있다면 무슨 일이든지 옳고 그름을 가려내지 못할 것이며, 도를 향하는 마음이 만약 남녀의 정을 생각하는 마음과 같다면 성불하기도 오래 걸릴 것이다.

比(견줄 비)　辨(분별할 변)　念(생각할 념{염})　佛(부처 불)　私(사사로울 사)

比較(비교) : 둘 이상의 것을 견주어 차이(差異)·우열(優劣)·공통점 등을 살피는 것.
辨明(변명) : 어떤 잘못에 대하여 구실을 대며 그 까닭을 밝힘.
默念(묵념) : ① 말없이 마음으로 가만히 빎. ② 눈을 감고 말없이 마음속으로 생각함.
佛道(불도) : 부처의 가르침. 불과(佛果)에 이르는 길.
私生活(사생활) : 개인의 사사(私事)로운 일상(日常) 생활(生活).

濂溪先生_이 曰 巧者言_{하고} 拙者默_{하며}
염계선생　왈　교자언　　졸자묵

巧者勞_{하고} 拙者逸_{하며} 巧者賊_{하고}
교자노　　졸자일　　교자적

拙者德_{하며} 巧者凶_{하고} 拙者吉_{하나니}
졸자덕　　교자흉　　졸자길

嗚呼_라 天下拙_{이면} 刑政_이 撤_{하여}
오호　천하졸　　형정　철

上安下順_{하며} 風淸弊絶_{이니라.}
상안하순　　풍청폐절

풀이 염계선생이 말하기를,

"교자는 말을 잘하고, 졸자는 말이 없으며, 교자는 수고로우나, 졸자는 한가하다. 교자는 패악하나 졸자는 덕성스러우며, 교자는 흉하고 졸자는 길하다. 아아! 천하가 졸하면 형벌이 없어져 임금은 편안하고 백성은 잘 복종하며, 풍속이 맑고 나쁜 습관은 없어지느니라"고 하였다.

溪(시내 계)　巧(공교할 교)　默(묵묵할 묵)　拙(졸할 졸)　逸(달아날 일)　濂(내 이름 렴(염))
賊(도둑 적)　呼(부를 호)　徹(통할 철)　弊(해질 폐)　絶(끊을 절)　嗚(탄식 소리 오)

溪谷(계곡) : 두 산 사이에 물이 흐르는 골짜기.

拙丈夫(졸장부) : ① 명랑하지 못하고 용렬(庸劣)한 사나이. ② 도량(度量)이 좁고 겁이 많은 사나이.

逸話(일화) : 아직 세상에 널리 알려지지 아니한 이야기.

呼應(호응) : 부름에 따라 대답함. 서로 기맥을 통함.

徹頭徹尾(철두철미) : 머리에서 꼬리까지 통한다는 뜻으로, 처음부터 끝까지.

弊端(폐단) : ① 괴롭고 번거로운 일. 귀찮고 해로운 일. ② 좋지 못하고 해로운 점.

絶世佳人(절세가인) : 세상(世上)에 비할 데 없이 아름다운 여자(女子).

嗚呼痛哉(오호통재) : 아아, 슬프고 원통(寃痛)함.

참고 염계(濂溪)선생 : 주(周) 이름은 돈이(敦頤). 염계는 자(字)다. 북송(北宋)의 유학자. 송학(宋學, 朱子學)의 원조로서 「太極圖說」과 「通書」를 저술하였다.

易_에 曰 德微而位尊_{하고} 智小而謀大_면
역 왈 덕 미 이 위 존 지 소 이 모 대

無禍者鮮矣_{니라.}
무 화 자 선 의

풀이 주역에 말하기를,

"덕이 적은 데서 지위가 높으며, 지혜가 없으면서 꾀하는 것이 크다면 화가 없는 자가 드물 것이니라"고 하였다.

易(바꿀 역) 微(작을 미) 尊(높을 존) 鮮(고울 선)

易地思之(역지사지) : 처지를 서로 바꾸어 생각함이란 뜻으로, 상대방의 처지에서 생각해봄.

微細(미세) : ① 분간(分揀)하기 어려울 만큼 매우 작음. ② 몹시 자세(仔細)하고 꼼꼼함.

尊敬(존경) : 존중(尊重)히 여겨 공경(恭敬)함.   尊敬心(존경심) : 존경(尊敬)하는 마음.

鮮明(선명) : ① 산뜻하고 뚜렷함. ② 깨끗하고 밝음. 不鮮明(불선명) : 산뜻하고 뚜렷하지 아니함.

說苑_에 曰 官怠於宦成_{하고} 病加於
설 원 왈 관 태 어 환 성 병 가 어

小癒_{하며} 禍生於懈怠_{하고} 孝衰於妻子_니
소 유 화 생 어 해 태 효 쇠 어 처 자

察此四者_{하여} 愼終如始_{니라.}
찰 차 사 자 신 종 여 시

풀이 설원에 말하기를,

"다스리는 이의 도는 지위가 성취되는 데서 게을러지고, 병은 조금 낫는 듯하다가 더해지며, 재앙은 게으른데서 생기고, 효도는 처자에서 흐려진다. 이 네 가지를 살펴서 나중을 삼가기를 처음과 같이 할지니라"고 하였다.

苑(나라 동산 원) 怠(게으름 태) 宦(벼슬 환) 病(병 병) 癒(병 나을 유) 懈(게으를 해) 衰(쇠할 쇠)

秘苑(비원) : ① 금원(禁苑). ② 서울 창덕궁(昌德宮) 북쪽 울안에 있는 최대(最大)의 궁원(宮苑).

怠慢(태만) : 해야 할 일을 하지 않고 게으름을 피움.

宦官(환관) : 거세된 남자(男子)로 궁정(宮庭)에서 사역하는 내관(內官).

快癒(쾌유) : 병(病)이나 상처(傷處)가 깨끗이 나음. 懈怠(해태) : 게으름.

참고 설원(說苑) : 중국 한(漢)나라 때, 유향(劉向)이 편찬한 중국의 교훈적인 설화집. 고대의 제후(諸侯), 선현들의 업적이나 일화 등을 수록한 것이다. 군도(君道), 신술(臣術) 등 20편으로 구성되었고, 모두 20권이다.

器滿則溢하고 人滿則喪이니라.
기 만 즉 일   인 만 즉 상

풀이 그릇이 차면 넘치고, 사람이 차면 잃어지느니라.

器(그릇 기) 溢(넘칠 일) 喪(잃을 상)

器具(기구) : 「세간·그릇·도구(道具)」 따위의 통틀어 일컬음. 집물(什物).

海溢(해일) : 바다 속의 지각(地殼) 변동(變動)이나 해상(海上)의 기상(氣象) 변화에 의하여 바닷물이 갑자기 크게 일어나서 육지로 넘쳐 들어오는 일.

弔喪(조상) : 상가(喪家)에 대하여 슬픔을 나타내는 인사를 함, 또는 그 인사(人事) 문상(問喪).

尺璧非寶요 寸陰是競이니라.
척 벽 비 보   촌 음 시 경

풀이 한 자 되는 둥근 구슬을 보배로 알지 말고, 오직 시간을 귀중히 여길 지니라.

璧(둥근 옥 벽) 寸(마디 촌) 陰(응달 음) 競(겨룰 경)

璧玉(벽옥) : 벽(璧)과 옥(玉). 벽(璧)은 납작한 구슬, 옥(玉)은 둥근 구슬.

寸陰(촌음) : ① 얼마 안 되는 시간. ② 썩 짧은 시간.

競爭(경쟁) : 같은 목적을 두고 서로 이기거나 앞서거나 더 큰 이익을 얻으려고 겨루는 것.

羊羹이 雖美나 衆口를 難調니라.
양 갱 수 미 중 구 난 조

풀이 양고기 국이 비록 맛이 좋으나 뭇 사람의 입을 맞추기는 어려우니라.

羊(양 양) 羹(국 갱) 衆(무리 중) 調(고를 조)

羊頭狗肉(양두구육) :「양(羊) 머리를 걸어놓고 개고기를 판다」는 뜻.
羊羹餠(양갱병) : 붉은 팥을 삶아서, 어레미에 걸러, 밀가루에 굴이나 설탕을 쳐서 반죽하여 찐 음식.
衆口難防(중구난방) : 여러 사람의 입을 막기 어렵다는 뜻으로, 여럿이 마구 지껄임을 이르는 말.
調味料(조미료) : 음식(飲食)의 맛을 맞추는 데 쓰는 재료(材料), 양념장.

益智書에 云 白玉은 投於泥塗라도
익 지 서 운 백 옥 투 어 니 도

不能汚穢其色이요 君子는 行於濁地라도
불 능 오 예 기 색 군 자 행 어 탁 지

不能染亂其心하나니 故로
불 능 염 란 기 심 고

松栢은 可以耐雪霜이요
송 백 가 이 내 설 상

明智는 可以涉危難이니라.
명 지 가 이 섭 위 난

풀이 익지서에 이르기를,

"흰 옥을 진흙 속에 던져도 그 빛을 더럽힐 수 없고, 군자는 혼탁한 곳에 갈지라도 그 마음을 어지럽힐 수 없다. 그러므로 송백은 눈과 서리를 견디어 내고, 밝은 지혜는 위난을 능히 견뎌내느니라"고 하였다.

汚(더러울 오) 投(던질 투) 塗(진흙 도) 濁(흐릴 탁) 穢(더러울 예)　　亂(어지러울 란{난})
松(소나무 송) 耐(견딜 내) 霜(서리 상) 涉(건널 섭) 栢(나무 이름 백) 白(흰 백)

汚物(오물) : 지저분 하고 더러운 물건. 쓰레기.　投資(투자) : 사업에 자금을 투입함. 출자(出資).
塗裝(도장) : 물체의 겉에 도료(塗料) 등을 곱게 칠하거나 바름.
濁流(탁류) : ① 혼탁(混濁)한 물의 흐름.　② 무뢰배(無賴輩).
亂離(난리) : 전쟁・재해 등으로 세상이 소란(騷亂)하고 질서(秩序)가 어지러워진 상태.
落落長松(낙락장송) : 긴 가지가 축축 늘어진, 키가 큰 소나무.
耐久性(내구성) : 오래 견디는 성질.　涉外(섭외) : 외부, 특히 외국과 연락・교섭하는 일. 외부 교섭.

入山擒虎는 易나 開口告人은 難이니라.
입 산 금 호　이　개 구 고 인　　난

풀이 산에 들어가 범을 잡기는 쉬우나, 입을 열어 남에게 고하기는 어려우니라.

擒(사로잡을 금) 虎(범 호) 告(알릴 고)

七縱七擒(칠종칠금) : 제갈공명(諸葛孔明)의 전술로 일곱 번 놓아주고 일곱 번 잡는다는 말로, ① 자유자재(自由自在)로운 전술(戰術). ② 상대(相對)를 마음대로 함.
虎踞龍盤(호거용반) : 「용이 도사리고 범이 웅크리고 앉았다」는 뜻으로, 웅장한 산세를 이르는 말.
告白(고백) : 숨긴 일이나 생각한 바를 사실대로 솔직(率直)하게 말함.

遠水는 不救近火요 遠親은 不如近隣이니라.
원 수　불 구 근 화　원 친　불 여 근 린

풀이 먼 곳에 있는 물은 가까운 곳에 난 불을 끄지 못하고, 먼 곳에 일가친척은 이웃만 같지 못하느니라.

近(가까울 근) 隣(이웃 린)

近處(근처) : 가까운 곳.　附近處(부근처) : 어떤 곳을 중심으로 하여 그에 가깝게 있는 곳.
善隣(선린) : ① 이웃 또는 이웃나라와 사이 좋게 지냄. ② 또는 그러한 이웃나라.

太公이 曰 日月이 雖明이나 不照覆盆之下하고
태 공 왈 일 월 수 명 불 조 복 분 지 하

刀刃이 雖快나 不斬無罪之人하고
도 인 수 쾌 불 참 무 죄 지 인

非災橫禍는 不入愼家之門이니라.
비 재 횡 화 불 입 신 가 지 문

풀이 태공이 말하기를,

"해와 달이 비록 밝으나 엎어놓은 동이의 밑은 비치지 못하고, 칼날이 비록 잘 드나 죄없는 사람은 베지 못하고, 불의의 재앙은 조심하는 집 문에는 들지 못하느니라"고 하였다.

覆(뒤집힐 복) 盆(동이 분) 刀(칼 도) 刃(칼날 인) 快(쾌할 쾌) 斬(벨 참) 災(재앙 재)
橫(가로 횡)

覆水不收(복수불수) : 엎질러진 물은 다시 담지 못한다는 뜻.
盆栽(분재) : 줄기나 가지를 보기 좋게 가꾸어 감상(鑑賞)하는 초목(草木).
白刃(백인) : 서슬이 번쩍이는 칼.
快適(쾌적) : 심신(心身)에 적합(適合)하여 기분(氣分)이 썩 좋음.
斬刑(참형) : 목을 베어 죽임, 또는 그러한 형벌(刑罰).
災難(재난) : 뜻밖에 일어나는 불행한 일.
橫暴(횡포) : 제멋대로 굴며 난폭(亂暴)함.

太公이 曰 良田萬頃이 不如薄藝隨身이니라.
태 공 왈 양 전 만 경 불 여 박 예 수 신

풀이 태공이 말하기를,

"좋은 밭 만 이랑이 아주 얕은 재주가 몸에 따라 있는 것만 같지 못하느니라"고 하였다.

良(좋을 양{량}) 頃(밭 넓이 단위 경) 薄(엷을 박) 藝(심을 예) 隨(따를 수)

良藥苦口(양약고구) : 「좋은 약은 입에 쓰다」는 뜻으로, 충언(忠言)은 귀에 거슬린다는 말.

頃步(경보) : 반걸음.

隨意契約(수의계약) : 경쟁 또는 입찰에 의지 않고, 상대방을 수의로 선택하여 이를 체결하는 계약.

性理書에 云 接物之要는 己所不欲을
성 리 서 운 접 물 지 요 기 소 불 욕

勿施於人하고 行有不得이어든 反求諸己니라.
물 시 어 인 행 유 부 득 반 구 제 기

[풀이] 성리서에 이르기를,

"사물을 접하는 요체는 자기가 하고자 하지 않는 것을 남에게 베풀지 말고, 행하고도 얻지 못하는 것이 있거든 돌이켜 자기에게 원인을 구하라" 하였다.

性(성품 성) 理(다스릴 리) 接(사귈 접) 要(구할 요) 諸(모든 제)

可能性(가능성) : ① 가능한 성질. ② 완성될 수 있는 성질.

接近權(접근권) : 어떤 비밀이나 정보에 접근할 수 있는 권리(權利).

要請(요청) : ① 요긴(要緊)하게 청함. ② 공준(公準).   諸般事(제반사) : ① 여러 일. ② 모든 일.

酒色財氣四堵墙에 多少賢愚在內廂이라
주 색 재 기 사 도 장 다 소 현 우 재 내 상

若有世人이 跳得出이면
약 유 세 인 도 득 출

便是神仙不死方이니라.
편 시 신 선 불 사 방

풀이 술과 색과 재물과 기운의 네 가지로 쌓은 담 안에 수많은 어진이와 어리석은 사람이 행랑에 들어 있다. 만약 그 누가 이곳을 뛰쳐나올 수 있다면 그것은 곧 신선과 같이 죽지 아니하는 방법이니라.

財(재물 재)　堵(담 도)　墻(담 장)　廂(행랑 상)　跳(뛸 도)

財閥(재벌) : 재계(財界)에서 세력(勢力) 있는 자본가(資本家), 기업가(企業家)의 일단.

安堵(안도) : 사는 곳에서 평안(平安)히 지냄.

安堵感(안도감) : 평안한 느낌. 안심한 느낌.

跳躍(도약) : ① 몸을 위로 솟구쳐 뛰는 것.　② (어떤 사람이나 단체가) 능력이나 수준 등에 있어서 더 높은 단계(段階)로 발전(發展)하는 것.

墻臺石(장대석) : 성가퀴의 받침돌.

內廂(내상) : 궁중(宮中)이나 각도(各道)의 치소(治所)에 있는 병영(兵營).

愚公移山(우공이산) : 우공이 산을 옮긴다는 말로, 남이 보기엔 어리석은 일처럼 보이지만 한 가지 일을 끝까지 밀고 나가면 언젠가는 목적을 달성할 수 있다는 뜻.

愚問賢答(우문현답) : 어리석은 질문에 현명(賢明)한 대답(對答).

愚問愚答(우문우답) : ① 어리석은 질문에 어리석은 대답.　② 우문은 자기의 질문을 겸손(謙遜)하게 이르는 말로도 씀.

立 教 篇
입 교 편

子曰 立身有義而孝其本이요
자 왈 입 신 유 의 이 효 기 본

喪祀有禮而哀爲本이요
상 사 유 례 이 애 위 본

戰陣有列而勇爲本이요
전 진 유 열 이 용 위 본

治政有理而農爲本이요
치 정 유 리 이 농 위 본

居國有道而嗣爲本이요
거 국 유 도 이 사 위 본

生財有時而力爲本이니라.
생 재 유 시 이 력 위 본

풀이 공자가 말씀하시기를,

"입신함에 의가 있으니 효도가 그 근본이요, 상사에 예가 있으니 슬퍼함이 그 근본이요, 싸움터에 질서가 있으니 용맹이 그 근본이 된다. 나라를 다스리는데 이치가 있으니 농사가 그 근본이 되고, 나라를 지키는데 도가 있으니 계승이 그 근본이 되며, 재물은 생산함에 시기가 있으니 노력이 그 근본이 되느니라"고 하셨다.

祀(제사 사) 哀(슬플 애) 戰(싸울 전) 陣(줄 진) 列(벌일 열{렬}) 勇(날쌜 용) 農(농사 농)
嗣(이을 사)

忌祭祀(기제사) : 기일(忌日)에 지내는 제사(祭祀).
哀悼(애도) : 사람의 죽음을 슬퍼함. 哀悼辭(애도사) : 애도의 뜻을 내용으로 쓴 글, 또는 그런 말
陣營(진영) : 군대(軍隊)가 집결(集結)하고 있는 곳.
勇斷(용단) : 용기(勇氣) 있게 결단(決斷)함.
農家(농가) : 농사를 본업으로 하는 가정(家庭), 농사 짓는 사람의 집.

景行錄에 云 爲政之要는 曰公與淸이요
경 행 록 운 위 정 지 요 왈 공 여 청

成家之道는 曰儉與勤이니라.
성 가 지 도 왈 검 여 근

풀이 경행록에 이르기를,
"정사를 다스리는데 긴요한 것은 공평하고 사사로운 욕심이 없이 깨끗이 하는 것이요, 집을 이루는 길은 낭비하지 아니하고 부지런한 것이니라"고 하였다.

要(구할 요) 工(장인 공) 儉(검소할 검)

讀書는 起家之本이요 循理는 保家之本이요
독 서 기 가 지 본 순 리 보 가 지 본

勤儉은 治家之本이요 和順은 齊家之本이니라.
근 검 치 가 지 본 화 순 제 가 지 본

[풀이] 글을 읽는 것은 집을 일으키는 근본이요, 이치에 따름은 집을 잘 보존하는 근본이요, 부지런하고 절약하여 낭비하지 아니하는 것은 집을 잘 처리하는 근본이요, 화목하고 순종하는 것은 집안을 잘 다스리는 근본이니라.

起(일어날 기) 循(좇을 순) 保(지킬 보) 齊(가지런할 제)

起訴猶豫(기소유예) : 기소편의주의(起訴便宜主義)에 따라 검사가 공소를 제기하지 않는 처분.
循環(순환) : 한 차례 돌아서 다시 먼저의 자리로 돌아옴.
保有(보유) : 간직하고 있음. 保有國(보유국) : 어떤 것을 가지고 있거나 간직하고 있는 나라.

孔子三計圖에 云 一生之計는 在於幼하고
공 자 삼 계 도 운 일 생 지 계 재 어 유

一年之計는 在於春하고 一日之計는
일 년 지 계 재 어 춘 일 일 지 계

在於寅이니 幼而不學이면 老無所知요
재 어 인 유 이 불 학 노 무 소 지

春若不耕이면 秋無所望이요 寅若不起면
춘 약 불 경 추 무 소 망 인 약 불 기

日無所辦이니라.
일 무 소 판

[풀이] 공자가 삼계도에 이르기를,
"일생의 계획은 어릴 때에 있고, 일년의 계획은 봄에 있고, 하루의 계획은 새벽에 있다. 어려서 배우지 않으면 늙어서 아는 것이 없고 봄에 밭 갈지 않으면 가을에 바랄 것이 없으며, 새벽에 일어나지 않으면 그 날의 할 일이 없다"고 하였다.

圖(그림 도) 幼(어릴 유) 春(봄 춘) 寅(셋째 지지 인) 耕(밭갈 경) 辦(힘쓸 판, 판단할 판)

試圖(시도) : ① 무엇을 이루어 보려고 계획하거나 행동하는 것. ② 시험적으로 해 봄.
幼稚園(유치원) : 학령 미달의 어린이를 보육(保育)하여 심신(心身)의 발달(發達)을 도모(圖
　　謀)하는 교육 시설.
春秋(춘추) : ① 봄과 가을. ② 어른의 나이에 대한 존칭(尊稱).
寅不祭祀(인불제사) : 인일(寅日)에는 기휘(忌諱)되어 제사(祭祀)를 지내지 않음.
辦公費(판공비) : 공무 처리에 필요한 비용.

性理書에 云 五敎之目은 父子有親하며
성 리 서 운 오 교 지 목 부 자 유 친

君臣有義하며 夫婦有別하며 長幼有序하며
군 신 유 의 부 부 유 별 장 유 유 서

朋友有信이니라.
붕 우 유 신

[풀이] 성리서에 이르기를,
　"다섯 가지 가르침의 조목은 아버지와 자식 사이에는 서로 친함이 있어
야 하며, 임금과 신하 사이에는 의가 있어야 하고, 남편과 아내 사이에는 분
별이 있어야 하고, 어른과 어린이 사이에는 차례가 있어야 하며, 친구 사이
에는 믿음이 있어야 하느니라"고 하였다.

序(차례 서) 朋(벗 붕) 信(믿을 신) 性(성품 성)

性質(성질) : 사람이나 동물(動物)이 본디부터 가지고 있는 마음의 바탕.
序論(서론) : 본론(本論)의 실마리가 되는 논설(論說).
朋友(붕우) : 벗. 비슷한 또래로서 서로 친하게 사귀는 사람.
五敎之目(오교지목)은 오륜(五倫), 즉, 父子有親(부자유친) 君臣有義(군신유의) 夫婦有別(부부유별)
　　長幼有序(장유유서) 朋友有信(붕우유신)이기도 하다.

三綱은 君爲臣綱이요 父爲子綱이요
삼 강 군 위 신 강 부 위 자 강

夫爲婦綱이니라.
부 위 부 강

풀이 삼강이라는 것은 임금은 신하의 본이 되고, 아버지는 자식의 본이 되며, 남편은 아내의 본이 되는 것이니라.

綱(벼리 강) 臣(신하 신) 父(아비 부) 婦(며느리 부)

綱領(강령) : 일을 하여 나가는 데 으뜸 되는 줄거리, 그물의 벼릿줄과 옷의 깃고대로 비유한 말.

婦女子(부녀자) : 부인(婦人)과 여자(女子)라는 뜻으로 여성(女性)을 뜻함.

王蠋이 曰 忠臣은 不事二君이요
왕 촉 왈 충 신 불 사 이 군

烈女는 不更二夫니라.
열 녀 불 갱 이 부

풀이 왕촉이 말하기를,

"충신은 두 임금을 섬기지 않고, 열녀는 두 지아비를 섬기지 않느니라" 고 하였다.

蠋(나비 애벌레 촉) 烈(세찰 열{렬}) 更(다시 갱, 고칠 경) 姦(간사할 간)

烈士(열사) : 조국(祖國)과 민족(民族)을 위하여 성심껏 장렬(壯烈)하게 싸운 사람. 이해(利害)나 권력(權力)에 굴하지 않고 나라를 위(爲)하여 절의를 굳게 지키는 사람.

更年期(갱년기) : 성숙기(成熟期)에서 노년기(老年期)에 이르는 때.

大姦似忠(대간사충) : 크게 간사(奸邪)한 사람은 그 아첨(阿諂)하는 수단(手段)이 매우 교묘(巧妙)하므로 흡사(恰似) 크게 충성(忠誠)된 사람과 같이 보임.

忠子曰 治官엔 莫若平이요
충 자 왈 치 관 막 약 평

臨財엔 莫若廉이니라.
임 재 막 약 렴

풀이 충자가 말하기를,
　"벼슬을 다스림에는 공평한 것만 같지 못하고, 재물에 임함에는 청렴한
것만 같지 못하느니라"고 하였다.

臨(임할 임{림}) 廉(청렴할 렴{염})

臨時國會(임시국회) : 필요(必要)에 따라 임시(臨時)로 소집(召集)하는 국회(國會).
淸廉潔白(청렴결백) : 마음이 맑고 깨끗하며 재물(財物) 욕심(慾心)이 없음.
張三李四(장삼이사) : 장씨의 셋째 아들과 이씨의 넷째 아들이란 뜻으로, 성명(姓名)이나 신분(身分)
　　이 뚜렷하지 못한 평범(平凡)한 사람들.

張思叔座右銘에 曰 凡語를 必忠信하며
장 사 숙 좌 우 명 왈 범 어 필 충 신

凡行을 必篤敬하며 飮食을 必愼節하며
범 행 필 독 경 음 식 필 신 절

字劃을 必楷正하며 容貌를 必端裝하며
자 획 필 해 정 용 모 필 단 장

衣冠을 必整肅하며 步履를 必安詳하며
의 관 필 정 숙 보 리 필 안 상

居處를 必正靜하며 作事를 必謀始하며
거 처 필 정 정 작 사 필 모 시

出言을 必顧行하며　常德을 必固持하며
　출　언　필　고　행　　　상　덕　필　고　지

然諾을 必重應하며　見善如己出하며
　연　락　필　중　응　　　견　선　여　기　출

見惡如己病하라　凡此十四者는
　견　악　여　기　병　　　범　차　십　사　자

皆我未深省이라　書此當座右하여
　개　아　미　심　성　　　서　차　당　좌　우

朝夕視爲警하노라.
　조　석　시　위　경

[풀이] 장사숙의 좌우명에 말하기를,

"무릇 말은 충성되고 믿음이 있어야 되며, 무릇 행실은 반드시 돈독하고 공경히 하며, 음식은 반드시 삼가고 알맞게 하며, 글씨는 반드시 똑똑하고 바르게 쓰며, 용모는 반드시 단정하고 엄숙히 하며, 의관은 반드시 정제하며, 걸음걸이는 반드시 안전하고 자상히 하며 거처하는 곳은 반드시 바르고 정숙하게 하며, 일하는 것은 반드시 계획을 세워 시작하며, 말을 할 때는 반드시 그 실행 여부를 생각해서 하며, 평상의 덕을 반드시 굳게 가지며, 일을 허락하는 것은 반드시 신중히 생각해서 응하며, 선을 보거든 자기에게서 나온 것 같이 하며, 악을 보거든 자기의 병인 것 같이 하라. 무릇 이 열네 가지는 모두 내가 아직 깊이 깨닫지 못한 것이다. 이를 자기의 오른 편에 써 붙여 놓고 아침 저녁으로 보고 경계할 것이니라"고 하였다.

叔(아재비 숙)　座(자리 좌)　篤(도타울 독)　楷(나무 이름 해)　貌(얼굴 모)　裝(꾸밀 장)　冠(갓 관)
肅(엄숙할 숙)　步(걸음 보)　詳(자세할 상)　履(신 리{이}, 밟을 리{이})　顧(돌아볼 고)　固(굳을 고)

叔父(숙부) : 아버지의 아우. 작은아버지.　先叔父(선숙부) : 돌아가신 작은아버지.
座右銘(좌우명) : ① 늘 자리 옆에 적어놓고 자기를 경계하는 말. ② 가르침으로 삼는 말이나 문구.
篤志家(독지가) : 마음이 독실(篤實)한 사람.

范益謙座右銘에 曰
범 익 겸 좌 우 명 왈

一不言朝廷利害邊報差除요
일 불 언 조 정 리 해 변 보 차 제

二不言州縣官員長短得失이요
이 불 언 주 현 관 원 장 단 득 실

三不言衆人所作過惡之事요
삼 불 언 중 인 소 작 과 악 지 사

四不言仕進官職趨時附勢요
사 불 언 사 진 관 직 추 시 부 세

五不言財利多少厭貧求富요
오 불 언 재 이 다 소 염 빈 구 부

六不言淫媟戲慢評論女色이요
육 불 언 음 설 희 만 평 론 여 색

七不言求覓人物干索酒食이요
칠 불 언 구 멱 인 물 간 색 주 식

又人付書信을 不可開坼沈滯요
우 인 부 서 신 불 가 개 탁 침 체

與人竝座에 不可窺人私書요
여 인 병 좌 불 가 규 인 사 서

凡入人家_에 不可看人文字_요
범 입 인 가 불 가 간 인 문 자

凡借人物_에 不可損壞不還_{이요}
범 차 인 물 불 가 손 괴 불 환

凡喫飮食_에 不可揀擇去取_요
범 끽 음 식 불 가 간 택 거 취

與人同處_에 不可自擇便利_요
여 인 동 처 불 가 자 택 편 리

凡人富貴_를 不可歎羨詆毀_라
범 인 부 귀 불 가 탄 선 저 훼

凡此數事_에 有犯之者_면 足以見用心之
범 차 수 사 유 범 지 자 족 이 견 용 심 지

不正_{이라} 於正心修身_에 大有所害_라
부 정 어 정 심 수 신 대 유 소 해

因書以自警_{하노라.}
인 서 이 자 경

풀이 범익겸의 좌우명에 이르기를,

"첫째 조정에서의 이해와 변방으로부터의 보고와 관직의 임명에 대하여 말하지 말 것.

둘째, 주현의 관원들의 장단과 득실에 대하여 말하지 말것.

셋째, 여러 사람이 저지른 악한 일을 말하지 말며,

네째, 벼슬에 나가는 것과 기회를 따라 권세에 아부하는 일에 대하여 말하지 말 것.

　다섯째, 재리의 많고 적음이나 가난을 싫어하고 부를 구하는 것을 말하지 말며,

　여섯째, 음탕하고 난잡한 농지거리나 여색에 대한 평론을 말하지 말 것.

　일곱째, 남의 물건을 탐내거나 주식을 토색하는 것을 말하지 말 것. 그리고 남이 부치는 편지를 뜯어보거나 지체시켜서는 안되며, 남과 같이 앉아 있으면서 남의 사사로운 글을 엿보아서는 안되며, 무릇 남의 집에 들어감에 남이 만든 글을 보지 말며, 남의 물건을 빌렸을 때 이것을 손상시켜 돌려보내선 안된다. 무릇 음식을 먹음에 가려서 취하지 말며, 남과 같이 있으면서 스스로의 편리만을 가리어 취하지 말라.

　무릇 남의 부하고 귀한 것을 부러워하거나 헐뜯지 말라. 무릇 이 몇 가지 일을 범하는 자가 있으면 넉넉히 그 마음 쓰는 것의 바르지 않음을 알 수 있으며, 마음을 바르게 하고 몸을 닦는데 크게 해 되는 바가 있는지라. 이로 인하여 이 글을 써서 스스로 경계하노라"고 하였다.

除(섬돌 제)　縣(매달 현)　趨(달릴 추)　勢(기세 세)　厭(싫을 염)　媟(깔볼 설)　覓(찾을 멱)
坼(터질 탁)　滯(막힐 체)　窺(엿볼 규)　喫(마실 끽)　揀(가릴 간)　擇(가릴 택)　沈(가라앉을 침)
修(닦을 수)　毁(헐 훼)　拜(절 배)　壞(무너질 괴)　警(경계할 경)　詆(꾸짖을 저)
索(찾을 색{동아줄 삭})　羨(부러워할 선)

除籍(제적) : 호적(戶籍)·학적(學籍)·당적(黨籍) 등(等)에서 이름을 지워 버림.
趨勢(추세) : 어떤 현상(現象)이 일정(一定)한 방향(方向)으로 움직여 나가는 힘.
勢不十年(세불십년) : 권세는 10년을 넘지 못한다는 뜻으로, 권력(權力)은 오래가지 못하고 늘 변함.
厭症(염증) : ① 싫증. 싫은 생각이나 느낌. ② 또는 그런 반응(反應).
滯納(체납) : ① 기한(期限)까지 내지 못하고 밀리는 것. ② 또는, 납세(納稅)를 지체(遲滯)하는 것.
揀擇(간택) : ① 분간(分揀)하여 고름. ② 왕이나 왕자, 왕녀의 배우자(配偶者)를 고르는 일.
沈沒(침몰) : 물에 빠져서 가라앉음.　沈沒船(침몰선) : 침몰된 배. 물 속에 가라앉은 배.
修身(수신) : 악을 물리치고 선을 북돋아서 마음과 행실(行實)을 바르게 닦아 수양(修養)함.
毁損(훼손) : ① 체면(體面)·명예(名譽)를 손상(損傷)함. ② 헐거나 깨뜨리어 못 쓰게 만듦.
拜謁(배알) : 높거나 존경(尊敬)하는 사람을 찾아가 뵘.　羨望(선망) : 부러워함.
警戒(경계) : 잘못되는 일이 일어나지 않도록 미리 조심하는 것.
索引(색인) : ① 찾아냄. ② 책속의 항목(項目)이나 낱말을 빨리 찾도록 만든 목록(目錄).
破壞(파괴) : 깨뜨리어 헐어 버림. 깨뜨리어 기능(機能)을 잃게 함.

참고 范益謙(범익겸) : 남송(南宋)의 학자로 이름은 충(冲)이다.

武王이 問太公曰 人居世上에 何得貴賤
무 왕 문 태 공 왈 인 거 세 상 하 득 귀 천

貧富不等고 原聞說之하여 欲之是矣로다
빈 부 불 등 원 문 설 지 욕 지 시 의

太公이 曰 富貴는 如聖人之德하여
태 공 왈 부 귀 여 성 인 지 덕

皆由天命이어니와 富者는 用之有節하고
개 유 천 명 부 자 용 지 유 절

不富者는 家有十盜니라.
불 부 자 가 유 십 도

풀이 무왕이 태공에게 묻기를,
  "사람이 사는데 어찌하여 귀천과 빈부가 고르지 않습니까? 원컨대 말씀을 들어서 이를 알고자 합니다."
  태공이 대답하기를,
  "부귀는 성인의 덕과 같아서 다 천명에 말미암거니와, 부자는 쓰는 것이 절도가 있고, 부하지 못한 자는 집에 열 가지 도둑이 있나이다"고 하였다.

說(말씀 설) 盜(훔칠 도)

說往說來(설왕설래) : 서로 변론(辯論)을 주고받으며 옥신각신함.
盜難(도난) : 도둑 맞는 재난(災難). 盜難防止(도난방지) : 도둑맞는 재난이 일어나지 못하게 막음.

武王이 曰 何謂十盜닛고
무 왕 왈 하 위 십 도

太公이 曰 時熟不收가 爲一盜요
태 공 왈 시 숙 불 수 위 일 도

收積不了爲二盜요 無事燃燈寢睡가
수 적 불 료 위 이 도 　 무 사 연 등 침 수

爲三盜요 慵懶不耕이 爲四盜요
위 삼 도 　 용 나 불 경 　 위 사 도

不施功力이 爲五盜요 專行巧害가
불 시 공 력 　 위 오 도 　 전 행 교 해

爲六盜요 養女太多가 爲七盜요
위 육 도 　 양 녀 태 다 　 위 칠 도

晝眠懶起가 爲八盜요 貪酒嗜慾이
주 면 나 기 　 위 팔 도 　 탐 주 기 욕

爲九盜요 强行嫉妬가 爲十盜니라.
위 구 도 　 강 행 질 투 　 위 십 도

[풀이] 무왕이 말하기를, "무엇을 십도라고 합니까?"

태공이 대답하기를,

"곡식이 익은 것을 제 때에 거둬들이지 않는 것이 첫째의 도둑이요, 거두고 쌓는 것을 마치지 않는 것이 둘째의 도둑이요, 일없이 등불을 켜놓고 잠자는 것이 세째의 도둑이요, 게을러서 밭 갈지 않는 것이 네째의 도둑이요, 공력을 들이지 않는 것이 다섯째의 도둑이요, 오로지 교활하고 해로운 일만 행하는 것이 여섯째의 도둑이요, 딸을 너무 많이 기르는 것이 일곱째의 도둑이요, 낮잠자고 아침에 일어나기를 게을리하는 것이 여덟째의 도둑이요, 술을 탐하고 환락을 즐기는 것이 아홉째의 도둑이요, 심히 남을 시기하는 것이 열째의 도둑입니다"고 하셨다.

熟(익을 숙) 收(거둘 수) 燃(사를 연) 燈(등잔 등) 寢(잠잘 침) 睡(잘 수) 慵(게으를 용)
耕(밭갈 경) 嗜(즐길 기) 懶(게으를 나{원음(原音);라,뢰})

熟達(숙달) : 익숙하고 통달(通達)함. 睡眠(수면) : ① 잠. ② 활동을 쉬는 일. ③ 잠을 잠.
收入(수입) : ① 돈·물품 따위를 거두어들이는 것. ② 또는, 그 물품이나 돈.
燃料(연료) : 불 때는 데에 쓸 감. 숯·연탄·석탄·나무·석유 따위의 총칭(總稱).
燈火可親(등화가친) : 등불을 가까이 할 수 있다는 뜻으로, 가을 밤은 시원하고 상쾌(爽快)하므로 등
　　불을 가까이 하여 글 읽기에 좋음을 이르는 말.
嗜好食品(기호식품) : 향기(香氣)나 맛이나 자극(刺戟)을 즐기기 위(爲)한 것. 술·담배·차·커피 따위
　　의 기호품(嗜好品).

참고 무왕(武王) : 기원전(1043)의 많은 설화(說話)를 남긴 백제(百濟) 30대 왕으로, 성(姓)은 희(姬), 이
　　름은 발(發)이다. 뒷날 문왕으로 추존된 서백(西伯) 창(昌)의 둘째 아들이므로 중발(仲發)이라고도
　　한다. 형 백읍고(伯邑考)가 은나라 주왕(紂王)에게 피살당함으로써 아버지를 뒤이어 기원전 1050년
　　무렵부터 관중(關中)평야에 중심지를 둔 주(周)을 이끌고 있었다.

武王이 曰 家無十盜而不富者는 何如닛고
무 왕 　 왈 　 가 무 십 도 이 불 부 자 　 하 여

太公이 曰 人家에 必有三耗나이다
태 공 　 왈 　 인 가 　 필 유 삼 모

武王이 曰 何名三耗닛고 太公이 曰
무 왕 　 왈 　 하 명 삼 모 　 태 공 　 왈

倉庫漏濫不蓋하여 鼠雀亂食이 爲一耗요
창 고 루 람 불 개 　 서 작 난 식 　 위 일 모

收種失時가 爲二耗요 抛撒米穀穢賤이
수 종 실 시 　 위 이 모 　 포 살 미 곡 예 천

爲三耗나이다.
위 삼 모

풀이 무왕이 말하기를,

"집에 십도가 없고 부유하지 못한 것은 어찌 그렇습니까?"

태공이 말하기를,

"그런 사람의 집에는 반드시 삼모가 있을 것입니다."

"무엇을 삼모라고 말합니까?"

"창고가 뚫려 있는데도 가리지 않아 쥐와 새들이 어지러이 먹어대는 것이 첫째의 모(耗)요, 거두고 씨 뿌림에 때를 놓치는 것이 둘째의 모요, 곡식을 퍼 흘리어 더럽고 천하게 다루는 것이 세째의 모입니다"고 하셨다.

倉(곳집 창) 庫(곳집 고) 蓋(덮을 개) 耗(줄 모) 漏(샐 루{누}) 濫(퍼질 람{남})   鼠(쥐 서)
雀(참새 작) 穀(곡식 곡) 撒(뿌릴 살) 米(쌀 미) 穢(더러울 예) 亂(어지러울 난{란}) 抛(던질 포)

倉庫(창고) : 물건을 저장(貯藏)하거나 보관(保管)하는 건물(建物).

蓋棺事定(개관사정) : 「관(棺) 뚜껑을 덮고 일을 정한다」는 뜻으로, 사람은 죽고 난 뒤에라야 올바르고 정당한 평가를 할 수 있다는 말.

磨耗(마모) : (마찰(摩擦)되는 부분이) 닳아서 작아지거나 없어짐.

血漏(혈루) : 여자의 음부에서 때때로 피가 나오는 병.

汎濫(범람) : ① 물이 넘쳐 흐름. 범일(汎溢). ② 바람직하지 못한 것들이 크게 나돎.

鼠肝蟲臂(서간충비) : 쥐의 간과 벌레의 팔이라는 뜻으로, 매우 쓸모없고 하찮은 것을 이르는 말.

撒布(살포) : (액체나 기체 상태의 물질이나 약품을) 공중으로 뿜어서 뿌리는 것.

武王이 曰 家無三耗而不富者는 何如닛고
무 왕   왈 가 무 삼 모 이 불 부 자   하 여

太公이 曰 人家에 必有一錯二誤三痴
태 공   왈 인 가   필 유 일 착 이 오 삼 치

四失五逆六不祥七奴八賤九愚十
사 실 오 역 육 불 상 칠 노 팔 천 구 우 십

强하여 自招其禍요 非天降殃이나이다.
강   자 초 기 화   비 천 강 앙

풀이 무왕이 묻기를,

"집에 삼모도 없는데 부유하지 못한 것은 어찌하여 그럽니까?"

태공이 대답하기를,

"그런 사람의 집에는 반드시 일착(一錯), 이오(二誤), 삼치(三痴), 사실(四失), 오역(五逆), 육불상(六不祥), 칠노(七奴), 팔천(八賤), 구우(九愚), 십강(十强)이 있어서 스스로 그 화를 부르는 것이요, 하늘이 재앙을 내리는 것이 아닙니다"고 하셨다.

錯(섞일 착) 誤(그릇할 오) 痴(어리석을 치) 祥(상서로울 상) 奴(종 노) 愚(어리석을 우)
殃(재앙 앙) 降(내릴 강{항복할 항})

錯誤(착오) : 인식(認識)과 대상(對象), 또는 생각과 사실(事實)이 일치(一致)하지 않는 일.
誤謬(오류) : ① 그릇되어 이치(理致)에 어긋남. ② 이치에 틀린 인식.
發祥(발상) : ① 상서(祥瑞)로운 조짐(兆朕)이 나타남. ② 제왕(帝王)이나 그 조상(祖上)이 남.
奴婢(노비) : 사내종과 계집종.
愚弄(우롱) : 사람을 바보로 만들어 놀림.
降水量(강수량) : 비, 눈, 우박(雨雹) 등이 지상(地上)에 내린 물의 총량(總量).
降伏(항복) : 전쟁·싸움·경기(競技) 등에서 힘에 눌려서 적에게 굴복(屈服)함.

武王이 曰 願悉聞之하나이다 太公이 曰
무 왕 왈 원 실 문 지 　 태 공 왈

養男不教訓이 爲一錯이요 嬰孩不訓이
양 남 불 교 훈 위 일 착 영 해 불 훈

爲二誤요 初迎新婦不行嚴訓이
위 이 오 초 영 신 부 불 행 엄 훈

爲三痴요 未語先笑 爲四失이요
위 삼 치 미 어 선 소 위 사 실

不養父母가 爲五逆이요 夜起赤身이
불 양 부 모　위 오 역　　야 기 적 신

爲六不祥이요 好挽他弓이 爲七奴요
위 육 불 상　　호 만 타 궁　위 칠 노

愛騎他馬가 爲八賤이요 喫他酒勸他人이
애 기 타 마　위 팔 천　　끽 타 주 권 타 인

爲九愚요 喫他飯命朋友가 爲十强이니다.
위 구 우　끽 타 반 명 붕 우　위 십 강

武王이 曰 甚美誠哉라 是言也여.
무 왕 왈　심 미 성 재　시 언 야

[풀이] 무왕이 말하기를,

"그 내용을 모두 듣기를 원합니다."

태공이 대답하기를,

"아들을 기르며 가르치지 않는 것이 첫째의 잘못이요, 어린아이를 훈도하지 않는 것이 둘째의 그름이요, 새 아내를 맞아들여서 엄하게 가르치지 않는 것이 세째의 어리석음이요, 말하기 전에 웃기부터 하는 것이 네째의 과실이요, 부모를 봉양하지 않는 것이 다섯째의 거스름이요, 밤에 알몸으로 일어나는 것이 여섯째의 상서롭지 못함이요, 남의 활을 당기기를 좋아하는 것이 일곱째의 노복(奴僕)스러움이요, 남의 말 타기를 좋아하는 것이 여덟째의 천함이요, 남의 술을 마시면서 다른 사람에게 권하는 것이 아홉째의 어리석음이요, 남의 밥을 먹으면서 벗에게 주는 것이 열째의 뻔뻔함이 되는 것입니다"고 하셨다.

무왕이 말하기를,

"아아! 심히 아름답고 진실하도다 그 말씀이여!"라고 하셨다.

嚴(엄할 엄) 笑(웃을 소) 挽(당길 만) 悉(다 실) 嬰(갓난아이 영) 孩(어린아이 해) 弓(활 궁)
騎(말탈 기) 勸(권할 권) 飯(밥 반)

嚴格(엄격) : ① 언행이 엄숙하고 딱딱함. ② 매우 엄하여 잘못이나 속임수 따위를 허용하지 않음.

笑裏藏刀(소리장도) : 웃음 속에 칼을 감춘다는 뜻으로, 말은 좋게 하나 마음속으로는 해칠 뜻을 가진 것을 비유하여 일컫는 말.

挽回(만회) : 바로잡아 회복함.

悉直谷國(실직곡국) : 나라 이름. "悉直國"과 같다..

弓矢(궁시) : 활과 화살.

洋弓(양궁) : ① 서양(西洋) 활. ② 또는, 그 활로 겨루는 경기(競技).

角弓(각궁) : ① 쇠뿔이나 양뿔 등으로 만든 활. ② 사물이 뒤틀린 형태.

騎馬欲率奴(기마욕솔노) : 「말을 타면 노비(奴婢)를 거느리고 싶다」라는 뜻으로, 「말 타면 경마(競馬) 잡고 싶다」라는 속담(俗談)과 같은 말로, 곧 사람의 욕심(慾心)은 끝이 없다는 말.

勸告(권고) : ① 하도록 권(勸)하여 말함. ② 타일러 권함. ③ 또는 그 말.

勸告辭職(권고사직) : 권고(勸告)하는 형식(形式)으로 그 직책(職責)을 그만두게 하는 일.

飯囊酒袋(반낭주대) : 밥을 담는 주머니와 술을 담는 부대라는 뜻으로, 술과 음식을 축내며 일을 하지 않는 사람을 이르는 말.

十匙一飯(십시일반) : 열 사람이 한 술씩 보태면 한 사람 먹을 분량이 된다는 뜻으로, 여러 사람이 힘을 합하면 한 사람을 돕기는 쉽다는 말.

治政篇
치 정 편

明道先生이 曰 一命之士가
명 도 선 생 왈 일 명 지 사

苟有存心於愛物이면 於人에
구 유 존 심 어 애 물 어 인

必有所濟니라.
필 유 소 제

풀이 명도선생이 말하기를,

"처음으로 벼슬을 얻는 사람이라도 진실로 물건을 사랑하는데 마음을 쓴다면 남에게 반드시 도움을 받는바가 있느니라"고 하였다.

苟(진실로 구) 濟(건널 제)

苟且(구차) : 몹시 가난하고 궁색(窮塞)함.

濟河焚舟(제하분주) : 적을 치러 가면서 배를 타고, 물을 건너고 나서는 그 배를 태워버린다는 뜻으로, 필사(必死)의 각오(覺悟)로 싸움에 임함을 이르는 말.

참고 명도선생(明道先生) : 정호(程顥, 1032년~1085년)는 중국 송나라 도학의 대표적인 학자의 한 사람이다. 성리학과 양명학 원류의 한 사람이다. 자는 백순(伯淳), 시호(諡號)는 순공(純公). 명도 선생(明道先生)으로 호칭되었다. 대대로 중산(中山)에 거주하였으나 후에 하남(河南)에 이주하였다. 정이가 그의 동생이다.

唐太宗御製에 云 上有麾之하고
당 태 종 어 제 운 상 유 휘 지

中有乘之하고 下有附之하여 幣帛衣之요
중 유 승 지 하 유 부 지 폐 백 의 지

倉廩食之하니 爾俸爾祿이 民膏民脂니라
창 름 식 지 이 봉 이 록 민 고 민 지

下民은 易虐이어니와 上蒼은 難欺니라.
하 민 이 학 상 창 난 기

풀이 당나라 태종의 어제에 이르기를, 自

"위에는 지시하는 이가 있고, 중간에는 이에 의하여 다스리는 관원이 있고, 그 아래에는 이에 따르는 백성이 있다. 예물로써 받은 비단옷 지어 입고 곳간에 있는 곡식은 이를 먹는다. 너희의 복록은 다 백성들의 기름인 것이다. 아래에 있는 백성은 학대하기가 쉽지만 위에 있는 푸른 하늘은 속이기 어려우니라"고 하셨다.

附(붙을 부) 幣(비단 폐) 帛(비단 백) 麾(대장기 휘) 廩(곳집 름) 俸(녹 봉) 膏(살찔 고)
脂(기름 지) 蒼(푸를 창) 欺(속일 기) 虐(사나울 학)

附和雷同(부화뇌동) : 「우레 소리에 맞춰 함께한다」는 뜻으로, 자신의 뚜렷한 소신 없이 그저 남이
　　하는 대로 따라가는 것을 의미함.
貨幣(화폐) : 상품 교환의 매개체로서, 지불의 수단이나 가치의 척도 또는 축적(蓄積)의 목적물로
　　서 사회에 유통되는 금화·은화·동화·지폐 따위. 돈.
幣帛(폐백) : 신부(新婦)가 혼례(婚禮)를 마치고 시댁에 와서 시부모(媤父母)를 비롯한 여러 시댁
　　어른들에게 드리는 첫인사.
麾壯(휘장) : 향시(鄕試)의 장원(壯元)을 이르는 말. 장원한 시권(試券)을 가시나무 울타리에 걸
　　어 놓는 데서 유래한 말이다.
虐待(학대) : 몹시 괴롭히거나 사납게 대우(待遇)함.

참고 당태종(唐太宗) : 당나라 제2대 임금으로 아버지 이연(李淵)을 도와서 수나라를 멸하고 당나라를
　　세웠음.

童蒙訓에 曰 當官之法이 唯有三事하니
동 몽 훈 왈 당 관 지 법 유 유 삼 사

曰淸曰愼曰勤이라 知此三者면
왈 청 왈 신 왈 근 지 차 삼 자

知所以持身矣니라.
지 소 이 지 신 의

풀이 동몽훈에 말하기를,

"관리된 자의 지켜야 할 법은 오직 세 가지가 있으니 청렴과 신중과 근면이다. 이 세 가지를 알면 몸가질 바를 아느니라"고 하였다.

童(아이 동) 蒙(어릴 몽) 唯(오직 유) 持(가질 지)

童子(동자) : 승려(僧侶)가 될려고 절에 와서 머리를 깎고 불도(佛道)를 배우면서도 아직 출가(出家)하지 않은 사내아이.
啓蒙(계몽) : 무식한 사람이나 어린아이를 깨우쳐 가르침.
唯我獨尊(유아독존) : 이 세상에 나보다 존귀(尊貴)한 사람은 없다는 말.
持參(지참) : (물건이나 돈 같은 것을) 가지고 감. 가지고 옴.

참고 동몽훈(童蒙訓) : 송(宋)나라 때 여본중(呂本中)이 어린이 교육을 위해 지은 책.

當官者는 必以暴怒爲戒하라 事有不可어든
당 관 자 필 이 폭 노 위 계 사 유 불 가

當詳處之면 必無不中이어니와 若先暴怒면
당 상 처 지 필 무 부 중 약 선 폭 노

只能自害라 豈能害人이리오.
지 능 자 해 기 능 해 인

풀이 관직에 있는 자는 반드시 심하게 성내는 것을 경계하라. 일에 옳지 않음이 있거든 마땅히 자상하게 처리하면 반드시 맞아들지 않는 것이 없으려니와, 만약 성내기부터 먼저 한다면 오직 자신을 해롭게 할뿐이니라. 어찌 남을 해롭게 할 수 있으리오.

暴(사나울 폭, 햇볕 쪼일 폭) 怒(성낼 노) 豈(어찌 기) 害(해칠 해)

暴落(폭락) : 물가(物價) 따위가 갑자기 대폭(大幅) 떨어짐.

怒蠅拔劍(노승발검) : 파리를 보고 화를 내어 칼을 빼들고 쫓는다는 뜻으로, 사소(些少)한 일에 화를 잘 냄.

怒氣衝天(노기충천) : 노기가 하늘을 찌를 듯이 화가 머리끝까지 나 있음.

事君을 如事親하고 事長官을 如事兄하며
사 군 여 사 친 사 장 관 여 사 형

與同僚를 如家人하며 待群吏를 如奴僕하며
여 동 료 여 가 인 대 군 리 여 노 복

愛百姓을 如妻子하며 處官事를
애 백 성 여 처 자 처 관 사

如家事然後에 能盡吾之心이니
여 가 사 연 후 능 진 오 지 심

如有毫末不至면 皆吾心에
여 유 호 말 부 지 개 오 심

有所未盡也니라.
유 소 미 진 야

풀이 임금 섬기는 것을 어버이를 섬기는 것 같이하며, 웃사람 섬기기를 형을 섬기는 것 같이하며, 동료 대하기를 자기 집사람같이 하며, 여러 아전 대접하기를 자기집 노복같이 하며, 백성 사랑하기를 처자같이 하며, 나라 일 처리하기를 내 집안일처럼 하고난 뒤에야 능히 내 마음을 다했다 할 것이니라. 만약 털끝만치라도 이르지 못함이 있으면 모두 내 마음에 다하지 못한 바가 있기 때문이니라.

僚(동료 료{요}) 待(기다릴 대) 群(무리 군) 僕(종 복) 吾(나 오) 毫(가는 털 호) 末(끝 말)

同僚(동료) : ① 같은 곳에서 같은 일을 보는 사람. ② 임무가 같은 사람.

待遇(대우) : 예의(禮儀)를 갖추어 대함. 접대.

群鷄一鶴(군계일학) : 무리 지어 있는 닭 가운데 있는 한 마리의 학이라는 뜻으로, 여러 평범한 사람들 가운데 있는 뛰어난 한 사람을 이르는 말.

群盲撫象(군맹무상) : 여러 맹인(盲人)이 코끼리를 더듬는다는 뜻으로, 즉 자기의 좁은 소견과 주관으로 사물을 그릇 판단함.

群衆心理(군중심리) : 많은 사람이 모여 있을 때 개개인의 평상적인 심리를 초월(超越)하여 발생하는 특이(特異)한 심리.

吾不關焉(오불관언) : ① 나는 그 일에 상관(相關)하지 아니함. ② 또는 그런 태도(態度).

末梢神經(말초신경) : 뇌와 척수(脊髓)에서 나와 전신에 퍼져 몸의 각 부분과 중추(中樞) 신경계(神經系)를 연락(連絡)하는 신경(神經). 끝신경.

或이 問簿는 佐令者也니 簿欲所爲를
혹 문부 좌령자야 부욕소위

令或不從이면 奈何닛고 伊川先生이 曰
영 혹불종 내하 이천선생 왈

當以誠意動之니라 今令與簿不和는
당이성의동지 금령여부불화

便是爭私意요 令은 是邑之長이니
편시쟁사의 영 시읍지장

若能以事父兄之道로 事之하여
약 능 이 사 부 형 지 도　사 지

過則歸己하고 善則唯恐不歸於令하여
과 즉 귀 기　선 즉 유 공 불 귀 어 령

積此誠意면 豈有不動得人이리오.
적 차 성 의　기 유 부 동 득 인

풀이 어떤 사람이 묻기를,

"부(簿)는 영(令)을 보좌하는 자입니다. 부가 하고자하는 바를 영이 혹시 따르지 않는다면 어떻게 합니까?"

이천선생이 대답하기를,

"마땅히 성의로써 움직여야 할 것이니라. 이제 영과 부가 화목치 않는 것이 곧 사사로운 생각으로 다투는 것이니라. 영은 고을의 장관이니 만약 부형을 섬기는 도리로 섬겨서 잘못이 있으면 자기에게로 돌리고 잘한 것은 영에게로 돌아가지 않을 것이 두려워서 이와 같은 성의를 쌓는다면 어찌 사람을 움직이지 못함이 있으리오"라고 하셨다.

或(혹 혹) 簿(장부 부) 佐(도울 좌) 奈(어찌 내) 伊(저 이) 爭(다툴 쟁) 私(사사 사) 邑(고을 읍)

或是(혹시) : ① 만일에. ② 가다가 더러. ③ 행여.
簿記(부기) : 재산의 출납, 변동의 기입을 똑똑히 하여 장부(帳簿)에 정리(整理)하는 일.
補佐(보좌) : 자기보다 지위(地位)가 높은 사람을 도움.
爭奪(쟁탈) : 서로 다투어 무슨 사물(事物)이나 권리 따위를 빼앗는 싸움.

劉安禮 問臨民한대 明道先生이 曰
유 안 례　문 임 민　명 도 선 생　왈

使民으로 各得輸其情이니라 問御吏한대
사 민　각 득 수 기 정　문 어 리

曰正己以格物이니라.
왈 정 기 이 격 물

풀이 유안례라는 사람이 백성에 임하는 도리를 물으니 명도 선생이 말하기를,
"백성으로 하여금 각각 그들의 뜻을 펴게 할 것이니라."
아전을 거느리는 도리를 물으니,
"자기를 바르게 함으로써 남을 바르게 할지니라"고 하였다.

劉(죽일 유{류}) 輸(나를 수) 情(뜻 정) 御(어거할 어) 格(바로잡을 격).

劉備(유비) : 중국 삼국 시대 촉한(蜀漢)의 제1대 황제(皇帝). 자는 현덕(玄德). 시호는 소열제(昭烈帝).
輸入(수입) : 외국(外國)으로부터 물품을 사 들임.
情緖(정서) : 어떤 사물(事物) 또는 경우에 부딪쳐 일어나는 갖가지 감정(感情)·상념(想念).
制御(제어) : 통제(統制)하여 복종시킴. 崩御(붕어) : 임금이 세상을 떠나는 것.
資格(자격) : 일정한 신분·지위를 가지거나, 어떤 행동을 하는 데 필요한 조건.

참고 유안례(劉安禮) : 자는 원소(元素)로 북송(北宋) 때 사람.

抱朴子曰 迎斧鉞而正諫하며
포 박 자 왈 영 부 월 이 정 간

據鼎鑊而盡言이면 此謂忠臣也니라.
거 정 확 이 진 언 차 위 충 신 야

풀이 포박자에 말하기를,
"도끼로 맞더라도 바른 길로 간하며, 솥에 넣어서 죽이려 하더라도 옳은
말을 다하면 이것이 충신이라 이르니라."고 하였다.

抱(안을 포) 斧(도끼 부) 鉞(도끼 월) 諫(간할 간) 據(의거할 거) 鼎(솥 정) 鑊(가마 확)

抱負(포부) : 마음속에 지닌 앞날에 대한 생각이나 계획, 희망, 자신.

참고 포박자(抱朴子) : 370년경에 만들어진 책으로, 선인(仙人)이 되기 위한 신선술의 이론과 실천을
설명한 도가의 고전이다.

治 家 篇
치 가 편

司馬溫公이 曰 凡諸卑幼는 事無大小
사 마 온 공 왈 범 제 비 유 사 무 대 소

毋得專行하고 必咨稟於家長이니라.
무 득 전 행 필 자 품 어 가 장

풀이 사마온공이 말하기를,
  "무릇 손아래 사람들은 일의 크고 작음 없이 제멋대로 행동하지 말고 반드시 집안 어른께 여쭈어 보고서 해야 하느니라"고 하셨다.

司(맡을 사) 溫(따뜻할 온) 卑(낮을 비) 毋(말 무) 專(오로지 전) 咨(물을 자) 稟(줄 품)

司法府(사법부) : 대법원(大法院) 및 그 소할(所轄)에 딸린 모든 기관(機關)의 총칭(總稱).
氣溫(기온) : 대기(大氣)의 온도(溫度).
專門家(전문가) : 어떤 학과나 일을 집중적으로 연구하여 그에 관한 지식이나 경험이 풍부한 사람.
稟議(품의) : (웃어른이나 또는 상사(上司)에게) 글이나 말로 여쭈어 의논(議論)함.

待客에 不得不豊이요 治家에 不得不儉이니라.
대 객 부 득 불 풍 치 가 부 득 불 검

풀이 손님 접대는 풍성하게 하지 아니치 못하며, 살림살이는 검소하지 않을 수 없느니라.

待(기다릴 대) 豊(풍성할 풍{굽 높은 그릇 례}) 儉(검소할 검)

時和年豊(시화연풍) : 나라가 태평(太平)하고 곡식(穀食)이 잘 됨.
儉素(검소) : 치레하지 않고 수수함.

太公이 曰 痴人은 畏婦하고 賢女는 敬夫니라.
태 공 왈 치 인 외 부 현 녀 경 부

풀이 태공이 말하기를,
"어리석은 사람은 아내를 두려워하고 어진 여자는 남편을 공경하느니라"고
하셨다.

痴(어리석을 치) 畏(두려워할 외) 婦(며느리 부) 敬(공경할 경)

痴呆(치매) : 정상적(正常的)인 정신(精神) 상태(狀態)를 잃어버린 상태(狀態).
畏首畏尾(외수외미) : 남이 알게 되는 것을 꺼리고 두려워함.
婦老爲姑(부로위고) : 며느리도 늙으면 시어미 된다는 뜻.
敬天愛人(경천애인) : 하늘을 공경(恭敬)하고 사람을 사랑함.

凡使奴僕에 先念飢寒이니라.
범 사 노 복 선 념 기 한

풀이 무릇 노복을 부리는 데는 먼저 그들의 춥고 배고픔을 생각할지니라.

奴(종 노) 僕(종 복) 飢(주릴 기) 寒(찰 한)

奴隷(노예) : 자유를 구속당하고 남에게 부림을 받는 사람.
賣國奴(매국노) : 나라를 팔아먹는 사람.
飢餓(기아) : 굶주림.
寒心(한심) : 정도(程度)에 너무 지나치거나 모자라서 가엾고 딱함.

子孝雙親樂이요 家和萬事成이니라.
자 효 쌍 친 락　　가 화 만 사 성

풀이 자식이 효도하면 어버이가 즐겁고, 집안이 화목하면 만사가 이루어지느니라.

雙(쌍 쌍) 親(친할 친) 樂(즐길 락{풍류 악, 좋아할 요}) 和(화할 화)

變化無雙(변화무쌍) : 세상이 변하여 가는 것이 더할 수 없이 많고 심함.
和答(화답) : 시나 노래에 서로 응하여 대답함.

時時防火發하고 夜夜備賊來니라.
시 시 방 화 발　　야 야 비 적 래

풀이 때때로 불이 나는 것을 막고 도적이 드는 것을 방비할지니라.

發(필 발) 夜(밤 야) 備(갖출 비) 賊(도둑 적)

景行錄에 云 觀朝夕之早晏하여
경 행 록　운　관 조 석 지 조 안

可以卜人家之興替니라.
가 이 복 인 가 지 흥 체

풀이 경행록에 이르기를,
　"아침저녁의 이르고 늦음을 보아 가히 그 사람의 집이 흥하고 쇠함을 알 수 있느니라"고 하였다.

早(새벽 조) 晏(늦을 안) 興(일 흥) 替(쇠퇴할 체)

交替(교체) : 자리나 역할(役割) 따위를 다른 사람 또는 다른 것과 바꿈.
興味(흥미) : 흥을 느끼는 재미.

文仲子 曰 婚娶而論財는
문 중 자 왈 혼 취 이 논 재

夷虜之道也니라.
이 로 지 도 야

풀이 문중자가 말하기를,

"혼인하고 장가드는 데 재물을 논하는 것은 오랑캐의 일이니라"고 하셨다.

婚(혼인할 혼) 娶(장가들 취) 夷(오랑캐 이) 虜(포로 로{노})

婚需(혼수) : ① 혼인(婚姻)에 쓰이는 물품. ② 혼인에 드는 씀씀이.

再娶(재취) : ① 아내를 여읜 뒤에 두 번째 장가듦. ② 두 번째 장가들어 맞이한 아내.

夷虜(이로) : 오랑캐. 야만인.

捕虜(포로) : 전투(戰鬪)에서 사로잡힌 적군(敵軍).

待隣婦妻不娶(대인부처불취) : 이웃 집 색시 믿고 장가 못 간다. 터무니 없이 저 혼자의 생각으로만 되겠거니 하고 믿고 있다가는 실패하게 된다는 뜻의 속담. 비슷한 말로, 恃隣處女不娶乎(시린처녀불취호) : 이웃집 처녀 믿다가 장가 못 간다는 말과 같은 의미.

참고 문중자(文仲子) : 이름은 왕도(王道), 수(隋)나라 때 학자. 이세민(李世民)을 도와 당나라를 일으켰는데 어진 재상으로 이름 높은 방현령(房玄齡), 두여회(杜如晦), 위징(魏徵), 등이 다 그의 문인(門人)들이다. 문중자(文仲子)란 그가 죽은 후 문인들이 부른 호.

安義篇
안 의 편

顏氏家訓에 曰 夫有人民而後에
안 씨 가 훈 왈 부 유 인 민 이 후

有夫婦하고 有夫婦而後에 有父子하고
유 부 부 유 부 부 이 후 유 부 자

有父子而後에 有兄弟하니 一家之親은
유 부 자 이 후 유 형 제 일 가 지 친

此三者而已矣라 自玆以往으로
차 삼 자 이 이 의 자 자 이 왕

至于九族이 皆本於三親焉이라 故로
지 우 구 족 개 본 어 삼 친 언 고

於人倫에 爲重也니 不可不篤이니라.
어 인 륜 위 중 야 불 가 불 독

풀이 안씨 가훈에 말하기를, "대개 백성이 있은 후에 부부가 있고, 부부가 있은 후에 부자가 있고, 부자가 있은 후에 형제가 있나니, 한 집의 친함은 이 세 가지뿐이니라. 이에서부터 나아가 구족(九族)에 이르기까지는 모두 이 삼친에 근본하는지라, 그러므로 인륜에 있어서 가장 중요한 것이니 돈독하게 아니하지 못할지니라"고 하였다.

顔(얼굴 안) 焉(어찌 언) 倫(인륜 륜{윤}) 篤(도타울 독)

顔面(안면) : ① 눈, 코, 입 등이 있는 머리의 앞쪽. ② 얼굴. 사람끼리 서로 아는 것.

焉敢生心(언감생심) : '어찌 감히 그런 마음을 먹을 수 있으랴'의 뜻.

三綱五倫(삼강오륜) : 유교 도덕의 바탕이 되는 세 가지 강령(綱領)과 다섯 가지의 인륜(人倫)을
　　이르는 말로, ① 삼강(三綱)은 유교 도덕의 뼈대가 되는 줄거리로서, 임금과 신하(君爲臣綱),
　　부모와 아들(父爲子綱)이 지켜야 할 떳떳한 도리. 남편과 아내(夫爲婦綱), ② 오륜(五倫)은
　　(父子有親, 君臣有義, 夫婦有別, 長幼有序, 朋友有信)을 말함.

篤實(독실) : ① 성실(誠實)하고도 극진(極盡)함. ② 인정(人情)이 두텁고 친절(親切)함.

莊子曰 兄弟는 爲手足하고 夫婦는
장 자 왈 형 제 　 위 수 족 　　 부 부

爲衣服이니 衣服破時엔 更得新이어니와
위 의 복 　　 의 복 파 시 　 갱 득 신

手足斷處엔 難可續이니라.
수 족 단 처 　 난 가 속

[풀이] 장자가 말하기를,
　"형제는 수족과 같고 부부는 의복과 같으니, 의복이 떨어졌을 때는 새것
으로 갈아입을 수 있거니와 수족이 잘라진 곳은 잇기가 어려우니라"고 하
였다.

破(깨뜨릴 파) 更(고칠 경{다시 갱}) 斷(끊을 단) 續(이을 속).

破竹之勢(파죽지세) : 대나무를 쪼개는 기세라는 뜻으로, 대적을 거침없이 물리치고 쳐들어가는 기세.

破顔大笑(파안대소) : 얼굴이 찢어지도록 크게 웃는다는 뜻으로, 즐거운 표정으로 한바탕 크게
　　웃음을 이르는 말.

更新(경신) : ① 옛 것을 고쳐 새롭게 함. ② 종전의 기록을 깨뜨림.

斷金之交(단금지교) : 쇠라도 자를 수 있는 굳고 단단한 사귐이란 뜻으로, 친구의 정의가 매우 두
　　터움을 이르는 말.

處遇(처우) : 근로자(勤勞者)에게 어떤 수준의 지위(地位)나 봉급(俸給) 등을 주어 대접하는 일.

蘇東坡云 富不親兮貧不疎는
소 동 파 운 부 불 친 혜 빈 불 소

此是人間大丈夫요 富則進兮貧則退는
차 시 인 간 대 장 부 부 즉 진 혜 빈 즉 퇴

此是人間眞小輩니라.
차 시 인 간 진 소 배

풀이 소동파가 이르기를,

"부유하다고 친하지 않으며, 가난하다고 멀리하지 않음은 이것이 바로 인간으로서의 대장부라 할 것이요, 부유하다면 가까이 하고 가난하다면 멀리하는 것은 이는 사람 중에서 참으로 마음이 작은 무리이니라"고 하였다.

蘇(차조기 소) 坡(고개 파) 兮(어조사 혜) 輩(무리 배)

暴力輩(폭력배) : ① 폭력을 행사하는 무리. ② 싸움패나 깡패 같은 자들.

進退兩難(진퇴양난) : 나아갈 수도 물러설 수도 없는 궁지(窮地)에 빠짐.

進退維谷(진퇴유곡) : 앞으로도 뒤로도 나아가거나 물러서지 못한다라는 뜻으로, 궁지(窮地)에 빠진 상태.

蘇聯(소련) : 소비에트 사회주의(社會主義) 공화국(共和國) 연방(聯邦).

眞實(진실) : 거짓이 아닌 사실(事實).

眞實性(진실성) : ①참된 성질(性質). ② 또는, 그러한 품성(品性).

眞實感(진실감) : 참된 맛을 안겨 주는 느낌.

眞實味(진실미) : (언동 등에서)진실(眞實)을 느끼게 하는 맛.

丈夫一言重千金(장부일언중천금) : 장부(丈夫)의 한 마디는 천금(千金)보다 무거움.

軒軒丈夫(헌헌장부) : 헌거로운 남자(男子).

政商輩(정상배) : 정치가(政治家)와 결탁(結託)하여(정권(政權)을 이용(利用)하여)개인적(個人的)인 세속적(世俗的) 야심(野心)을 채우려는 무리.

참고 소동파(蘇東坡) : 아버지 소순, 동생 소철과 함께 '3소' (三蘇)라고 일컬어지며, 이들은 모두 당송 8대가에 속한다.

遵 禮 篇
준 례 편

子曰 居家有禮故_로 長幼辨_{하고}
자 왈 거 가 유 례 고 　 장 유 변

閨門有禮故_로 三族和_{하고} 朝廷有禮故_로
규 문 유 례 고 　 삼 족 화 　 조 정 유 례 고

官爵序_{하고} 田獵有禮故_로 戎事閑_{하고}
관 작 서 　 전 렵 유 례 고 　 융 사 한

軍旅有禮故_로 武功成_{이니라.}
군 여 유 례 고 　 무 공 성

풀이 공자가 말하기를,

"한 집안에 예가 있으므로, 어른과 어린이가 분별이 있고, 안방에 예가 있으므로 삼족이 화목하고, 조정에 예가 있으므로 벼슬의 차례가 있고, 사냥하는데 예가 있으므로 군사훈련이 숙달되고, 군대에 예가 있으므로 무공이 이루어지느니라"고 하였다.

閨(도장방 규) 爵(잔 작) 獵(사냥 렵{엽}) 閑(막을 한) 軍(군사 군) 旅(군사 여{려})

閨秀(규수) : ① 남의 집 처녀를 점잖게 이르는 말. ② 재주와 학문이 빼어난 부녀자.

爵位(작위) : ① 벼슬과 지위(地位), 관작(官爵)과 위계(位階). ② 작(爵)의 계급(階級).

狩獵(수렵) : 사냥을 문어적으로 이르는 말.

軍隊(군대) : 일정한 조직 편제를 가진 군인의 집단(集團).

子曰 君子有勇而無禮면 爲亂하고 小人이
자 왈 군 자 유 용 이 무 례 위 란 소 인

有勇而無禮면 爲盜니라.
유 용 이 무 례 위 도

풀이 공자가 말씀하시기를,

"군자가 용맹만 있고 예가 없으면 세상을 어지럽게 하고, 소인이 용맹만 있고 예가 없으면 도둑이 되느니라"고 하셨다.

勇(날쌜 용) 亂(어지러울 란{난}) 盜(훔칠 도)

勇敢無雙(용감무쌍) : 용감(勇敢)하기 짝이 없음.

混亂(혼란) : ① 갈피를 잡을 수 없이 어지러움. ② 질서가 없이 뒤얽힘.

曾子曰 朝廷엔 莫如爵이요 鄕黨엔
증 자 왈 조 정 막 여 작 향 당

莫如齒요 輔世長民엔 莫如德이니라.
막 여 치 보 세 장 민 막 여 덕

풀이 증자가 말하기를,

"조정에는 지위보다 좋은 것이 없고, 한 고을에는 나이가 많은 사람보다 나은 이 없으며, 나라 일을 잘하고 백성을 다스리는 것에는 덕 만한 것이 없느니라"고 하였다.

曾(일찍 증) 黨(무리 당) 齒(이 치) 輔(덧방나무 보)

曾祖父母(증조부모) : 증조부와 증조모를 아울러 이르는 말.

黨同伐異(당동벌이) : 옳고 그름을 가리지 않고 같은 의견의 사람끼리 한패가 되고 다른 의견의
　　사람은 물리친다는 말.

참고 증자(曾子) : 중국의 철학자. 이름은 삼(參). 자는 자여(子輿). 공자의 문하생.

老少長幼는 天分秩序니
노 소 장 유 천 분 질 서

不可悖理而傷道也니라.
불 가 패 리 이 상 도 야

풀이 늙은이와 젊은이, 어른과 어린이는 하늘이 정한 차례이니 사물의 바른 도리를 어기고 도를 상하게 하지 못하느니라.

秩(차례 질) 序(차례 서) 悖(어그러질 패) 傷(상처 상)

秩序(질서) : 사물(事物)의 조리(條理)나 그 순서(順序).
悖倫兒(패륜아) : 인륜(人倫)에 어그러진 행위(行爲)를 하는 사람.
傷心(상심) : ① 속을 썩임. ② 마음을 상함. ③ 마음을 태움. ④ 속상함.

出門如見大賓하고 入室如有人이니라.
출 문 여 견 대 빈 입 실 여 유 인

풀이 밖에 나설 때는 큰 손님을 대하는 것과 같이 하고, 방으로 들 때는 사람이 있는 것과 같이하라.

賓(손 빈) 室(집 실) 如(같을 여)

若要人重我인대 無過我重人이니라.
약 요 인 중 아 무 과 아 중 인

풀이 만약 남이 나를 중하게 여김을 바란다면 내가 먼저 남을 중히 여겨야 하느니라.

若(같을 약) 要(구할 요) 重(무거울 중) 過(지날 과)

父不言子之德하며 子不談父之過니라.
부 불 언 자 지 덕   자 불 담 부 지 과

풀이 아버지는 아들의 덕을 말하지 말 것이며, 자식은 아버지의 허물을 말하지 아니 할지니라.

父傳子傳(부전자전) : 대대(代代)로 아버지가 아들에게 전함.

父母俱存(부모구존) : 아버지와 어머니가 다 살아 계심.

不條理(부조리) : 도리(道理)에 어긋나거나 불합리한 일. 조리(條理)에 맞지 아니함.

不適切(부적절) : 적절(適切)하지 않음.

不得已(부득이) : ① 마지못하여. ② 하는 수 없이. ③ 어쩔 수 없이.

萬不得已(만부득이) : 만부득이하여.

言中有骨(언중유골) :「말 속에 뼈가 있다」는 뜻으로, 예사(例事)로운 표현(表現) 속에 만만치 않은 뜻이 들어 있음.

子欲養而親不待(자욕양이친부대) : 자식이 부모에게 봉양(奉養)하고자 하나 부모는 기다려 주지 않는다는 뜻으로, 효도(孝道)를 다하지 못한 채 부모를 잃은 자식의 슬픔을 가리키는 말로 부모가 살아계실 때 효도를 다하라는 뜻.

德必有隣(덕필유린) : 덕이 있으면 따르는 사람이 있어 외롭지 않음을 이르는 말.

談笑自若(담소자약) : 위험(危險)이나 곤란(困難)에 직면(直面)해 걱정과 근심이 있을 때라도 변함없이 평상시(平常時)와 같은 태도를 가짐.

過猶不及(과유불급) : 모든 사물(事物)이 정도를 지나치면 미치지 못한 것과 같다는 뜻으로, 중용(中庸)이 중요함을 가리키는 말.

言 語 篇
언 어 편

劉會曰 言不中理면 不如不言이니라.
유 회 왈 언 불 중 리 불 여 불 언

풀이 유회가 말하기를,
"말이 이치에 맞지 않으면 말하지 아니함만 못하느니라"고 하였다.

참고 유회(劉會) : 경남 거창(居昌) 사람으로 안의읍지(安義邑誌) 및 화림지(花林誌)에 등재되어 있으나 연대 및 업적은 미상이다.

一言不中이면 千語無用이니라.
일 언 불 중 천 어 무 용

풀이 한 마디 말이 맞지 않으면 천 마디 말이 쓸데 없느니라.

君平이 曰 口舌者는 禍患之門이요
군 평 왈 구 설 자 화 환 지 문

滅身之斧也니라.
멸 신 지 부 야

풀이 군평이 말하기를,

"입과 혀는 화와 근심을 일으키는 문이며 몸을 망하게 하는 도끼와 같은 것이니 말을 삼가야 할지니라."고 하였다.

舌(혀 설) 滅(멸망할 멸) 斧(도끼 부)

舌戰(설전) : 말다툼. 입씨름.

滅私奉公(멸사봉공) : 사(私)를 버리고 공(公)을 위하여 힘써 일함.

螳螂之斧(당랑지부) : 자기 힘은 생각지 않고 강적(強敵) 앞에서 분수없이 날뛰는 것에 비유.

참고 군평(君平) : 서한(西漢)의 명사(名士)인 엄준(嚴遵)을 말한다. 군평은 그의 자(字). 천문학(天文學)에 조예가 깊어 성상학자(星相學者)로 이름을 날렸다. 일찍이 성도(成都)에서 점을 쳤다고 전한다.

利人之言은 煖如綿絮하고 傷人之語는
이 인 지 언 난 여 면 서   상 인 지 어

利如荊棘하여 一言利人에 重値千金이요
이 여 형 극   일 언 이 인 중 치 천 금

一語傷人에 痛如刀割이니라.
일 어 상 인 통 여 도 할

풀이 사람을 이롭게 하는 말은 따뜻하기가 솜과 같고, 사람을 상하게 하는 말은 날카롭기가 가시 같아서 한 마디 말은 무겁기가 천금과 같고 한 마디 말이 사람을 중상함은 아프기가 칼로 베는 것과 같으니라.

煖(따뜻할 난) 綿(이어질 면) 絮(솜 서) 荊(모형나무 형) 棘(멧대추나무 극) 値(값 치)

痛(아플 통)   割(나눌 할, 벨 할)

綿密(면밀) : 자세하고도 빈틈이 없음.

周到綿密(주도면밀) : 주의가 두루 미쳐 자세하고 빈틈이 없음.

絮雪(서설) : 솜이나 눈송이처럼 하얗게 날리어 흩어진다는 뜻으로, '버들개지'를 이르는 말.

肉祖負荊(육단부형) : 웃옷 한쪽을 벗고 가시 나무를 짐. 곧, 잘못을 크게 뉘우침의 뜻.

荊棘(형극) : ① 나무의 가시. ② 고난(苦難)의 길을 비유하여 이르는 말.

口是傷人斧요 言是割舌刀니
구 시 상 인 부　　언 시 할 설 도

閉口深藏舌이면 安身處處牢니라.
폐 구 심 장 설　　안 신 처 처 뢰

풀이 입은 사람을 상하게 하는 도끼요, 말은 혀를 베는 칼이니, 입을 막고 혀를 깊이 감추면 몸이 어느 곳에 있으나 편안할 것이니라.

斧(도끼 부) 割(나눌 할) 閉(닫을 폐) 藏(감출 장) 牢(우리 뢰{뇌})

割賦販賣(할부판매) : 물건은 미리 주고 값은 여러 차례로 나누어 받는 식의 판매방식.

閉鎖的(폐쇄적) : 외부와 통하지 않는 것. 폐쇄성이 있는 것.

貯藏(저장) : 물건을 쌓아서 간직하여 둠.

亡羊補牢(망양보뢰) :「양을 잃고서 그 우리를 고친다」는 뜻으로, 실패한 후에 일을 대비함.

逢人에 且說三分話하되
봉 인　 차 설 삼 분 화

未可全抛一片心이니
미 가 전 포 일 편 심

不怕虎生三個口요
불 파 호 생 삼 개 구

只恐人情兩樣心이니라.
지 공 인 정 양 양 심

풀이 사람을 만나거든 말을 삼분만 하되 자기가 지니고 있는 한 조각 마음을 다 버리지 말지니, 호랑이의 세 입을 두려워하지 말고 오직 사람의 두 마음을 두려워할지니라.

逢(만날 봉) 抛(던질 포) 怕(두려워할 파) 虎(범 호) 個(낱 개) 樣(모양 양)

逢變(봉변) : ① 변을 당함. ② 남에게 모욕(侮辱)을 당함.   相逢(상봉) : 서로 만남.

抛棄(포기) : ① 하던 일을 중도에 그만두어 버림. ② 자기의 권리나 자격을 쓰지 않음.

虎死留皮(호사유피) :「범은 죽어서 가죽을 남긴다」는 뜻으로, 사람도 죽은 뒤에 이름을 남겨야
　　한다는 말.

個個人(개개인) : 한 사람 한 사람.

樣相(양상) : ① 생김새나 모습. ② 판단의 확실성. 곧, 일정한 판단의 타당한 정도.

酒逢知己千鍾少요 話不投機一句多니라.
주 봉 지 기 천 종 소 　 화 불 투 기 일 구 다

풀이 술이란 나를 아는 친구를 만나면 천 잔도 적고, 말이란 뜻이 맞지 않
으면 한 마디도 많으니라.

鍾(종 종) 投(던질 투) 機(틀 기) 句(글귀 구)

鍾(鐘)閣(종각) : 서울 종로 1가에 있는 종을 매달아 둔 집.

酒池肉林(주지육림) :「술이 못을 이루고 고기가 수풀을 이룬다」는 뜻으로, 매우 호화(豪華)스럽
　　고 방탕(放蕩)한 생활(生活)을 이르는 말.

投資(투자) : 사업에 자금을 투입(投入)함. 출자(出資).

投機(투기) : 불확실(不確實)한 이익을 예상(豫想)하여 행하는 사행적(射倖的) 행위.

機會(기회) : ① 공교롭게 보람 있는 고비. ② 기대하던 그때, 일을 하기에 적당한 시기.

句句節節(구구절절) : 한 구절 한 구절마다. 말마다.

逢人卽說(봉인즉설) : 사람을 만나는 족족 이야기하여 세상(世上)에 널리 퍼뜨림.

知天命(지천명) : 나이 50세를 말함. 50세에 드디어 천명(天命)을 알게 된다는 나이.

少年易老學難成(소년이로학난성) : 소년은 늙기 쉬우나 학문(學問)을 이루기는 어렵다는 말.

交友篇
교 우 편

子曰 與善人居에 如入芝蘭之室하여
자왈 여선인거 여입지란지실

久而不聞其香이나 卽與之化矣요
구 이 불 문 기 향 즉 여 지 화 의

與不善人居에 如入鮑魚之肆하야
여 불 선 인 거 여 입 포 어 지 사

久而不聞其臭하되 亦與之化矣니
구 이 불 문 기 취 역 여 지 화 의

丹之所藏者는 赤하고 漆之所藏者는 黑이라
단 지 소 장 자 적 칠 지 소 장 자 흑

是以로 君子는 必愼其所與處者焉이니라.
시 이 군 자 필 신 기 소 여 처 자 언

풀이 공자께서 말씀하시기를,

"착한 사람과 같이 살면 향기로운 지초와 난초가 있는 방안에 들어간 것과 같아서 오래도록 그 냄새를 알지 못하나 곧 더불어 그 향기가 동화되고, 착하지 못한 사람과 같이 있으면 생선 가게에 들어간 것과 같아서 오래 그 나쁜 냄새를 알지 못하나 또한 더불어 동화 되나니, 붉은 것을 지니고 있으면 붉어지고, 옻칠을 지니고 있으면 검어지느니라. 그러므로 군자는 반드시 그 있는 곳을 삼가야 하느니라"고 하셨다.

芝(지초 지) 蘭(난초 란{난}) 鮑(절인 어물 포) 肆(방자할 사) 臭(냄새 취) 漆(옻 칠) 黑(검을 흑)
丹(붉을 난{원음(原音) ; 단, 란})

芝蘭之交(지란지교) : 지초(芝草)와 난초(蘭草) 같은 향기로운 사귐이라는 뜻으로, 벗 사이의 고상한 교제를 이르는 말.

鮑石亭(포석정) : 정자 이름. 지금의 경상북도 경주시 배방동의 남산(南山) 서쪽에 있다.

肆筵設席(사연설석) : 자리를 베풀고 돗자리를 베푸니 연회(宴會)하는 좌석임.

口尙乳臭(구상유취) : 입에서 아직 젖내가 난다는 뜻으로, 말과 하는 짓이 아직 유치함을 일컬음.

漆黑(칠흑) : 옻칠처럼 검음.

丹脣皓齒(단순호치) : 붉은 입술과 하얀 이란 뜻으로, 여자의 아름다운 얼굴을 이르는 말.

家語에 云 與好人同行에 如霧露中行하야
가 어   운 여 호 인 동 행   여 무 로 중 행

雖不濕衣라도 時時有潤하고
수 불 습 의   시 시 유 윤

與無識人同行에 如厠中坐하야
여 무 식 인 동 행   여 측 중 좌

雖不汚衣라도 時時聞臭니라.
수 불 오 의   시 시 문 취

풀이 가어에 이르기를,

"학문을 좋아하는 사람과 동행 한다면 마치 안개 속을 가는 것과 같아서 비록 옷은 적시지 않더라도 저절로 윤택함이 있고, 무식한 사람과 동행하면 마치 뒷간에 앉은 것과 같아서 비록 옷은 더럽히지 않더라도 저절로 그 냄새가 맡아지느니라"고 하였다.

霧(안개 무) 露(이슬 로[노]) 濕(축축할 습) 厠(뒷간 측) 汚(더러울 오) 臭(냄새 취)

霧散(무산) : 안개가 걷히는 것처럼 흔적(痕跡·痕迹)없이 사라짐.
露出(노출) : 감춰지거나 가려져 있는 대상이나 사실을 보이거나 알 수 있도록 드러내는 것.
上漏下濕(상루하습) : 「위에서는 비가 새고 아래에서는 습기가 찬다」는 곧, 가난한 집의 비유.
汚染(오염) : ① 더럽게 물듦. ② 생태계(生態系)에서, 환경을 훼손(毀損)하는 일.

子曰 晏平仲은 善與人交로다 久而敬之온여.
자 왈 안 평 중 선 여 인 교 구 이 경 지

풀이 공자가 말씀하시기를,
"안평중은 사람 사귀기를 잘한다. 오래도록 공경하는구나"고 하셨다.

晏(늦을 안) 仲(버금 중) 與(줄 여) 久(오랠 구)

晏寧(안녕) : 천하(天下)가 잘 다스려져서 태평(太平)함.
仲秋佳節(중추가절) : 음력 8월 보름의 좋은 날이라는 뜻으로, 추석(秋夕)을 달리 이르는 말.

참고 안평중(安平仲) : 춘추시대 제(齊)나라의 재상 안영(安嬰)을 말한다.

相識이 滿天下하되 知心能幾人고.
상 식 만 천 하 지 심 능 기 인

풀이 서로 얼굴을 아는 사람은 온 세상에 많이 있으되, 마음을 아는 사람이 몇이나 되겠는고.

識(알 식) 滿(찰 만) 能(능할 능) 幾(기미 기)

識字憂患(식자우환) : 글자를 아는 것이 오히려 근심이 된다는 뜻으로, 알기는 알아도 똑바로 잘
    알고 있지 못하기 때문에 그 지식이 오히려 걱정거리가 됨.
滿場一致(만장일치) : 회장(會場)에 모인 사람의 뜻이 완전히 일치함.
能動的(능동적) : 다른 것의 영향(影響)을 받지 않고 스스로 움직이는 것. 幾千(기천) : 몇 천.

酒食兄弟는 **千個有**로되 **急難之朋**은
주 식 형 제　　천 개 유　　급 난 지 붕

一個無니라.
일 개 무

풀이 서로 술이나 음식을 함께 할 때에는 형이니 동생이니 하는 친구는 많으나, 급하고 어려운 일을 당하였을 때에 도와줄 친구는 하나도 없느니라.

酒(술 주) 急(급할 급) 難(어려울 난) 朋(벗 붕)

不結子花는 **休要種**이요
불 결 자 화　　휴 요 종

無義之朋은 **不可交**니라.
무 의 지 붕　　불 가 교

풀이 열매를 맺지 않는 꽃은 심지 말아야 하고, 의리 없는 친구는 사귀지 말지니라.

結(맺을 결) 花(꽃 화) 種(씨 종) 義(옳을 의)

君子之交는 **淡如水**하고
군 자 지 교　　담 여 수

小人之交는 **甘若醴**니라.
소 인 지 교　　감 약 례

풀이 군자의 사귐은 맑기가 물 같고, 소인의 사귐은 달콤하기가 단술 같으니라.

淡(묽을 담)　甘(달 감)　若(같을 약)　醴(단술 례{예})

淡泊(담박) : ① 욕심이 없고 마음이 깨끗함.　② 맛이나 빛이 산뜻함.

甘言利說(감언이설) : 남의 비위에 맞도록 꾸미거나, 또는 이로운 조건을 내세워 그럴듯하게 꾀는 말.

醴泉(예천) : ① 예천군(醴泉郡).　② 중국에서, 태평한 때에 단물이 솟는다고 하는 샘.

路遙知馬力이요 日久見人心이니라.
노　요　지　마　력　　　일　구　견　인　심

[풀이] 길이 멀어야 말의 힘을 알 수 있고, 날이 오래 지내야만 사람의 마음을 알 수 있느니라.

路(길 로{노})　遙(멀 요)　知(알 지)　久(오랠 구)

路不拾遺(노불습유) : 백성(百姓)이 길에 떨어진 물건(物件)을 줍지 않는다는 뜻으로, 나라가 평화(平和)롭고 모든 백성(百姓)이 매우 정직(正直)한 모양을 이르는 말.

輕車熟路(경거숙로) : 「경쾌(輕快)한 수레를 타고 익숙한 길을 간다」는 뜻으로, 일에 숙달(熟達)되어 조금도 막힘이 없는 모양을 이름.

遙遠(요원) : 공간적(空間的)으로 까마득히 멂.

馬耳東風(마이동풍) : 말의 귀에 동풍이라는 뜻으로, 남의 비평(批評)이나 의견(意見)을 조금도 귀담아 듣지 아니하고 흘려 버림을 이르는 말.

馬行處牛亦去(마행처우역거) : 말 가는 데 소도 간다는 뜻으로, 남이 하면 나도 할 수 있다는 뜻.

馬脚露出(마각노출) : 말의 다리가 드러난다는 뜻으로, 숨기려던 정체가 드러남을 이르는 말.

馬革裹屍(마혁과시) : 말의 가죽으로 자기(自己) 시체(屍體)를 싼다는 뜻으로,　옛날에는 전사(戰死)한 장수(將帥)의 시체(屍體)는 말가죽으로 쌌으므로 전쟁(戰爭)에 나가 살아 돌아오지 않겠다는 뜻을 말함.

知天命(지천명) : 나이 50세를 말함. 50세에 드디어 천명(天命)을 알게 된다는 나이.

婦 行 篇
부 행 편

益智書에 云 女有四德之譽하니
익 지 서 운 여 유 사 덕 지 예

一曰婦德이요 二曰婦容이요 三曰婦言이요
일 왈 부 덕 이 왈 부 용 삼 왈 부 언

四曰婦工也니라.
사 왈 부 공 야

풀이 익지서에 이르기를,

"여자는 네 가지 덕의 아름다움이 있으니, 첫째는 덕을 말하고, 둘째는 얼굴을 말하고, 세째는 말씨를 말하며, 네째는 솜씨를을 말하느니라"고 하였다.

譽(기릴 예) 婦(며느리 부) 德(덕 덕) 容(얼굴 용)

不名譽(불명예) : 언짢은 소문이 나서 체면이 없이 되어 명예스럽지 못함.

德必有隣(덕필유린) : 덕이 있으면 따르는 사람이 있어 외롭지 않음을 이르는 말.

容恕(용서) : ① 관용(寬容)을 베풀어 벌(罰)하지 않음. ② 꾸짖지 아니함. ③ 놓아 줌.

婦德者는 不必才名絶異요
부 덕 자 불 필 재 명 절 이

婦容者는 不必顔色美麗요

부 용 자 불 필 안 색 미 려

婦言者는 不必辯口利詞요

부 언 자 불 필 변 구 이 사

婦工者는 不必技巧過人也니라.

부 공 자 불 필 기 교 과 인 야

풀이 부덕이라는 것은 반드시 재주와 이름이 뛰어남을 말하는 것이 아니요, 부용이라는 것은 반드시 얼굴이 아름답고 고움을 말함이 아니요, 부언이라는 것은 반드시 입담이 좋고 말 잘하는 것이 아니요, 부공이라는 것은 반드시 손재주가 다른 사람보다 뛰어남을 말하는 것이 아니니라.

絶(끊을 절) 異(다를 이) 顔(얼굴 안) 麗(고울 려{여}) 辯(말 잘할 변) 詞(말씀 사) 技(재주 기) 巧(공교할 교)

絶世佳人(절세가인) : 세상에서 비할 데 없이 아름다운 여자.
突然變異(돌연변이) : 생물의 형질(形質)에 어버이와 다른 형질이 생겨 이것이 유전하는 현상.
美麗(미려) : 아름답고 고움. 美麗本(미려본) : 예쁜 책(冊).
辯護士(변호사) : 법률에 규정한 자격)을 가지고, 소송 당사자나 관계인의 의뢰 또는 법원의 명령
    에 좇아 피고나 원고를 변론하며 그밖의 법률에 관한 업무에 종사하는 사람.
臺詞(대사) : 무대 위에서 각본에 따라 배우(俳優)가 연극(演劇) 중에 하는 말.

其婦德者는 清貞廉節하여 守分整齊하고

기 부 덕 자 청 정 렴 절 수 분 정 제

行止有恥하야 動靜有法이니 此爲婦德也요

행 지 유 치 동 정 유 법 차 위 부 덕 야

婦容者는 洗浣塵垢하여 衣服鮮潔하며

부 용 자 세 완 진 구 의 복 선 결

沐浴及時하여 一身無穢니 此爲婦容也요
목 욕 급 시 일 신 무 예 차 위 부 용 야

婦言者는 擇師而說하여 不談非禮하고
부 언 자 택 사 이 설 불 담 비 례

時然後言하여 人不厭其言이
시 연 후 언 인 불 염 기 언

此爲婦言也요 婦工者는 專勤紡績하고
차 위 부 언 야 부 공 자 전 근 방 적

勿好暈酒하며 供具甘旨하여 以奉賓客이니
물 호 운 주 공 구 감 지 이 봉 빈 객

此爲婦工也니라.
차 위 부 공 야

풀이 부덕이라 함은 절개가 곧으며, 분수를 지키며 몸가짐을 고르게 하고 한결같이 얌전하게 행하고 행동을 조심하며, 행실을 법도에 맞게 하는 것이니 이것이 부덕이 되는 것이요, 부용이라 함은 먼지나 때를 깨끗이 빨아 옷차림을 정결하게 하며, 목욕을 제때에 하여 몸에 더러움이 없게 하는 것이니 이것이 부용이 되는 것이요, 부언이라 함은 말을 가려서 하며, 예의에 어긋나는 말은 하지 않고 꼭 해야 할 때에 말해서 사람들이 그 말을 싫어하지 않는 것이니 이것이 부언이 되는 것이요, 부공이라 함은 길쌈을 부지런히 하며 술 빚기를 좋아 하지 않고 좋은 맛을 갖추어서 손님을 접대하는 것이니 이것이 부공이 되느니라.

潔(깨끗할 결) 專(오로지 전) 貞(곧을 정) 塵(티끌 진) 廉(청렴할 렴{염}) 浣(빨 완) 垢(때 구)
浴(목욕할 욕) 穢(더러울 예) 厭(싫을 염) 紡(자을 방) 沐(머리 감을 목) 績(실 낳을 적)
旨(맛있을 지) 具(갖출 구) 奉(받들 봉) 賓(손 빈) 暈(무리 운{훈})

潔白(결백) : ① 깨끗하고 흼. ② 욕심이 적고 마음이 맑음, 지조를 더럽힘 없이 깨끗함.
專攻(전공) : 한 가지 부문을 전문적(專門的)으로 하는 연구(硏究).

貞節(정절) : 굳은 마음과 변하지 않는 절개(節槪·節介).

塵合泰山(진합태산) : 티끌 모아 태산(泰山).

純眞無垢(순진무구) : 마음과 몸이 아주 깨끗하여 조금도 더러운 때가 없음.

沐浴湯(목욕탕) : 목욕을 할 수 있도록 모든 설비(設備)를 갖추어 놓은 곳.

紡績(방적) : 동식물(動植物)의 섬유(纖維)를 가공하여 실을 만듦.

趣旨(취지) : 어떤 일에 담겨 있는 목적이나 의도나 의의(意義). 지취. 취의(趣意).

具體的(구체적) : 사물(事物)이 뚜렷한 실체를 갖추고 실제의 형체·내용을 가지고 있는 모양.

奉仕(봉사) : ① 남을 위하여 일함. ② 남을 위해 노력함.

此四德者는 是婦人之所不可缺者라
차 사 덕 자 시 부 인 지 소 불 가 결 자

爲之甚易하고 務之在正하니 依此而行이면
위 지 심 이 무 지 재 정 의 차 이 행

是爲婦節이니라.
시 위 부 절

풀이 이 네 가지 덕은 부녀자로서 하나도 빠질 수 없는 것이니 행하기 매우 쉽고 힘씀이 바른데 있으니, 이를 의지하여 행하여 나간다면 곧 부녀자로서의 범절이 되느니라.

缺(이지러질 결) 甚(심할 심) 易(쉬울 이{바꿀 역}) 務(일 무)

缺乏(결핍) : ① 모자람. ② 부족함. 缺陷(결함) : 흠이 있어 완전하지 못함.

甚至於(심지어) : 심하면, 심하게는, 심하다 못해 나중에는.

易如反掌(이여반장) : 쉽기가 손바닥 뒤집는 것과 같음.

業務(업무) : 직장에서 의무나 직분에 따라 맡아서 하는 일.

太公이 曰 婦人之禮는 語必細니라.
태 공 왈 부 인 지 례 어 필 세

풀이 태공이 말하기를,
"부인의 말은 반드시 곱고 가늘어야 하느니라"고 하였다.

婦(며느리 부) 禮(예도 례{예}) 語(말씀 어) 細(가늘 세)

賢婦는 令夫貴요 惡婦는 令夫賤이니라.
현 부　영 부 귀　악 부　영 부 천

풀이 어진 부인은 남편을 귀하게 하고, 악한 부인은 남편을 천하게 하느니라.

賢(어질 현) 令(영 령) 貴(귀할 귀) 賤(천할 천)

家有賢妻면 夫不遭橫禍니라.
가 유 현 처　부 불 조 횡 화

풀이 집에 어진 아내가 있으면 그 남편이 뜻밖에 화를 만나지 않느니라.

賢(어질 현) 妻(아내 처) 遭(만날 조) 橫(가로 횡)

遭遇(조우) : ① 만남. ② 또는 우연(偶然)히 서로 만남.
橫斷鐵道(횡단철도) : 동서로 가로지르는 철도(鐵道).

賢婦는 和六親하고 佞婦는 破六親이니라.
현 부 화 육 친　영 부 파 육 친

풀이 어진 부인은 육친을 화목하게 하고, 간악한 부인은 육친의 화목을 깨뜨리느니라.

增補篇
증 보 편

周易에 曰 善不積이면 不足以成名이요
주 역 왈 선 불 적 부 족 이 성 명

惡不積이면 不足以滅身이어늘 小人은
악 불 적 부 족 이 멸 신 소 인

以小善으로 爲無益而弗爲也하고
이 소 선 위 무 익 이 불 위 야

以小惡으로 爲無傷而弗去也니라
이 소 악 위 무 상 이 불 거 야

故로 惡積而不可掩이요 罪大而不可解니라.
고 악 적 이 불 가 엄 죄 대 이 불 가 해

풀이 주역에 말하기를,
　"선을 쌓지 않으면 족히 이름을 이룰 수 없을 것이요, 악을 쌓지 않으면 몸을 망치지 않으니, 소인은 조그마한 선으로서는 이로움이 없다고 해서 버리지 않는다. 그러므로, 악이 쌓이면 가히 없애지 못할 것이요, 죄가 크면 가히 풀지 못하느니라"고 하였다.

易(바꿀 역)　弗(아닐 불)　掩(가릴 엄)　解(풀 해)

易姓革命(역성혁명) : 성씨(姓氏)를 바꿔 천명을 혁신한다는 뜻으로, 덕 있는 사람은 천명에 의해 왕위에 오르고, 하늘의 뜻에 반하는 사람은 왕위를 잃는다는 고대 중국의 정치 사상.

履霜하면 堅氷至라하니 臣弑其君하며
이 상 　　견 빙 지 　　　신 시 기 군

子弑其父는 非一旦一夕之事라
자 시 기 부 　비 일 단 일 석 지 사

其由來者漸矣니라.
기 유 래 자 점 의

풀이 서리를 밟으면 어름이 얼음 어는 것과 같이, 신하가 그 임금을 죽이며, 자식이 그 아비를 죽이는 것은 하루아침이나 하루저녁에 이루어지는 일이 아니라 그 유래가 오래니라.

堅(굳을 견)　氷(얼음 빙)　弑(죽일 시)　漸(점점 점)

堅固(견고) : 굳세고 단단함.

堅固性(견고성) : 단단한 특성(特性).

氷炭不相容(빙탄불상용) :「얼음과 불은 성질이 반대여서 만나면 서로 없어진다」는 뜻으로, 군자와 소인은 서로 화합하지 못한다는 말.

來卿(내경) : 조선 임종칠(林宗七)의 자(字).

招來(초래) : ① 불러 옴. ② 그렇게 되게 함. ③ 어떤 결과(結果)를 가져옴.

未來(미래) : 아직 오지 않은 때.

去來(거래) : ① 금전(金錢)을 서로 대차(貸借)하거나 물건(物件)을 매매(賣買)하는 일. ② 사건(事件)이 생기는 대로 하인(下人)이 상사(上司)에게 알리는 일. ③ 과거(過去)와 미래(未來).

氷炭之間(빙탄지간) : 얼음과 숯 사이란 뜻으로, 둘이 서로 어긋나 맞지 않는 사이.

弑害(시해) : 부모나 임금을 죽이는 일.

漸進的(점진적) : 목적·이상 등을 급하지 아니하게 순서를 좇아 서서히 실현하려는 모양.

八反歌
팔 반 가

幼兒_는 或詈我_{하면} 我心_에 覺懽喜_{하고}
유 아 혹 이 아 아 심 각 환 희

父母 嗔怒我_{하면} 我心_에 反不甘_{이라}
부 모 진 노 아 아 심 반 불 감

一喜懽一不甘_{하니} 待兒待父心何懸_고
일 희 환 일 불 감 대 아 대 부 심 하 현

勸君今日逢親怒_{어든}
권 군 금 일 봉 친 노

也應將親作兒看_{이니라.}
야 응 장 친 작 아 간

풀이 어린 아이가 혹 나를 꾸짖으면 나는 마음에 기쁨을 깨닫고, 아버지와 어머니가 나를 꾸짖고 성을 내면 나의 마음에 도리어 좋게 여겨지지 않느니라. 하나는 기쁘고 하나는 좋지 아니하니, 아이를 대하는 마음과 어버이를 대하는 마음이 어찌 그다지도 현격한고. 그대에게 권고하노니, 지금 어버이에게 꾸지람을 듣거든 반드시 자기의 어린 자식에게 꾸지람을 들을 때와 같이 하라.

詈(꾸짖을 리{이}) 懽(기뻐할 환) 嗔(성낼 진) 懸(매달 현) 勸(권할 권) 逢(만날 봉) 兒(아이 아) 看(볼 간)

弄過成嗔(농과성진) : 장난(농담)도 지나치면 노염을 사게 됨을 이르는 말.

懸案(현안) : 해결이 안 되어 걸려 있는 안건(案件).

懸賞(현상) : 어떤 목적을 위하여 상금을 걸고 찾거나 모집함.

懸賞金(현상금) : 현상(懸賞)으로 내건 돈.

勸善懲惡(권선징악) : 착한 행실을 권장하고 악한 행실을 징계(懲戒)함.

勸上搖木(권상요목) : 나무에 오르라 하고, 흔들어 떨어뜨린다는 뜻으로, 남을 부추겨 놓고 낭패를 보도록 방해(妨害)함이라는 말.

兒曹는 出千言하되 君聽常不厭하고 父母는
아 조   출 천 언   군 청 상 불 염   부 모

一開口하면 便道多閑管이라
일 개 구   편 도 다 한 관

非閑管親掛牽이라 皓首白頭에
비 한 관 친 괘 견   호 수 백 두

多諳練이라 勸君敬奉老人言하고
다 암 련   권 군 경 봉 노 인 언

莫敎乳口爭長短하라.
막 교 유 구 쟁 장 단

풀이 어린 자식들은 여러 가지 말을 하되 그대가 듣기에 늘 싫어하지 않고, 어버이는 한번 말을 하여도 잔소리가 많다고 하느니라. 부질없이 살핌이 아니라 어버이는 근심이 되어 그리 하느니라. 흰 머리가 되도록 긴 세월에 아는 것이 많으니라. 그대에게는 늙은 사람의 말을 공경하여 받들고 젖냄새 나는 입으로 길고 짧음을 다투지 말 것을 권하노라.

曹(마을 조) 掛(걸 괘) 牽(끌 견) 皓(흴 호) 諳(욀 암) 練(익힐 련) 乳(젖 유) 爭(다툴 쟁)

刑曹判書(형조판서) : 형조(刑曹)의 으뜸 벼슬. 품계(品階)는 정이품(正二品).

曹溪宗(조계종) : 고려(高麗) 때 신라(新羅)의 구산 선문(九山禪門)을 합친 종파(宗派)로 천태종
　　(天台宗)에 대하여 부르는 말.

掛圖(괘도) : 걸어놓고 보는 학습용의 그림이나 지도.

牽强附會(견강부회) : 이치에 맞지 않는 말을 억지로 끌어 붙여 자기 주장의 조건에 맞도록 함.

皓皓白髮(호호백발) : 머리털이 하얗게 됨.

各個訓練(각개훈련) : 개개인을 상대로 하는 훈련.

乳房癌(유방암) : 젖샘에 생기는 암종(癌腫).

爭訟(쟁송) : 서로 다투며 송사(訟事)를 일으킴.

幼兒尿糞穢는 君心에 無厭忌로되
유 아 뇨 분 예　군 심　무 염 기

老親涕唾零에 反有憎嫌意니라
노 친 체 타 령　반 유 증 혐 의

六尺軀來何處요 父精母血成汝體라
육 척 구 래 하 처　부 정 모 혈 성 여 체

勸君敬待老來人하라
권 군 경 대 노 래 인

壯時爲爾筋骨蔽니라.
장 시 위 이 근 골 폐

풀이 어린아이의 오줌과 똥 같은 더러운 것은 그대 마음에 싫어함이 없고, 늙은 어버이의 눈물과 침이 떨어지는 것은 도리어 미워하고 싫어하는 뜻이 있느니라. 여섯 자 되는 몸이 어디서 왔는고. 아버지의 정기와 어머니의 피로 그대의 몸이 이루어졌느니라. 그대에게 권하노니, 늙어가는 사람을 공경하여 대접하라. 젊었을 때 그대를 위하여 살펴 뼈가 닳도록 애를 쓰셨느니라.

尿(오줌 뇨) 穢(더러울 예) 忌(꺼릴 기) 唾(침 타) 涕(눈물 체) 零(조용히 오는 비 영{령})
筋(힘줄 근) 憎(미워할 증) 嫌(싫어할 혐) 軀(몸 구) 汝(너 여) 蔽(덮을 폐) 糞(똥 분)

凍足放尿(동족방뇨) : 언 발에 오줌 누기라는 뜻으로, 잠시의 효력이 있을 뿐, 그 효력은 없어지고
　　마침내는 더 나쁘게 될 일을 함. 앞을 내다보지 못하는 고식지계(姑息之計)를 비웃는 말.
忌祭祀(기제사) : 기일(忌日)에 지내는 제사(祭祀).
唾面自乾(타면자건) : 남이 내 얼굴에 침을 뱉으면 저절로 마를 때까지 기다린다는 뜻으로, 처세
　　에는 인내가 필요함을 이르는 말.
涕淚(체루) : 울어서 흐르는 눈물.
零細企業(영세기업) : 경영 규모가 극히 작은 기업.
筋骨(근골) : ① 근육과 뼈. ② 체력. 신체.
老軀(노구) : 늙은 몸.　巨軀(거구) : 큰 몸집.　體軀(체구) : 몸.
汝矣島(여의도) : 서울 영등포구 여의도동에 딸린 한강의 하중도(河中島).

看君晨入市하여 買餠又買餻하니
간 군 신 입 시　　　매 병 우 매 고

少聞供父母하고 多說供兒曹라
소 문 공 부 모　　　다 설 공 아 조

親未啖兒先飽하니 子心이 不比親心好라
친 미 담 아 선 포　　자 심　불 비 친 심 호

勸君多出買餠錢하여 供養白頭光陰少하라.
권 군 다 출 매 병 전　　공 양 백 두 광 음 소

풀이 그대가 새벽에 가게에 들어가서 사는 것을 보는데 부모에게 드린다는 말은 별로 듣지 못하였고 혼자 자식들에게 준다는 말을 들었다. 어버이는 아직 씹지도 아니 하였는데 자식이 먼저 배부르니 자식의 마음은 부모의 마음이 좋아하는 것에 비하지 못하리라. 그대에게 권하노니, 떡을 살 돈으로 많이 내서 늙은 어버이가 살날이 얼마 남지 아니하였으니 잘 받들어 봉양하라.

晨(새벽 신) 買(살 매) 餠(떡 병) 餻(떡 고) 供(이바지할 공) 啖(먹을 담) 飽(물릴 포)

晨虎之勢(신호지세) : 굶주린 새벽 호랑이와 같은 맹렬(猛烈)한 기세(氣勢).
買入(매입) : 물건 따위를 사들임. 사들이기. 買入處(매입처) : 물건을 산 곳.
畵中之餠(화중지병) : 그림 속의 떡이란 뜻으로, 바라만 보았지 소용이 닿지 않음을 비유한 말.
供給源(공급원) : 공급(供給)의 근원(根源).
飽和狀態(포화상태) : ① 더할 수 없는 양에 이른 상태. ② 더 받아들일 수 없는 상태.

市間賣藥肆에 惟有肥兒丸하고
시 간 매 약 사 유 유 비 아 환

未有壯親者하니 何故兩般看고
미 유 장 친 자 하 고 양 반 간

兒亦病親亦病에 醫兒不比醫親症이라
아 역 병 친 역 병 의 아 불 비 의 친 증

割股라도 還是親的肉이니
할 고 환 시 친 적 육

勸君亟保雙親命하라.
권 군 극 보 쌍 친 명

풀이 시정에 약 파는 가게에 오직 아이를 살찌게 하는 약은 있고, 어버이를 튼튼하게 하는 약은 없으니 무슨 까닭으로 이 두 가지를 보는고. 아이도 병들고 어버이도 병들었을 때 아이의 병을 고치는 것이 어버이의 병을 고치는 것에 비하지 못할 것이니라. 다리를 베더라도 두루 어버이의 살이니 그대에게 권하노니 빨리 두 어버이의 목숨을 극진히 안전하게 보호하라.

肥(살찔 비) 賣(팔 매) 肆(방자할 사) 丸(알 환) 般(돌 반) 醫(의원 의) 症(증세 증) 割(나눌 할)
亟(빠를 극) 股(넓적다리 고)

天高馬肥(천고마비) :「하늘이 높고 말이 살찐다」는 뜻으로, 오곡백과가 무르익는 가을이 썩 좋은
　　절기(節氣)임을 일컫는 말.

賣出(매출) : 내다 팖.　賣出金(매출금) : 판매액(販賣額).

丸藥(환약) : 작고 둥글게 만든 알약.

般若心經(반야심경):당나라 현장(玄奘)이 번역한 마하반야바라밀다심경(摩訶般若波羅蜜多心經).

醫師(의사) : 병을 진찰, 치료하는 사람, 의술과 약으로 병을 고치는 것을 업으로 삼는 사람.

症勢(증세) : 병으로 앓는 여러 가지 모양.

富貴엔 養親易로되 親常有未安하고
부 귀　　양 친 이　　　친 상 유 미 안

貧賤엔 養兒難하되 兒不受饑寒이라
빈 천　　양 아 난　　　아 불 수 기 한

一條心兩條路에 爲兒終不如爲父라
일 조 심 양 조 로　　위 아 종 불 여 위 부

勸君兩親如養兒하여 凡事를
권 군 양 친 여 양 아　　범 사

莫推家不富하라.
막 추 가 불 부

풀이 부하고 귀하면 어버이를 봉양하기 쉬우나 어버이는 항상 미안한 마음
이 있고, 가난하고 천하면 아이를 기르기 어려우나 아이는 배고프고 추운
것을 받지 않는다. 한 가지 마음과 두 가지 길에 아들을 위함이 마침내 어
버이를 위함만 같지 못하느니라. 권하노니 그대는 두 어버이 섬기기를 아이
를 기르는 것과 같이 하고 모든 일을 집이 넉넉하지 못하다고 미루지 말 것
이니라.

養(기를 양)　饑(주릴 기)　條(가지 조)　兩(두 양〔량〕)　推(옮을 추)

饑厭糟糠(기염조강) : 배가 고플 때에는 겨와 재강도 싫지 않고 맛있게 되는 것임.

金科玉條(금과옥조) :「금옥과 같은 법률」이라는 뜻으로, 소중히 여기고 지켜야 할 규칙이나 교훈.

兩極化(양극화) : 서로 다른 계층 또는 집단이 점점 더 달라지고 멀어지거나 그렇게 하는 일.

推薦(추천) : 어떤 조건에 적합한 대상을 책임지고 소개함.

養親엔 只有二人이로되 常與兄弟爭하고
양 친   지 유 이 인   상 여 형 제 쟁

養兒엔 雖十人이나 君皆獨自任이라
양 아   수 십 인   군 개 독 자 임

兒飽煖親常問하되 父母饑寒不在心이라
아 포 난 친 상 문   부 모 기 한 부 재 심

勸君養親을 須竭力하라 當初衣食이
권 군 양 친   수 갈 력   당 초 의 식

被君侵이니라.
피 군 침

[풀이] 어버이를 받들고 섬기기에는 다만 두 사람인데 늘 형과 동생이 서로 다투고, 아이를 기름에는 비록 열 사람이나 된다 하더라도 모두 자기 혼자 맡느니라. 아이가 배부르고 따뜻한 것은 어버이가 늘 물으나, 어버이의 배고 프고 추운 것은 마음에 두지 아니 하느니라. 그대에게 권하노니, 어버이를 받들고 섬기기를 모름지기 힘을 다하라. 당초에 입는 것과 먹는 것을 그대에 게 빼앗겼느니라.

飽(물릴 포) 煖(따뜻할 난) 常(항상 상) 須(모름지기 수) 竭(다할 갈) 初(처음 초) 侵(침노할 침)

煖房裝置(난방장치) : 건물 또는 방 안을 따뜻하게 하기 위한 장치.

竭忠報國(갈충보국) : 충성(忠誠)을 다하여 나라의 은혜를 갚음.

初步(초보) : ① 보행(步行)의 첫걸음. ② 학문·기술 등의 첫걸음.

侵略(침략) : 남의 나라 땅을 침범(侵犯)하여 약탈(掠奪)함.

飽和狀態(포화상태) : ① 더할 수 없는 양에 이른 상태. ② 더 받아들일 수 없는 상태.

常識的(상식적) : 상식(常識)이 되는 것.

親有十分慈하되 君不念其恩하고
친 유 십 분 자 　 군 불 념 기 은

兒有一分孝하되 君就揚其名이라
아 유 일 분 효 　 군 취 양 기 명

待親暗待兒明하니 誰識高堂養子心하고
대 친 암 대 아 명 　 수 식 고 당 양 자 심

勸君漫信兒曹孝하라
권 군 만 신 아 조 효

兒曹親子在君身이니라.
아 조 친 자 재 군 신

풀이 어버이는 지극히 그대를 사랑하나 그대는 그 은혜를 생각하지 아니 하고, 자식이 조금이라도 효도함이 있으면 그대는 곧 그 이름을 빛내려 한다. 어버이를 대접하는 것은 어둡고, 자식을 대하는 것은 밝으니 누가 어버이의 자식을 기르는 마음을 알 것인고. 그대에게 권하노니 부질없이 아이들의 효도를 믿지 말라. 그대는 아이들의 어버이도 되고 또 부모의 자식도 되는 것을 알아야 할지니라.

慈(사랑할 자) 念(생각할 념{염}) 恩(은혜 은) 就(이룰 취) 揚(오를 양) 暗(어두울 암) 誰(누구 수) 漫(질펀할 만) 曹(마을 조).

慈親(자친) : 인자한 애정으로 길러주는 어버이의 뜻으로, 남에게 대해 자기 어머니를 일컫는 말.

理念(이념) : 이성(理性)에 의하여 얻어지는 최고의 개념(概念). 생각, 의식(意識) 내용.

誰何(수하) : ① 어떤 사람. 어느 누구. ② 누구냐고 불러서 물어 보는 일.

漫然(만연) : 어떤 목적이 없이 되는대로 하는 태도(態度)가 있음.

所願成就(소원성취) : 원하던 바를 이룸.

揚名(양명) : 이름을 드날림.

法曹(법조) : 일반적으로 법률(法律) 사무(事務)에 종사(從事)하는 사람.

法曹人(법조인) : 일반적으로 법률 사무(事務)에 종사(從事)하는 사람.

孝行篇 續篇
효 행 편 속 편

孫順이 家貧하여 與其妻로 傭作人家以
손 순 가 빈   여 기 처   용 작 인 가 이

養母할새 有兒每奪母食이라 順이 謂妻曰
양 모   유 아 매 탈 모 식   순   위 처 왈

兒奪母食하니 兒는 可得이나 母難再求라
아 탈 모 식   아   가 득   모 난 재 구

乃負兒往歸醉山北郊하여 欲埋掘地러니
내 부 아 왕 귀 취 산 북 교   욕 매 굴 지

忽有甚寄石鐘이어늘 驚怪試撞之하니
홀 유 심 기 석 종   경 괴 시 당 지

舂容可愛라 妻曰 得此寄物은 殆兒之福이라
용 용 가 애   처 왈 득 차 기 물   태 아 지 복

埋之不可라하니 順이 以爲然하여
매 지 불 가   순   이 위 연

將兒與鐘還家하여 懸於樑撞之러니 王이
장 아 여 종 환 가   현 어 량 당 지   왕

聞鐘聲이 清遠異常하고 而覈聞其實하고
문 종 성 청 원 이 상 이 핵 문 기 실

曰 昔에 郭巨埋子엔 天賜金釜러니 今孫順이
왈 석 곽 거 매 자 천 사 금 부 금 손 순

埋兒엔 地出石鐘하니 前後符同이라
매 아 지 출 석 종 전 후 부 동

賜家一區하고 歲給米五十石하니라.
사 가 일 구 세 급 미 오 십 석

풀이 손순이 집이 가난하여 그의 아내와 더불어 남의 머슴살이를 하여 그 어머니를 봉양하는데 아이가 있어 언제나 어머니의 잡수시는 것을 뺐는지라.

순이 아내에게 일러 말하기를,

"아이가 어머니의 잡수시는 것을 빼앗으니 아이는 또 얻을 수 있거니와 어머니는 다시 구하기 어려우니라."하고, 마침내 아이를 업고 취산 북쪽 기슭으로 가서 묻으려고 땅을 팠더니 문득 심히 이상한 석종이 있거늘 놀랍고 이상하게 여기어 시험삼아 두드려 보니 울리는 소리가 아름답고 사랑스러운지라.

아내가 말하기를,

"이 기이한 물건을 얻은 것은 아이의 복이니 땅에 묻는 것은 옳지 못하느니라."

순도 그렇게 생각해서 아이를 데리고 종을 가지고 집으로 돌아와서 대들보에 달고 이것을 울렸더니 임금이 그 종소리를 듣고 맑고 늠름함을 이상하게 여기시어 그 사실을 자세히 물어서 알고 말하기를,

"옛적에 곽거가 아들을 묻었을 때엔 하늘이 금으로 만든 솥을 주시었더니 이제 손순이 아들을 묻음에는 땅에서 석종이 나왔으니 앞과 뒤가 서로 꼭 맞는다고 말씀하시고, 집 한 채를 주시고 해마다 쌀 오십 석을 주셨느니라."

傭(품팔이 용) 奪(빼앗을 탈) 謂(이를 위) 郊(성 밖 교) 埋(묻을 매) 掘(팔 굴) 鐘(종 종)
怪(기이할 괴) 殆(위태할 태) 驚(놀랄 경) 舂(찧을 용) 撞(칠 당) 樑(들보 량{양})
覈(핵실할 핵) 聲(소리 성) 郭(성곽 곽) 符(부신 부)

雇傭人(고용인) : 삯을 받고 남의 일을 해 주는 사람. 奪取(탈취) : 남의 것을 억지로 빼앗아 가짐.
所謂(소위) : ① 이른바. ② 세상에서 흔히 말하는 바.
郊外(교외) : 도시 둘레의 들이나 논밭이 비교적 많은 곳, 들 밖.
埋立地(매립지) : 매립(埋立)한 땅. 怪談(괴담) : 괴상(怪常)한 이야기.
掘鑿機(굴착기) : 땅이나 바위를 굴착하는 건설 기계의 총칭(總稱). 불도저·착암기 따위.
危殆(위태) : ① 형세(形勢)가 매우 어려움. ② 마음을 놓을 수가 없음.
驚天動地(경천동지) :「하늘을 놀라게 하고 땅을 움직이게 한다」는 뜻으로, 몹시 세상을 놀라게
　　함을 이르는 말.
撞球場(당구장) : ① 당구를 치는 곳. ② 당구를 영업으로 하는 곳.
上樑(상량) : ① 집을 지을 때에 기둥에 보를 얹고 그 위에 마룻대를 올려놓음. ② 마룻대.
聲援(성원) : 옆에서 소리를 질러 응원(應援)함.
城郭(성곽) : 내성(內城)과 외성(外城)을 아울러 일컫는 말.
符號(부호) : 일정한 뜻을 나타내기 위하여 정한 기호(記號).

尚德은 値年荒癘疫하여 父母飢病濱死라
상 덕　치 년 황 려 역　부 모 기 병 빈 사

尚德이 日夜不解衣하고 盡誠安慰하되
상 덕　일 야 불 해 의　진 성 안 위

無以爲養則刲髀肉食之하고 母發癰에
무 이 위 양 즉 규 비 육 식 지　모 발 옹

吮之卽癒라 王이 嘉之하여 賜賚甚厚하고
연 지 즉 유　왕　가 지　사 뢰 심 후

命旌其門하고 立石紀事하니라.
명 정 기 문　입 석 기 사

풀이 상덕은 흉년과 열병이 유행하는 때를 만나서 아버지와 어머니가 굶주려 죽게 된지라, 상덕이 낮이나 밤이나 옷을 풀지 않고 정성을 다하여 안심을 하도록 위로하였으되 봉양할 것이 없으므로 넓적다리 살을 베어 잡수시도록 하고 어머니가 종기가 남에 빨아서 곧 낫게 하니라. 임금께서 이 말을 듣고 어여삐 여겨 재물을 후하게 내리고 또 그 집에 표창하는 뜻으로 정문(旌門)을 세우도록 명하고 비석을 세워 이 일을 기념하게 하였느니라.

疫(염병 역) 飢(주릴 기) 値(값 치) 荒(거칠 황)   癘(창질 려{여}) 刲(찌를 규) 厚(두터울 후)
肉(고기 육) 癰(악창 옹) 吮(빨 연) 癒(병 나을 유) 嘉(아름다울 가) 慰(위로할 위) 賚(줄 뢰{뇌})
旌(기 정)   髀(넓적다리 비)

口蹄疫(구제역) : 발굽이 2개인 소·돼지 등의 입·발굽 주변에 물집이 생긴 뒤 치사율이 5~55%에 달하는 가축의 제1종 바이러스성 법정 전염병(傳染病).

飢饉(기근) : 농사가 잘 안 되어 식량이 모자라 굶주리는 상태.

價値(가치) : ① 값, 값어치. ② 욕망을 충족시키는 재화의 중요 정도.

荒廢化(황폐화) : ① 황폐하게 됨. ② 또는, 황폐하게 만듦.

厚顔無恥(후안무치) : 얼굴이 두껍고 부끄러움이 없다라는 뜻으로, 뻔뻔스러워 부끄러움을 모름.

快癒(쾌유) : 병이나 상처가 깨끗이 나음. 嘉俳節(가배절) : 추석(秋夕).

慰勞(위로) : 고달픔을 풀도록 따뜻하게 대(對)하여 줌, 괴로움이나 슬픔을 잊게함.

旌閭(정려) : 충신·효자·열녀 등을 그 동네에 정문(旌門)을 세워 표창(表彰)하는 것.

都氏家貧이나 **至孝**라 **賣炭買肉**하여
도 씨 가 빈   지 효   매 탄 매 육

無闕母饌이러라 **一日**은 **於市**에 **晚而忙歸**러니
무 궐 모 찬   일 일 어 시   만 이 망 귀

鳶忽攫肉이어늘 **都悲號至家**하니 **鳶旣投肉**
연 홀 확 육   도 비 호 지 가   연 기 투 육

於庭이러라. **一日**은 **母病索非時之紅柿**어늘
어 정   일 일 모 병 색 비 시 지 홍 시

都彷徨柿林하여 不覺日昏이러니 有虎屢遮
도 방 황 시 림　　불 각 일 혼　　유 호 누 차

前路하고 以示乘意라 都乘至百餘里山村하여
전 로　　이 시 승 의　도 승 지 백 여 리 산 촌

訪人家投宿이러니 俄而主人이 饋祭飯而
방 인 가 투 숙　　아 이 주 인　궤 제 반 이

有紅柿라 都喜하여 問柿之來歷하고
유 홍 시　도 희　　문 시 지 내 력

且述己意한대 答曰 亡父嗜柿라 故로
차 술 기 의　　답 왈 망 부 기 시　고

每秋擇柿二百個하여 藏諸窟中하여
매 추 택 시 이 백 개　　장 제 굴 중

而至此五月이면 則完者不過七八이라가
이 지 차 오 월　　즉 완 자 불 과 칠 팔

今得五十個完者라 故로 心異之러니
금 득 오 십 개 완 자　고　심 이 지

是天感君孝라 하고 遺以二十顆어늘
시 천 감 군 효　　유 이 이 십 과

都謝出門外하니 虎尙俟伏이라 乘至家하니
도 사 출 문 외　　호 상 사 복　　승 지 가

曉鷄喔喔이러라 後에 母以天命으로 終에
효 계 악 악　　　　후　모 이 천 명　　종

都有血淚러라.
도 유 혈 루

풀이 도씨는 집은 가난하나 효도가 지극하였다. 숯을 팔아 고기를 사서 어머니의 반찬을 빠짐 없이 하였느니라. 하루는 장에서 늦게 바삐 돌아오는데 소리개가 고기를 채 가거늘 도씨가 슬피 울며 집에 돌아아와서 보니 소리개가 벌써 고기를 집안 뜰에 던져 놓았더라. 하루는 어머니가 병이 나서 때 아닌 홍시를 찾거늘 도씨가 감나무 수풀에 가서 방황하다 날이 저물은 것도 모르고 있으려니 호랑이가 있어 앞길을 가로 막으며 타라고 하는 뜻을 나타내는지라, 도씨가 타고 백여 리나 되는 산동네에 이르러 사람 사는 집을 찾아 잠을 자려고 하였더니 얼마 안 되어서 주인이 제사 밥을 차려 주는데 홍시가 있는지라. 도씨가 기뻐하여 홍시의 내력을 묻고 또 나의 뜻을 말하였더니 대답하여 말하기를,

"돌아가신 아버지가 감을 즐기시므로 해마다 가을에 감을 이백 개를 가려서 모두 굴 안에 감추어 두나 이 오월에 이르면 상하지 않는 것 7, 8개에 지나지 아니하였는데, 오늘은 쉰 개나 상하지 아니한 것을 얻었으므로, 마음속에 이상스럽게 여겼더니 이것은 곧 하늘이 그대의 효성에 감동한 것이라" 하고 스무 개를 내어 주거늘 도씨가 감사한 뜻을 말하고 문밖에 나오니 호랑이는 아직도 누워서 기다리고 있는지라 호랑이를 타고 집에 돌아오니 새벽닭이 울더라. 뒤에 어머니가 천명으로 돌아가시매 도씨는 피눈물을 흘리더라.

闕(대궐 궐)　饌(반찬 찬)　晚(저물 만)　鳶(솔개 연)　攫(붙잡을 확)　伏(엎드릴 복)　紅(붉을 홍)
彷(거닐 방)　徨(노닐 황)　遮(막을 차)　述(지을 술)　柿(감나무 시)　昏(어두울 혼)　屢(창 루{누})
訪(찾을 방)　投(던질 투)　宿(묵을 숙)　饋(먹일 궤)　俄(갑자기 아)　歷(지낼 역{력})祭(제사 제)
顆(낟알 과)　曉(새벽 효)　且(또 차)　答(팥 답)　俟(기다릴 사)　窟(굴 굴)　　乘(탈 승)
鷄(닭 계)　喔(닭소리 악)　淚(눈물 루{누})　索(찾을 색{동아줄 삭})

九重宮闕(구중궁궐) : 문이 겹겹이 달린 깊은 대궐(大闕).
歲饌(세찬) : 세배를 하러 온 사람에게 대접(待接)하는 음식.

晚時之歎(만시지탄) : 때늦은 한탄이라는 뜻으로, 시기가 늦어 기회를 놓친 것이 원통(冤痛)해서 탄식(歎息)함을 이르는 말.

鳶目兎耳(연목토이) : 「솔개의 눈에 토끼의 귀」라는 뜻으로, 잘 보이는 눈과 잘 들리는 귀.

伏地不動(복지부동) : 「땅에 엎드려 움직이지 아니한다」는 뜻으로, 마땅히 해야 할 일을 하지 않고 몸을 사림을 비유하여 이르는 말.

紅東白西(홍동백서) : 제사 때 제물을 차려 놓는 차례. 붉은 과실은 동쪽에 흰 과실은 서쪽에 차리는 격식(格式)을 뜻함.

彷徨(방황) : 방향이나 위치를 잘 몰라 이리저리 헤매는 것.

遮斷(차단) : ① 막아서 멈추게 함. ② 가로막아 사이를 끊음.

述而不作(술이부작) : 성인의 말을 술(述)하고(전하고) 자기의 설(說)을 지어내지 않음.

昏睡狀態(혼수상태) : 아주 정신을 잃어서 거의 죽은이나 다름이 없이 된 상태.

訪問(방문) : 남을 찾아가 봄.   宿泊(숙박) : 여관이나 주막에 들어 밤을 자고 머무름.

乘用車(승용차) : 사람이 타는 자동차.

鷄口牛後(계구우후) : 「닭의 부리와 소의 꼬리」라는 뜻으로, 큰 단체의 말석(末席)보다는 작은 단체(團體)의 우두머리가 되라는 말.

狡兎三窟(교토삼굴) : 「교활(狡猾)한 토끼는 굴을 세 개 파 놓는다」는 뜻으로, 사람이 교묘하게 잘 숨어 재난(災難)을 피함을 비유하여 이르는 말.

廉 義 篇
염 의 편

印觀이 賣綿於市할새 有署調者以穀買之
인관 매면어시 유서조자이곡매지

而還이러니 有鳶이 攫其綿하여 墮印觀家어늘
이환 유연 확기면 타인관가

印觀이 歸于署調曰 鳶이 墮汝綿於吾家라
인관 귀우서조왈 연 타여면어오가

故로 還汝하노라 署調曰 鳶이 攫綿與汝는
고 환여 서조왈 연 확면여여

天也라 吾何爲受리오 印觀曰 然則
천야 오하위수 인관왈 연즉

還汝穀하리라 署調曰 吾與汝者市二日이니
환여곡 서조왈 오여여자시이일

穀已屬汝矣라 하고 二人이 相讓이라가 幷棄
곡이속여의 이인 상양 병기

於市하니 掌市官이 以聞王하여 竝賜爵하니라.
어시 장시관 이문왕 병사작

풀이 인관이 장에서 솜을 파는데 서조(署調)라는 사람이 곡식으로써 사 가지고 돌아가더니 소리개가 있어 그 솜을 채 가지고 인관의 집에 떨어뜨렸다. 인관이 서조에게 돌려보내고 말하기를,

"소리개가 너의 솜을 내 집에 떨어뜨렸으므로 너에게 돌려보낸다" 하니 서조가 말하기를,

"소리개가 솜을 채다가 너를 준 것은 하늘이 한 것이다. 내가 어찌 받을 수 있겠는가?"

인관이 말하기를,

"그렇다면 너의 곡식을 돌려보내리라." 하니 서조가 말하기를,

"내가 너에게 준지가 벌써 두 장이 되었으니 곡식은 이미 너에게 속한 것이니라."

두 사람이 서로 사양하다가 솜과 곡식을 다 함께 장에 버렸다. 장을 맡아 다스리는 관원이 이 사실을 임금께 아뢰어서 다 같이 벼슬을 주었느니라.

署(관청 서) 墮(떨어질 타) 讓(사양할 양) 幷(어우를 병) 棄(버릴 기) 掌(손바닥 장)
穀(곡식 곡) 竝(아우를 병) 爵(잔 작)

署名捺印(서명날인) : 문서에 이름 또는 상호를 표시하고 도장을 찍는 일.
墮落(타락) : 품행이 나빠서 못된 구렁에 빠짐.
讓步(양보) : (남에게 좌석이나 길이나 물건 따위를) 사양하여 물러나는 것.
四者難幷(사자난병) : 네 가지는 함께 아우르기는 어렵다는 뜻으로, 양신(良辰)·미경(美景)·상심
    (賞心)·낙사(樂事)의 네가지를 동시에 겸하여 얻기는 어렵다는 말.
掌握(장악) : ① 손에 쥠. ② 손에 넣음. ③ 세력 등을 온통 잡음.
穀物(곡물) : 사람이 주식으로 하는 곡식, 쌀, 보리, 조, 콩 등.
竝行(병행) : ① 나란히 같이 감. ② 두 가지 일을 한꺼번에 아울러 행함.

洪公 夔燮이 少貧甚無料러니 一日早에
홍 공 기 섭   소 빈 심 무 료   일 일 조

婢兒踊躍 獻七兩錢曰 此在鼎中하니
비 아 용 약 헌 칠 냥 전 왈 차 재 정 중

米可數石이요 柴可數駄니 天賜天賜니이다.
미 가 수 석   시 가 수 태   천 사 천 사

公이 驚曰 是何金하고 卽書 失金人 推去
공 경 왈 시 하 금   즉 서 실 금 인 추 거

等字하여 付之門楣而待러니 俄而姓劉者
등 자   부 지 문 미 이 대   아 이 성 유 자

來問書意어늘 公이 悉言之한대 劉曰
래 문 서 의   공 실 언 지   유 왈

理無失金於人之鼎內하니 果天賜也라
이 무 실 금 어 인 지 정 내   과 천 사 야

盍取之닛고 公이 曰 非吾物에 何오
합 취 지   공 왈 비 오 물 하

劉俯伏曰 小的이 昨夜에 爲竊鼎來라가
유 부 복 왈 소 적 작 야   위 절 정 래

還憐家勢蕭條而施之러니 今感公之
환 연 가 세 소 조 이 시 지   금 감 공 지

廉价하고 良心自發하여 誓不更盜하고
염 개   양 심 자 발   서 불 경 도

願欲常侍하나니 勿慮取之하소서 公이
원 욕 상 시   물 려 취 지   공

卽還金曰 汝之爲良則善矣나
즉 환 금 왈 여 지 위 양 즉 선 의

金不可取라 하고 終不受러라 後에 公이
금 불 가 취　　　종 불 수　　　후　　공

爲判書하고 其子 在龍이 爲憲宗國舅하며
위 판 서　　　기 자 재 룡　　위 헌 종 국 구

劉亦見信하여 身家大昌하니라.
유 역 견 신　　　신 가 대 창

[풀이] 홍기섭이 젊었을 때 심히 가난하여 말할 수 없더니 하루는 어린 계집종이 기쁜 듯이 뛰어 와서 돈 일곱 냥을 바치며 말하기를,

"이것이 솥 속에 있었습니다. 이만하면 쌀이 몇 섬이요, 나무가 몇 바리입니다. 참으로 하느님이 주신 것입니다."

공이 놀래서 말하기를,

"이것이 어찌된 돈인고?"하고 돈 잃은 사람은 와서 찾아 가라는 글을 써서 대문 위에 붙였다. 이윽고 얼마 아니되어 유씨라는 사람이 찾아와 글 뜻을 물었다. 공은 하나도 빠짐없이 사실을 말해 들려주었다. 유가가 말하기를,

"남의 솥 속에다 돈을 잃을 사람이 있을 리가 없습니다. 참말로 하늘이 주신 것인데 왜 취하지 않으시는 것입니까" 하니 공이 말하기를,

"나의 물건이 아닌데 어찌 가질 것이요."

유가가 꿇어 엎드리며 말했다.

"소인이 어젯밤 솥을 훔치러 왔다가 도리어 가세가 너무 쓸쓸한 것을 불쌍히 여겨 이것을 놓고 돌아갔더니 지금 공의 성정이 고결하며 탐심이 없고 마음이 깨끗함을 보고 탄복하여 좋은 마음이 스스로 나서 도둑질을 아니할 것을 맹세하옵고, 앞으로는 늘 옆에 모시기를 원하오니 걱정 마시고 취하기를 바랍니다." 하니 공이 돈을 돌려주며 말하기를,

"네가 좋은 사람이 된 것은 참 좋으나 이 돈은 취할 수 없느니라" 하고 끝끝내 받지 않았다.

뒤에 공은 판서가 되고 그의 아들 재룡이 현종의 부원군이 되었으며, 유가도 또한 신임을 얻어서 몸과 집안이 크게 번영을 하였느니라.

夔(조심할 기) 燮(불꽃 섭) 婢(여자 종 비) 踊(뛸 용) 躍(뛸 약) 獻(바칠 헌) 侍(모실 시)
梶(나무끝 미) 竊(훔칠 절) 俯(구푸릴 부) 數(셀 수) 駄(탈 태) 驚(놀랄 경) 蕭(맑은대쑥 소)
誓(맹세할 서) 盍(덮을 합) 舅(시아비 구) 柴(섶 시) 憲(법 헌) 條(가지 조) 慮(생각할 려{여})
伏(엎드릴 복) 感(느낄 감) 昌(창성할 창) 鼎(솥 정) 盜(훔칠 도) 願(원할 원)
憐(불쌍히 여길 연{련})

夔鳳紋(기봉문) : 중국 고대의 청동기 측면에 그려져 있는 새 모양의 무늬. 단순한 무늬가 아니라
　　뜻을 가진 글자라고 추측됨.
侍婢(시비) : 곁에 모셔 시중드는 계집종.
舞踊(무용) : 춤.　宮中舞踊(궁중무용) : 궁중에서 연회나 의식 때 추던 춤.
獻血(헌혈) : 자기의 피를 다른 사람에게 뽑아 주는 일.
侍女(시녀) : 몸 가까이에서 시중드는 여자.
竊盜(절도) : ① 남의 물건을 몰래 훔치는 일.　② 또 그 사람.
俯仰無愧(부앙무괴) : 하늘을 우러러보나 땅을 굽어보나 양심에 부끄러움이 없음을 이르는 말.
數値(수치) : 계산하여 얻은 수(數).
誓約書(서약서) : ① 서약하는 글.　② 또는, 그 문서.
國舅(국구) : 왕비의 친정아버지. 곧 임금의 장인.
憲政(헌정) : 헌법에 따라 하는 정치.
條目條目(조목조목) : 각각의 조목.
繁昌(번창) : ① 일이 한창 잘 되어 발전함.　② 일이 한창 잘 되어 발전이 눈부심.
盜聽(도청) : 몰래 엿들음.
願書(원서) : 지원하거나 청원하는 뜻을 기록한 서면.
憐憫(연민) : ① 가엾어 함.　② 불쌍히 여김.

高句麗平原王之女는 幼時에 好啼러니
고 구 려 평 원 왕 지 녀 　 유 시 에 호 제

王이 戱曰 以汝로 將歸于溫達하리라 及長에
왕 　 희 왈 　 이 녀 　 장 귀 우 온 달 　 　 급 장

欲下嫁于上部高氏한대 女以王不可
욕 하 가 우 상 부 고 씨 　 　 여 이 왕 불 가

食言으로 固辭하고 終爲溫達之妻하다.
식 언 고 사 종 위 온 달 지 처

溫達이 家貧하여 行乞養母러니 時人이
온 달 가 빈 행 걸 양 모 시 인

目爲愚溫達也러라 一日은 溫達이 自山中으로
목 위 우 온 달 야 일 일 온 달 자 산 중

負楡皮而來하니 王女訪見曰 吾乃子之
부 유 피 이 래 왕 녀 방 견 왈 오 내 자 지

匹也라하고 乃賣首飾하니 而買田宅器物하여
필 야 내 매 수 식 이 매 전 택 기 물

頗富하고 多養馬以資溫達하여 終爲顯榮하니라.
파 부 다 양 마 이 자 온 달 종 위 현 영

풀이 고구려 평원왕의 딸이 어렸을 때 울기를 좋아하더니 왕이 희롱하여 말하기를,

"너는 장차 어리석은 바보 온달에게 시집보내리라."

자라매 상부 고씨에게 시집을 보내려고 하니 딸이 임금으로써 가히 거짓말을 아니 하리라 하고 굳이 사양하고 마침내 온달의 아내가 되었느니라. 대저 온달은 집이 가난 하여 다니며 빌어다가 어머니를 섬기니 그 때 사람들이 이를 보고 바보 온달이라고 하더라. 하루는 온달이 산 속으로부터 느티나무 껍질을 짊어지고 돌아오니 임금의 딸이 찾아와 보고 말하기를,

"나는 바로 그대의 아내니라" 하고 비녀 등 장식품을 팔아 밭과 집과 살림 그릇을 사서 매우 부유해지고 말을 많이 길러 온달을 도와 마침내 몸이 영달하고 이름이 빛나게 되었느니라.

句(글귀 구) 固(굳을 고) 乞(빌 걸) 麗(고울 려{여}) 顯(나타날 현) 飾(꾸밀 식) 頗(자못 파)
原(근원 원) 皮(가죽 피) 戱(놀 희) 楡(느릅나무 유) 嫁(시집갈 가) 器(그릇 기) 匹(필 필)

固定觀念(고정관념) : 어떤 사람의 마음속에 잠재(潛在)하여, 항상 머리에서 떠나지 않고, 외계의 동향이나 상황의 변화에 의해서도 변혁되기가 어려운 생각.

哀乞(애걸) : (상대자의 동정심에 호소하여 부탁을 들어 달라고) 사정하여 빎.

麗史(여사) : 고려 시대의 역사.

顯微鏡(현미경) : 썩 작은 물체를 크게 볼 수 있도록 장치한 광학 기계.

假飾(가식) : ① 속마음과 달리 언행을 거짓으로 꾸밈. ② 임시로 장식함.

頗多(파다) : 자못 많음. 아주 많음.

原則(원칙) : 많은 경우에 적용되는 근본 법칙.

皮膚科(피부과) : 피부에 관한 모든 병을 연구, 치료하는 일을 맡은 의학의 한 부문.

戱弄(희롱) : ① 말이나 행동으로 실없이 놀리는 짓. ② 장난삼아 놀리는 짓.

出嫁外人(출가외인) : 출가(出嫁)한 딸은 남이나 마찬가지임.

勸學篇
권 학 편

朱子曰 勿謂今日不學而有來日하며
주 자 왈 물 위 금 일 불 학 이 유 내 일

勿謂今年不學而有來年하라 日月逝矣나
물 위 금 년 불 학 이 유 래 년 일 월 서 의

歲不我延이니 嗚呼老矣라 是誰之愆고.
세 불 아 연 오 호 노 의 시 수 지 건

풀이 주자가 말하기를,
오늘 배우지 아니 하고서 내일이 있다고 말하지 말며, 올해에 배우지 아니
하고서 내년이 있다고 말하지 말라. 날과 달은 흐르니 세월은 나를 위해서
더디 가지 않는다.

逝(갈 서)　延(끌 연)　嗚(탄식 소리 오)　呼(부를 호)　誰(누구 수)　愆(허물 건)

逝去(서거) : ① 죽어서 이 세상을 떠나 감. ② 죽음의 높임말.

延期(연기) : 정한 때를 뒤로 물림.

嗚呼(오호) : 슬플 때나 탄식(歎息)할 때 '아', '어허' 등의 뜻으로 내는 소리.

嗚咽(오열) : 목이 메어 욺.

誰怨誰咎(수원수구) : 「누구를 원망하며 누구를 탓하랴」라는 뜻으로, 곧, 남을 원망하거나 꾸짖을
　　것이 없음.

少年_은 易老_{하고} 學難成_{하니}
소 년 이 노 학 난 성

一寸光陰_{이라도} 不可輕_{하라}
일 촌 광 음 불 가 경

未覺池塘_에 春草夢_{인데}
미 각 지 당 춘 초 몽

階前梧葉_이 已秋聲_{이라.}
계 전 오 엽 이 추 성

풀이 소년은 늙기 쉽고 학문은 이루기 어려우니, 짧은 시간이라도 가벼이 여기지 말라. 아직 못가의 봄 풀은 꿈에서 깨어나지 못했는데, 어느덧 세월은 빨리 흘러 섬돌 앞의 오동나무는 벌써 가을 소리를 내느니라.

池(못 지) 塘(못 당) 春(봄 춘) 夢(꿈 몽) 階(섬돌 계) 梧(벽오동나무 오) 葉(잎 엽) 聲(소리 성)

貯水池(저수지) : 상수도나 관개용(灌漑用), 또는 수력 발전용 또는 관개용의 물을 하천이나 계류(溪流)에서 끌어 들여 모아 둘 목적으로 만들어 놓은 못.

春困症(춘곤증) : 봄날에 느끼는 나른한 기운의 증세.

夢遊病(몽유병) : 자다가 갑자기 일어나서, 깨었을 적과 마찬가지의 짓을 하다가 다시 자는 병적(病的) 증세(症勢).

階段(계단) : ① 층층대. ② 어떤 일을 하는데 밟아야 할 일정한 순서.

梧桐(오동) : 오동나무의 모양이 그려져 있는 화투짝. 11월을 나타냄. 오동나무.

金枝玉葉(금지옥엽) :「금 가지에 옥 잎사귀」란 뜻으로, ① 임금의 자손이나 집안을 이르는 말. ② 귀한 자손을 이르는 말. ③ 아름다운 구름을 형용하여 이르는 말.

喊聲(함성) : 많은 사람들이 함께 지르는 고함(高喊) 소리.

陶淵明詩에 云 盛年은 不重來하고
도 연 명 시 운 성 년 불 중 래

一日은 難再晨이니 及時 當勉勵하라
일 일 난 재 신 급 시 당 면 려

歲月은 不待人이니라.
세 월 부 대 인

풀이 도연명의 시에 이르기를,

젊었을 때는 두 번 거듭 오지 아니 하고, 하루에 새벽도 두 번 있지 않나니, 젊었을 때에 마땅히 학문에 힘쓰라. 세월은 사람을 기다리지 않느니라.

陶(질그릇 도) 淵(못 연) 盛(담을 성) 勉(힘쓸 면) 勵(힘쓸 려{여})

陶淵明(도연명) : (365~427) 중국 진(晉)나라의 시인. 이름은 잠(潛). 일명 연명(淵明). 호는 오류선생(五柳先生). 자(字)는 무량(无亮).

淵源(연원) : 사물의 근원.

盛需期(성수기) : 어떤 물품의 한창 쓰이는 때.

重視(중시) : ① 중대시(重大視). ② 중요시(重要視).

晨入夜出(신입야출) : ① 아침 일찍이 관청(官廳)에 들어가고 밤늦게 퇴근함. ② 소임(所任)에 최선(最善)을 다함.

歲寒孤節(세한고절) : ① 추운 계절(季節)에도 혼자 푸르른 대나무. ② 겨울.

歲時風俗(세시풍속) : 예로부터 해마다 관례(慣例)로서 행해지는 전승적(傳承的) 행사. 집단적 또는 공통적으로 집집마다 촌락(村落)마다 또는 민족적으로 관행(慣行)되는 것이 상례(常例).

二重過歲(이중과세) : 양력(陽曆)과 음력(陰曆)의 설을 두 번 쇠는 일.

勉學(면학) : 학문에 힘써 공부함.

激勵(격려) : ① 몹시 장려(獎勵)함. ② 마음이나 기운을 북돋우어 힘쓰도록 함.

陶醉(도취) : ① 흥취(興趣) 있게 술이 얼근히 취함. 어떠한 것에 마음이 쏠려 취(醉)하다시피 함. 법열(法悅). ② 무엇에 열중(熱中)함.

明鏡止水(명경지수) : 맑은 거울과 고요한 물이라는 뜻으로, 사념(邪念)이 전혀 없는 깨끗한 마음을 비유해 이르는 말.

明若觀火(명약관화) : 불을 보는 것 같이 밝게 보인다는 뜻으로, 더 말할 나위 없이 명백(明白)함.

荀子曰 不積跬步_면 無以至千里_요
순 자 왈 불 적 규 보 무 이 지 천 리

不積小流_면 無以成江河_{니라.}
불 적 소 류 무 이 성 강 하

풀이 순자가 말하기를,

"발걸음을 쌓지 않으면 천리에 이르지 못할 것이요, 적게 흐르는 물이 모이지 않으면 강하를 이룩하지 못할 것이니라"고 하였다.

荀(풀 이름 순) 積(쌓을 적, 저축 자) 跬(반걸음 규) 流(흐를 류, 흐를 유)

積水成淵(적수성연) : 한 방울 한 방울의 물이 쌓여 연못이 됨.

積塵成山(적진성산) : 티끌 모아 태산(泰山).

積弊(적폐) : 오래 쌓인 폐단(弊端).

積極的(적극적) : 사물(事物)에 대(對)하여 긍정(肯定)하고 능동적(能動的)인 것

積極的命令(적극적명령) : 무슨 일을 하라는 엄한 명령(命令)

積極的不信(적극적불신) : 교리(教理)를 충분(充分)히 알고서도 믿지 않는 일.

小規模(소규모) : 일의 범위(範圍)가 매우 작음.

附錄 부록

教育用 基礎漢字　교육용 기초한자

	중학교용 900자	고등학교용 900자
가	家(집 가)　佳(아름다울 가) 街(거리 가)　可(옳을 가) 歌(노래 가)　加(더할 가) 價(값 가)　假(거짓 가)	架(시렁 가)　暇(겨를 가)
각	各(각각 각)　角(뿔 각) 脚(다리 각)	閣(누각 각)　却(물리칠 각) 覺(깨달을 각)　刻(새길 각)
간	干(방패 간)　間(사이 간) 看(볼 간)	刊(책 펴낼 간)　肝(간 간) 幹(줄기 간)　簡(대쪽 간) 姦(간사할 간)　懇(정성 간)
갈	渴(목마를 갈)	
감	甘(달 감)　減(덜 감) 感(느낄 감)　敢(감히 감)	監(볼 감)　鑑(거울 감)
갑	甲(갑옷 갑)	
강	江(강 강)　降(내릴 강) 講(익힐 강)　強(굳셀 강)	康(편안할 강)　剛(굳셀 강) 鋼(강철 강)　綱(벼리 강)
개	改(고칠 개)　皆(다 개) 個(낱 개)　開(열 개)	介(끼일 개)　慨(분개할 개) 槪(대개 개)　蓋(덮을 개)
객	客(손 객)	
갱	更(다시 갱)	
거	去(갈 거)　巨(클 거) 居(있을 거)　車(수레 거) 擧(들 거)	距(떨어질 거)　拒(막을 거) 據(의거할 거)
건	建(세울 건)　乾(하늘 건)	件(사건 건)　健(튼튼할 건)
걸		傑(뛰어날 걸)　乞(빌 걸)
검		儉(검소할 검)　劍(칼 검) 檢(검사할 검)
격		格(바로잡을 격)　激(과격할 격) 隔(사이 뜰 격)
견	犬(개 견)　見(볼 견) 堅(굳을 견)	肩(어깨 견)　絹(명주 견) 遣(보낼 견)　牽(끌 견)
결	決(터질 결)　結(맺을 결) 潔(깨끗할 결)	缺(이지러질 결)
겸		兼(겸할 겸)　謙(겸손할 겸)
경	京(서울 경)　景(볕 경) 輕(가벼울 경)　經(경서 경) 庚(일곱째 천간 경)　耕(밭갈 경) 敬(공경할 경)　驚(놀랄 경) 慶(경사 경)　競(겨룰 경)	竟(다할 경)　境(지경 경) 鏡(거울 경)　頃(잠깐 경) 傾(기울 경)　硬(굳을 경) 警(경계할 경)　徑(지름길 경) 卿(벼슬 경)

	중학교용 900자	고등학교용 900자
계	癸(열째 천간 계)　季(끝 계) 界(지경 계)　計(꾀 계) 溪(시내 계)　鷄(닭 계)	系(이을 계)　係(걸릴 계) 戒(경계할 계)　械(형틀 계) 繼(이을 계)　契(맺을 계) 桂(계수나무 계)　啓(열 계) 階(섬돌 계)　繫(맬 계)
고	古(예 고)　故(연고 고) 固(굳을 고)　苦(쓸 고) 考(상고할 고)　高(높을 고) 告(알릴 고)	枯(마를 고)　姑(시어미 고) 庫(곳집 고)　孤(외로울 고) 鼓(북 고)　稿(볏집 고) 顧(돌아볼 고)
곡	谷(골 곡)　曲(굽을 곡) 穀(곡식 곡)	哭(울 곡)
곤	困(괴로울 곤)　坤(땅 곤)	
골	骨(뼈 골)	
공	工(장인 공)　功(공로 공) 空(빌 공)　共(함께 공) 公(공변될 공)	孔(구멍 공)　供(이바지할 공) 恭(공손할 공)　攻(칠 공) 恐(두려울 공)　貢(바칠 공)
과	果(과실 과)　課(매길 과) 科(과정 과)　過(지날 과)	誇(자랑할 과)　寡(적을 과)
곽		郭(성곽 곽)
관	官(벼슬 관)　觀(볼 관) 關(빗장 관)	館(객사 관)　管(대롱 관) 貫(꿸 관)　慣(버릇 관) 冠(갓 관)　寬(너그러울 관)
광	光(빛 광)　廣(넓을 광)	鑛(쇳돌 광)　狂(미칠 광)
괘		掛(걸 괘)
괴		塊(흙덩이 괴)　愧(부끄러워할 괴) 怪(기이할 괴)　壞(무너질 괴)
교	交(사귈 교)　校(학교 교) 橋(다리 교)　敎(가르칠 교)	郊(들 교)　較(견줄 교) 巧(공교할 교)　矯(바로잡을 교)
구	九(아홉 구)　口(입 구) 求(구할 구)　救(건질 구) 究(궁구할 구)　久(오랠 구) 句(글귀 구)　舊(예 구)	具(갖출 구)　俱(함께 구) 區(지경 구)　驅(몰 구) 苟(진실로 구)　拘(잡을 구) 狗(개 구)　丘(언덕 구) 懼(두려워할 구)　龜(땅 이름 구) 構(얽을 구)　球(공 구)
국	國(나라 국)	菊(국화 국)　局(판 국)
군	君(임금 군)　郡(고을 군) 軍(군사 군)	群(무리 군)
굴		屈(굽힐 굴)
궁	弓(활 궁)	宮(집 궁)　窮(다할 궁)

	중학교용 900자	고등학교용 900자
권	卷(책 권) 權(권세 권) 勸(권할 권)	券(문서 권) 拳(주먹 권)
궐		厥(그 궐)
궤		軌(길 궤)
귀	貴(귀할 귀) 歸(돌아갈 귀)	鬼(귀신 귀)
규		規(법 규) 叫(부르짖을 규) 糾(살필 규)
균	均(고를 균)	菌(버섯 균)
극	極(다할 극)	克(이길 극) 劇(심할 극)
근	近(가까울 근) 勤(부지런할 근) 根(뿌리 근)	斤(도끼 근) 僅(겨우 근) 謹(삼갈 근)
금	金(쇠 금) 今(이제 금) 禁(금할 금)	錦(비단 금) 禽(날짐승 금) 琴(거문고 금)
급	及(미칠 급) 給(넉넉할 급) 急(급할 급)	級(등급 급)
긍		肯(긍정할 긍)
기	己(몸 기) 記(기록할 기) 起(일어날 기) 其(그 기) 期(기약할 기) 基(터 기) 氣(기운 기) 技(재주 기) 幾(몇 기) 旣(이미 기)	紀(벼리 기) 忌(꺼릴 기) 旗(기 기) 欺(속일 기) 奇(기이할 기) 騎(말탈 기) 寄(부칠 기) 豈(어찌 기) 棄(버릴 기) 祈(빌 기) 企(꾀할 기) 畿(경기 기) 飢(주릴 기) 器(그릇 기) 機(틀 기)
긴		緊(긴요할 긴)
길	吉(길할 길)	
나		那(어찌 나)
낙		諾(대답할 낙)
난	暖(따뜻할 난) 難(어려울 난)	
남	南(남녘 남) 男(사내 남)	
납		納(바칠 납)
낭		娘(아가씨 낭)
내	內(안 내) 乃(이에 내)	奈(어찌 내) 耐(견딜 내)
녀	女(계집 녀)	
년	年(해 년)	
념	念(생각할 념)	
녕		寧(편안할 녕)
노	怒(성낼 노)	奴(종 노) 努(힘쓸 노)
농	農(농사 농)	
뇌		腦(뇌 뇌) 惱(괴로워할뇌)

	중학교용 900자	고등학교용 900자
능	能(능할 능)	
니		泥(진흙 니)
다	多(많을 다)	茶(차 다)
단	丹(붉을 단) 但(다만 단) 單(홑 단) 短(짧을 단) 端(끝 단)	旦(아침 단) 段(구분 단) 壇(단 단) 檀(박달나무단) 斷(끊을 단) 團(둥글 단)
달	達(통달할 달)	
담	談(말씀 담)	淡(묽을 담) 擔(멜 담)
답	答(대답할 답)	畓(논 답) 踏(밟을 답)
당	堂(집 당) 當(당할 당)	唐(당나라 당) 糖(사탕 당) 黨(무리 당)
대	大(큰 대) 代(대신할 대) 待(기다릴 대) 對(대답할 대)	帶(띠 대) 臺(대 대) 貸(빌릴 대) 隊(떼 대)
덕	德(덕 덕)	
도	刀(칼 도) 到(이를 도) 度(법도 도) 道(길 도) 島(섬 도) 徒(무리 도) 都(도읍 도) 圖(그림 도)	倒(넘어질 도) 挑(휠 도) 跳(뛸 도) 桃(복숭아나무 도) 逃(달아날 도) 渡(건널 도) 陶(질그릇 도) 途(길 도) 稻(벼 도) 導(이끌 도) 盜(훔칠 도) 塗(진흙 도)
독	讀(읽을 독) 獨(홀로 독)	毒(독 독) 督(살펴볼 독) 篤(도타울 독)
돈		豚(돼지 돈) 敦(도타울 돈)
돌		突(갑자기 돌)
동	同(한가지 동) 洞(골짜기 동) 童(아이 동) 冬(겨울 동) 東(동녘 동) 動(움직일 동)	銅(구리 동) 凍(얼 동)
두	斗(말 두) 豆(콩 두) 頭(머리 두)	
둔		鈍(무딜 둔) 屯(진칠 둔)
득	得(얻을 득)	
등	登(오를 등) 燈(등잔 등) 等(가지런할 등)	騰(오를 등)
라		羅(벌릴 라)
락	落(떨어질 락) 樂(즐길 락)	絡(이을 락)
란	卵(알 란)	蘭(난초 란) 亂(어지러울 란) 欄(난간 란)
람		覽(볼 람) 濫(퍼질 람)
랑	浪(물결 랑) 郎(사내 랑)	廊(복도 랑)
래	來(올 래)	

	중학교용 900자	고등학교용 900자
랭	冷(찰 랭)	
략		略(다스릴 략) 掠(노략질할 략)
량	良(어질 량) 兩(두 량) 量(헤아릴 량) 凉(서늘할 량)	梁(들보 량) 糧(양식 량) 諒(믿을 량)
려	旅(나그네 려)	麗(고울 려) 慮(생각할 려) 勵(힘쓸 려)
력	力(힘 력) 歷(지낼 력)	曆(책력 력)
련	連(잇닿을 련) 練(익힐 련)	鍊(불릴 련) 聯(잇달 련) 戀(사모할 련) 蓮(연 련) 憐(불쌍히 여길 련)
렬	列(벌릴 렬) 烈(세찰 렬)	裂(찢을 렬) 劣(못할 렬)
렴		廉(청렴할 렴)
렵		獵(사냥 렵)
령	令(명령할 령) 領(옷깃 령)	嶺(재 령) 零(떨어질 령) 靈(신령 령)
례	例(법식 례) 禮(예도 례)	隷(종 례)
로	路(길 로) 露(이슬 로) 老(늙을 로) 勞(일할 로)	爐(화로 로)
록	綠(초록빛 록)	祿(복 록) 錄(기록할 록) 鹿(사슴 록)
론	論(말할 론)	
롱		弄(희롱할 롱)
뢰		雷(우레 뢰) 賴(힘입을 뢰)
료	料(헤아릴 료)	了(마칠 료) 僚(동료 료)
룡		龍(용 룡)
루		屢(창 루) 樓(다락 루) 累(여러 루) 淚(눈물 루) 漏(샐 루)
류	柳(버들 류) 留(머무를 류) 流(흐를 류)	類(무리 류)
륙	六(여섯 륙) 陸(뭍 륙)	
륜	倫(인륜 륜)	輪(바퀴 륜)
률	律(법 률)	栗(밤나무 률) 率(헤아릴 률)
륭		隆(클 륭)
릉		陵(큰 언덕 릉)
리	里(마을 리) 理(다스릴 리) 利(이로울 리) 李(오얏 리)	梨(배나무 리) 吏(벼슬아치 리) 離(떼놓을 리) 裏(속 리) 履(밟을 리)
린		隣(이웃 린)

	중학교용 900자	고등학교용 900자
림	林(수풀 림)	臨(임할 림)
립	立(설 립)	
마	馬(말 마)	麻(삼 마) 磨(갈 마)
막	莫(없을 막)	幕(막 막) 漠(사막 막)
만	萬(일만 만) 晩(늦을 만) 滿(찰 만)	漫(질펀할 만) 慢(게으를 만)
말	末(끝 말)	
망	亡(망할 망) 忙(바쁠 망) 忘(잊을 망) 望(바랄 망)	茫(아득할 망) 妄(망령될 망) 罔(그물 망)
매	每(매양 매) 買(살 매) 賣(팔 매) 妹(누이 매)	梅(매화나무 매) 埋(묻을 매) 媒(중매 매)
맥	麥(보리 맥)	脈(맥 맥)
맹		孟(맏 맹) 猛(사나울 맹) 盟(맹세할 맹) 盲(소경 맹)
면	免(면할 면) 勉(힘쓸 면) 面(낯 면) 眠(잠잘 면)	綿(이어질 면)
멸		滅(멸망할 멸)
명	名(이름 명) 命(목숨 명) 明(밝을 명) 鳴(울 명)	銘(새길 명) 冥(어두울 명)
모	母(어미 모) 毛(털 모) 暮(저물 모)	某(아무개 모) 謀(꾀할 모) 模(법 모) 貌(얼굴 모) 募(모을 모) 慕(그리워할 모) 侮(업신여길 모) 冒(무릅쓸 모)
목	木(나무 목) 目(눈 목)	牧(칠 목) 睦(화목할 목)
몰		沒(가라앉을 몰)
몽		夢(꿈 몽) 蒙(입을 몽)
묘	卯(토끼 묘) 妙(묘할 묘)	苗(모 묘) 廟(사당 묘) 墓(무덤 묘)
무	戊(다섯째 천간 무) 茂(우거질 무) 武(굳셀 무) 務(일 무) 無(없을 무) 舞(춤출 무)	貿(바꿀 무) 霧(안개 무)
묵	墨(먹 묵)	默(묵묵할 묵)
문	門(문 문) 問(물을 문) 聞(들을 문) 文(글월 문)	
물	勿(말 물) 物(만물 물)	
미	米(쌀 미) 未(아닐 미) 味(맛 미) 尾(꼬리 미) 美(아름다울 미)	迷(미혹할 미) 微(작을 미) 眉(눈썹 미)
민	民(백성 민)	敏(재빠를 민) 憫(근심할 민)
밀	密(빽빽할 밀)	蜜(꿀 밀)

	중학교용 900자	고등학교용 900자
박	朴(순박할 박)	泊(머무를 박) 拍(칠 박) 迫(닥칠 박) 博(넓을 박) 薄(엷을 박)
반	反(되돌릴 반) 飯(밥 반) 半(반 반)	般(돌 반) 盤(소반 반) 班(나눌 반) 返(돌아올 반) 叛(배반할 반) 伴(짝 반)
발	發(쏠 발)	拔(뺄 발) 髮(터럭 발)
방	方(모 방) 房(방 방) 防(막을 방) 放(놓을 방) 訪(찾을 방)	芳(꽃다울 방) 傍(곁 방) 妨(방해할 방) 倣(본뜰 방) 邦(나라 방)
배	拜(절 배) 杯(잔 배)	倍(곱 배) 培(북돋을 배) 配(아내 배) 排(밀칠 배) 輩(무리 배) 背(등 배)
백	白(흰 백) 百(일백 백)	伯(맏 백)
번	番(차례 번)	煩(괴로워할 번) 繁(많을 번) 飜(뒤척일 번)
벌	伐(칠 벌)	罰(죄 벌)
범	凡(무릇 범)	犯(범할 범) 範(법 범)
법	法(법 법)	
벽		壁(벽 벽) 碧(푸를 벽)
변	變(변할 변)	辯(말 잘할 변) 辨(분별할 변) 邊(가 변)
별	別(나눌 별)	
병	丙(남녘 병) 病(병 병) 兵(군사 병)	竝(아우를 병) 屛(병풍 병)
보	保(지킬 보) 步(걸음 보) 報(갚을 보)	普(널리 보) 譜(족보 보) 補(도울 보) 寶(보배 보)
복	福(복 복) 伏(엎드릴 복) 服(옷 복) 復(돌아올 복)	腹(배 복) 複(겹칠 복) 卜(점 복) 覆(뒤집힐 복)
본	本(밑 본)	
봉	奉(받들 봉) 逢(만날 봉)	峯(봉우리 봉) 蜂(벌 봉) 封(봉할 봉) 鳳(봉황새 봉)
부	夫(지아비 부) 扶(도울 부) 父(아비 부) 富(넉넉할 부) 部(거느릴 부) 婦(며느리 부) 否(아닐 부) 浮(뜰 부)	付(줄 부) 符(부신 부) 附(붙을 부) 府(마을 부) 腐(썩을 부) 負(질 부) 副(버금 부) 簿(장부 부) 赴(나아갈 부) 賦(구실 부)
북	北(북녘 북)	
분	分(나눌 분)	紛(어지러워질 분) 粉(가루 분) 奔(달릴 분) 墳(무덤 분) 憤(성낼 분) 奮(떨칠 분)
불	不(아닐 불) 佛(부처 불)	拂(떨 불)

	중학교용 900자	고등학교용 900자
붕	朋(벗 붕)	崩(무너질 붕)
비	比(견줄 비) 非(아닐 비) 悲(슬플 비) 飛(날 비) 鼻(코 비) 備(갖출 비)	批(칠 비) 卑(낮을 비) 婢(여자 종 비) 碑(돌기둥 비) 妃(왕비 비) 肥(살찔 비) 秘(숨길 비) 費(쓸 비)
빈	貧(가난할 빈)	賓(손 빈) 頻(자주 빈)
빙	氷(얼음 빙)	聘(찾아갈 빙)
사	四(넉 사) 巳(뱀 사) 士(선비 사) 仕(벼슬 사) 寺(절 사) 史(역사 사)	司(맡을 사) 詞(말씀 사) 蛇(뱀 사) 捨(버릴 사) 邪(간사할 사) 賜(줄 사)
사	使(시킬 사) 舍(집 사) 射(쏠 사) 謝(사례할 사) 師(스승 사) 死(죽을 사) 絲(실 사) 私(사사로울 사) 思(생각할 사) 事(일 사)	斜(비낄 사) 詐(속일 사) 社(모일 사) 沙(모래 사) 似(같을 사) 査(조사할 사) 寫(베낄 사) 辭(말 사) 斯(이 사) 祀(제사 사)
삭		削(깎을 삭) 朔(초하루 삭)
산	山(메 산) 産(낳을 산) 散(흩어질 산) 算(셀 산)	
살	殺(죽일 살)	
삼	三(석 삼)	
상	上(위 상) 尙(오히려 상) 常(항상 상) 賞(상줄 상) 商(장사 상) 相(서로 상) 霜(서리 상) 想(생각할 상) 傷(상처 상) 喪(죽을 상)	嘗(맛볼 상) 裳(치마 상) 詳(자세할 상) 祥(상서로울 상) 床(상 상) 象(코끼리 상) 像(형상 상) 桑(뽕나무 상) 償(갚을 상) 狀(형상 상)
새		塞(변방 새)
색	色(빛 색)	索(찾을 색)
생	生(날 생)	
서	西(서녘 서) 序(차례 서) 書(쓸 서) 暑(더울 서)	敍(차례 서) 徐(천천히 할 서) 庶(여러 서) 恕(용서할 서) 緖(실마리 서) 署(관청 서) 誓(맹세할 서) 逝(갈 서)
석	石(돌 석) 夕(저녁 석) 昔(옛 석) 惜(아낄 석) 席(자리 석)	析(가를 석) 釋(풀 석)
선	先(먼저 선) 仙(신선 선) 線(줄 선) 鮮(고울 선) 善(착할 선) 船(배 선) 選(가릴 선)	宣(베풀 선) 旋(돌 선) 禪(선 선)
설	雪(눈 설) 說(말씀 설) 設(베풀 설) 舌(혀 설)	
섭		涉(건널 섭) 攝(당길 섭)
성	姓(성 성) 性(성품 성)	

	중학교용 900자	고등학교용 900자
성	成(이룰 성) 城(성 성) 誠(정성 성) 盛(성할 성) 省(살필 성) 星(별 성) 聖(성스러울 성) 聲(소리 성)	
세	世(세상 세) 洗(씻을 세) 稅(세금 세) 細(가늘 세) 勢(기세 세) 歲(해 세)	
소	小(작을 소) 少(적을 소) 所(바 소) 消(사라질 소) 素(흴 소) 笑(웃을 소)	召(부를 소) 昭(밝을 소) 蘇(깨어날 소) 騷(떠들 소) 燒(불태울 소) 訴(하소연할 소) 掃(쓸 소) 疏(성길 소) 蔬(푸성귀 소)
속	俗(풍속 속) 速(빠를 속) 續(이을 속)	束(묶을 속) 粟(조 속) 屬(엮을 속)
손	孫(손자 손)	損(덜 손)
송	松(소나무 송) 送(보낼 송)	訟(송사할 송) 頌(기릴 송) 誦(욀 송)
쇄 쇠		刷(쓸 쇄) 鎖(쇠사슬 쇄) 衰(쇠할 쇠)
수	水(물 수) 手(손 수) 受(받을 수) 授(줄 수) 首(머리 수) 守(지킬 수) 收(거둘 수) 誰(누구 수) 須(모름지기 수) 雖(비록 수) 愁(시름 수) 樹(나무 수) 壽(목숨 수) 數(셀 수) 修(닦을 수) 秀(빼어날 수)	囚(가둘 수) 需(구할 수) 帥(장수 수) 殊(다를 수) 隨(따를 수) 輸(나를 수) 獸(짐승 수) 睡(잘 수) 遂(드디어 수) 垂(드리울 수) 搜(찾을 수)
숙	叔(아재비 숙) 淑(맑을 숙) 宿(묵을 숙)	孰(누구 숙) 熟(익을 숙) 肅(엄숙할 숙)
순	順(순할 순) 純(순수할 순)	旬(열흘 순) 殉(따라죽을 순) 循(돌 순) 脣(입술 순) 瞬(눈깜짝일 순) 巡(돌 순)
술	戌(개 술)	述(지을 술) 術(재주 술)
숭	崇(높을 숭)	
습	習(익힐 습) 拾(주울 습)	濕(축축할 습) 襲(엄습할 습)
승	乘(탈 승) 承(받들 승) 勝(이길 승)	昇(오를 승) 僧(중 승)
시	市(저자 시) 示(보일 시) 是(옳을 시) 時(때 시) 詩(시 시) 視(볼 시) 施(베풀 시) 試(시험할 시) 始(처음 시)	矢(화살 시) 侍(모실 시)
식	食(먹을 식) 式(법 식) 植(심을 식) 識(알 식)	息(숨쉴 식) 飾(꾸밀 식)

	중학교용 900자	고등학교용 900자
신	身(몸 신) 申(원숭이 신) 神(귀신 신) 臣(신하 신) 信(믿을 신) 辛(매울 신) 新(새 신)	伸(펼 신) 晨(새벽 신) 愼(삼갈 신)
실	失(잃을 실) 室(집 실) 實(열매 실)	
심	心(마음 심) 甚(심할 심) 深(깊을 심)	尋(찾을 심) 審(살필 심)
십	十(열 십)	
쌍		雙(쌍 쌍)
씨	氏(각시 씨)	
아	兒(아이 아) 我(나 아)	牙(어금니 아) 芽(싹 아) 雅(우아할 아) 亞(버금 아) 餓(굶주릴 아)
악	惡(악할 악)	岳(큰 산 악)
안	安(편안할 안) 案(책상 안) 顔(얼굴 안) 眼(눈 안)	岸(언덕 안) 雁(기러기 안)
알		謁(뵐 알)
암	暗(어두울 암) 巖(바위 암)	
압		壓(누를 압) 押(누를 압)
앙	仰(우러를 앙)	央(가운데 앙) 殃(재앙 앙)
애	愛(사랑 애) 哀(슬플 애)	涯(물가 애)
액		厄(재앙 액) 額(이마 액)
야	也(어조사 야) 夜(밤 야) 野(들 야)	耶(어조사 야)
약	弱(약할 약) 若(같을 약) 約(약속할 약) 藥(약 약)	躍(뛸 약)
양	羊(양 양) 洋(바다 양) 養(기를 양) 揚(오를 양) 陽(볕 양) 讓(사양할 양)	壤(흙 양) 樣(모양 양) 楊(버들 양)
어	魚(물고기 어) 漁(고기잡을 어) 於(어조사 어) 語(말씀 어)	御(어거할 어)
억	億(억 억) 憶(생각할 억)	抑(누를 억)
언	言(말씀 언)	焉(어찌 언)
엄	嚴(엄할 엄)	
업	業(업 업)	
여	余(나 여) 餘(남을 여) 如(같을 여) 汝(너 여) 與(줄 여)	予(나 여) 輿(수레 여)
역	亦(또 역) 易(바꿀 역) 逆(거스를 역)	譯(통변할 역) 驛(역참 역) 役(부릴 역) 疫(염병 역) 域(지경 역)

	중학교용 900자	고등학교용 900자
연	然(그러할 연) 煙(연기 연) 研(갈 연)	延(끌 연) 燃(탈 연) 燕(제비 연) 沿(따를 연) 鉛(납 연) 宴(잔치 연) 軟(연할 연) 演(도울 연) 緣(인연 연)
열	熱(더울 열) 悅(기쁠 열)	閱(검열할 열)
염	炎(불탈 염)	染(물들일 염) 鹽(소금 염)
엽	葉(잎 엽)	
영	永(길 영) 英(꽃부리 영) 迎(맞이할 영) 榮(영화로울 영)	泳(헤엄칠 영) 詠(읊을 영) 營(경영할 영) 影(그림자 영) 映(비출 영)
예	藝(기예 예)	豫(미리 예) 譽(기릴 예) 銳(날카로울 예)
오	五(다섯 오) 吾(나 오) 悟(깨달을 오) 午(낮 오) 誤(그르칠 오) 烏(까마귀 오)	汚(더러울 오) 嗚(탄식소리 오) 娛(즐거워할 오) 傲(거만할 오)
옥	玉(구슬 옥) 屋(집 옥)	獄(옥 옥)
온	溫(따뜻할 온)	
옹		翁(늙은이 옹) 擁(안을 옹)
와	瓦(기와 와) 臥(누울 와)	
완	完(완전할 완)	緩(느릴 완)
왈	曰(가로 왈)	
왕	王(임금 왕) 往(갈 왕)	
외	外(밖 외)	畏(두려워할 외)
요	要(구할 요)	腰(허리 요) 搖(흔들 요) 遙(멀 요) 謠(노래 요)
욕	欲(하고자 할 욕) 浴(목욕할 욕)	慾(욕심 욕) 辱(욕보일 욕)
용	用(쓸 용) 容(얼굴 용) 勇(날랠 용)	庸(쓸 용)
우	于(어조사 우) 宇(집 우) 右(오른쪽 우) 友(벗 우) 牛(소 우) 雨(비 우) 憂(근심할 우) 又(또 우)	羽(깃 우) 郵(역참 우) 愚(어리석을 우) 偶(짝 우) 優(넉넉할 우)
우	尤(더욱 우) 遇(만날 우)	
운	云(이를 운) 雲(구름 운) 運(돌 운)	韻(운 운)
웅	雄(수컷 웅)	
원	元(으뜸 원) 原(근원 원) 願(바랄 원) 遠(멀 원) 園(동산 원) 怨(원망할 원) 圓(둥글 원)	員(관원 원) 源(근원 원) 援(당길 원) 院(집 원)
월	月(달 월)	越(넘을 월)

	중학교용 900자	고등학교용 900자
위	位(자리 위) 危(위태할 위) 爲(할 위) 偉(훌륭할 위) 威(위엄 위)	胃(밥통 위) 謂(이를 위) 圍(둘레 위) 緯(씨 위) 衛(지킬 위) 違(어긋 위) 委(맡길 위) 慰(위로할 위) 僞(거짓 위)
유	由(말미암을 유) 油(기름 유) 酉(닭 유) 有(있을 유) 猶(오히려 유) 唯(오직 유) 遊(놀 유) 柔(부드러울 유) 遺(끼칠 유) 幼(어릴 유)	幽(그윽할 유) 惟(생각할 유) 維(맬 유) 乳(젖 유) 儒(선비 유) 裕(넉넉할 유) 誘(꾈 유) 愈(나을 유) 悠(멀 유)
육	肉(고기 육) 育(기를 육)	
윤		閏(윤달 윤) 潤(젖을 윤)
은	恩(은혜 은) 銀(은 은)	隱(숨길 은)
을	乙(새 을)	
음	音(소리 음) 吟(읊을 음) 飮(마실 음) 陰(그늘 음)	淫(음란할 음)
읍	邑(고을 읍) 泣(울 읍)	
응	應(응할 응)	凝(엉길 응)
의	衣(옷 의) 依(의지할 의) 義(옳을 의) 議(의논할 의) 矣(어조사 의) 醫(의원 의) 意(뜻 의)	宜(마땅할 의) 儀(거동 의) 疑(의심할 의)
이	二(두 이) 以(써 이) 已(이미 이) 耳(귀 이) 而(말 이을 이) 異(다를 이) 移(옮길 이)	夷(오랑캐 이)
익	益(더할 익)	翼(날개 익)
인	人(사람 인) 引(끌 인) 仁(어질 인) 因(인할 인) 忍(참을 인) 認(알 인) 寅(동방 인) 印(도장 인)	姻(혼인 인)
일	一(한 일) 日(날 일)	逸(편안할 일)
임	壬(아홉째 천간 임)	任(맡길 임) 賃(품팔이 임)
입	入(들 입)	
자	子(아들 자) 字(글자 자) 自(스스로 자) 者(놈 자) 姉(손윗누이 자) 慈(사랑할 자)	玆(이 자) 紫(자줏빛 자) 資(재물 자) 姿(맵시 자) 恣(방자할 자) 刺(찌를 자)
작	作(지을 작) 昨(어제 작)	酌(따를 작) 爵(벼슬 작)
잔		殘(해칠 잔)
잠		潛(잠길 잠) 暫(잠시 잠)
잡		雜(섞일 잡)

	중학교용 900자	고등학교용 900자
장	長(길 장) 章(글 장) 場(마당 장) 將(장차 장) 壯(씩씩할 장)	丈(어른 장) 張(베풀 장) 帳(휘장 장) 莊(장중할장) 裝(꾸밀 장) 獎(장려할 장) 墙(담 장) 葬(장사지낼 장) 粧(단장할 장) 掌(손바닥 장) 藏(감출 장) 臟(내장 장) 障(가로막을장) 腸(창자 장)
재	才(재주 재) 材(재목 재) 財(재물 재) 在(있을 재) 栽(심을 재) 再(두 재) 哉(어조사 재)	災(재앙 재) 裁(마를 재) 載(실을 재) 宰(재상 재)
쟁	爭(다툴 쟁)	
저	著(나타날 저) 貯(쌓을 저) 低(밑 저)	底(바닥 저) 抵(거스를 저)
적	的(과녁 적) 赤(붉을 적) 適(갈 적) 敵(원수 적)	滴(물방울 적) 摘(딸 적) 寂(고요할 적) 籍(서적 적) 賊(도둑 적) 跡(자취 적) 積(쌓을 적) 績(길쌈할 적)
전	田(밭 전) 全(온전할 전) 典(법 전) 前(앞 전) 展(펼 전) 戰(싸울 전) 電(번개 전) 錢(돈 전)	專(오로지 전) 轉(구를 전) 殿(큰 집 전)
전	傳(전할 전)	
절	節(마디 절) 絕(끊을 절)	切(끊을 절) 折(꺾을 절) 竊(훔칠 절)
점	店(가게 점)	占(차지할 점) 點(점 점) 漸(점점 점)
접	接(사귈 접)	蝶(나비 접)
정	丁(고무래 정) 停(머무를 정) 頂(정수리 정) 井(우물 정) 正(바를 정) 政(정사 정) 定(정할 정) 貞(곧을 정) 精(정할 정) 情(뜻 정) 靜(고요할 정) 淨(깨끗할 정) 庭(뜰 정)	亭(정자 정) 訂(바로잡을 정) 廷(조정 정) 程(단위 정) 征(칠 정) 整(가지런할정)
제	弟(아우 제) 第(차례 제) 祭(제사 제) 帝(임금 제) 題(표제 제) 除(덜 제) 諸(모두 제) 製(지을 제)	提(들 제) 堤(둑 제) 制(억제할 제) 際(사이 제) 齊(가지런할 제) 濟(건널 제)
조	兆(조짐 조) 早(일찍 조) 造(만들 조) 鳥(새 조) 調(고를 조) 朝(아침 조) 助(도울 조) 祖(조상 조)	弔(조상할 조) 燥(마를 조) 操(잡을 조) 照(비출 조) 條(가지 조) 潮(조수 조) 租(세금 조) 組(끈 조)

	중학교용 900자	고등학교용 900자
족	足(발 족) 族(겨레 족)	
존	存(있을 존) 尊(높을 존)	
졸	卒(군사 졸)	拙(졸할 졸)
종	宗(마루 종) 種(씨 종) 鐘(종 종) 終(끝날 종) 從(좇을 종)	縱(늘어질 종)
좌	左(왼 좌) 坐(앉을 좌)	佐(도울 좌) 座(자리 좌)
죄	罪(허물 죄)	
주	主(주인 주) 注(물댈 주) 住(살 주) 朱(붉을 주) 宙(집 주) 走(달릴 주) 酒(술 주) 晝(낮 주)	舟(배 주) 周(두루 주) 株(그루 주) 州(고을 주) 洲(섬 주) 柱(기둥 주) 奏(아뢸 주) 珠(구슬 주) 鑄(부어 만들 주)
죽	竹(대 죽)	
준		準(법도 준) 俊(준걸 준) 遵(좇을 준)
중	中(가운데 중) 重(무거울 중) 衆(무리 중)	仲(버금 중)
즉	卽(곧 즉)	
증	曾(일찍 증) 增(더할 증) 證(증거 증)	憎(미워할 증) 贈(보낼 증) 症(증세 증) 蒸(찔 증)
지	只(다만 지) 支(지탱할 지) 枝(가지 지) 止(그칠 지) 之(갈 지) 知(알 지) 地(땅 지) 指(손가락 지) 志(뜻 지) 至(이를 지) 紙(종이 지) 持(가질 지)	池(못 지) 誌(기록할 지) 智(지혜 지) 遲(늦을 지)
직	直(곧을 직)	職(벼슬 직) 織(짤 직)
진	辰(별 진) 眞(참 진) 進(나아갈 진) 盡(다할 진)	振(떨칠 진) 鎭(진압할 진) 陳(베풀 진) 陣(진칠 진) 珍(보배 진) 震(진동할 진)
질	質(바탕 질)	秩(차례 질) 疾(병 질) 姪(조카 질)
집	集(모일 집) 執(잡을 집)	
징		徵(부를 징) 懲(혼날 징)
차	且(또 차) 次(버금 차) 此(이 차) 借(빌 차)	差(어긋날 차)
착	着(붙을 착)	錯(섞일 착) 捉(잡을 착)
찬		贊(도울 찬) 讚(기릴 찬)
찰	察(살필 찰)	
참	參(참여할 참)	慘(참혹할 참) 慙(부끄러울 참)

	중학교용 900자	고등학교용 900자
창	昌(창성할 창) 唱(노래 창) 窓(창 창)	倉(곳집 창) 創(비롯할 창) 蒼(푸를 창) 暢(펼 창)
채	菜(나물 채) 採(캘 채)	彩(무늬 채) 債(빚 채)
책	責(꾸짖을 책) 冊(책 책)	策(꾀 책)
처	妻(아내 처) 處(곳 처)	
척	尺(자 척)	斥(물리칠 척) 拓(열 척) 戚(겨레 척)
천	千(일천 천) 天(하늘 천) 川(내 천) 泉(샘 천) 淺(얕을 천)	賤(천할 천) 踐(밟을 천) 遷(옮길 천) 薦(천거할 천)
철	鐵(쇠 철)	哲(밝을 철) 徹(뚫을 철)
첨		尖(뾰족할 첨) 添(더할 첨)
첩		妾(첩 첩)
청	靑(푸를 청) 淸(맑을 청) 晴(갤 청) 請(청할 청) 聽(들을 청)	廳(관청 청)
체	體(몸 체)	替(바꿀 체) 滯(막힐 체) 逮(잡을 체) 遞(갈마들 체)
초	初(처음 초) 草(풀 초) 招(부를 초)	肖(닮을 초) 超(넘을 초) 抄(베낄 초) 礎(주춧돌 초) 秒(초 초)
촉		促(재촉할 촉) 燭(촛불 촉) 觸(닿을 촉)
촌	寸(마디 촌) 村(마을 촌)	
총		銃(총 총) 總(거느릴 총) 聰(총명할 총)
최	最(가장 최)	催(재촉할 최)
추	秋(가을 추) 追(쫓을 추) 推(밀 추)	抽(뽑을 추) 醜(추할 추)
축	丑(소 축) 祝(빌 축)	畜(가축 축) 蓄(쌓을 축) 築(쌓을 축) 逐(쫓을 축) 縮(다스릴 축)
춘	春(봄 춘)	
출	出(날 출)	
충	充(찰 충) 忠(충성 충) 蟲(벌레 충)	衝(찌를 충)
취	取(취할 취) 吹(불 취) 就(이룰 취)	臭(냄새 취) 醉(취할 취) 趣(달릴 취)
측		側(곁 측) 測(잴 측)
층		層(층 층)

	중학교용 900자	고등학교용 900자
치	治(다스릴 치) 致(보낼 치) 齒(이 치)	値(값 치) 置(둘 치) 恥(부끄러워할 치)
칙	則(법칙 칙)	
친	親(친할 친)	
칠	七(일곱 칠)	漆(옻 칠)
침	針(바늘 침)	侵(침노할 침) 浸(담글 침) 寢(잠잘 침) 沈(가라앉을 침) 枕(베개 침)
칭		稱(일컬을 칭)
쾌	快(쾌할 쾌)	
타	他(다를 타) 打(칠 타)	妥(온당할 타) 墮(떨어질 타)
탁		濁(흐릴 탁) 托(밀 탁) 濯(씻을 탁) 卓(높을 탁)
탄		炭(숯 탄) 歎(탄식할 탄) 彈(탄알 탄) 誕(태어날 탄)
탈	脫(벗을 탈)	奪(빼앗을 탈)
탐	探(찾을 탐)	貪(탐할 탐)
탑		塔(탑 탑)
탕		湯(끓일 탕)
태	太(클 태) 泰(클 태)	怠(게으를 태) 殆(위태할 태) 態(모양 태)
택	宅(집 택)	澤(못 택) 擇(가릴 택)
토	土(흙 토)	吐(토할 토) 討(칠 토)
통	通(통할 통) 統(큰 줄기 통)	痛(아플 통)
퇴	退(물러날 퇴)	
투	投(던질 투)	透(통할 투) 鬪(싸움 투)
특	特(수컷 특)	
파	破(깨뜨릴 파) 波(물결 파)	派(물 갈래 파) 播(뿌릴 파) 罷(방면할 파) 頗(자못 파) 把(잡을 파)
판	判(판가름할 판)	板(널빤지 판) 販(팔 판) 版(판목 판)
팔	八(여덟 팔)	
패	貝(조개 패) 敗(패할 패)	
편	片(조각 편) 便(편할 편) 篇(책 편)	編(엮을 편) 遍(두루 편) 偏(치우칠 편)
평	平(평평할 평)	評(평론할 평)
폐	閉(닫을 폐)	肺(허파 폐) 廢(폐할 폐) 弊(폐단 폐) 蔽(덮을 폐) 幣(비단 폐)

	중학교용 900자	고등학교용 900자
포	布(베 포) 抱(안을 포)	包(쌀 포) 胞(태보 포) 飽(배부를 포) 浦(물가 포) 捕(사로잡을 포)
폭	暴(사나울 폭)	爆(터질 폭) 幅(너비 폭)
표	表(겉 표)	票(표 표) 標(표 표) 漂(떠돌 표)
품	品(물건 품)	
풍	風(바람 풍) 豊(풍년 풍)	
피	皮(가죽 피) 彼(저 피)	疲(지칠 피) 被(이불 피) 避(피할 피)
필	必(반드시 필) 匹(짝 필) 筆(붓 필)	畢(마칠 필)
하	下(아래 하) 夏(여름 하) 賀(하례 하) 何(어찌 하) 河(물 하)	荷(연 하)
학	學(배울 학)	鶴(학 학)
한	閑(막을 한) 寒(찰 한) 恨(한할 한) 限(한계 한) 韓(나라 이름 한) 漢(한수 한)	旱(가물 한) 汗(땀 한)
할		割(나눌 할)
함		咸(다 함) 含(머금을 함) 陷(빠질 함)
합	合(합할 합)	
항	恒(항상 항)	巷(거리 항) 港(항구 항) 項(목 항) 抗(막을 항)
항		航(배 항)
해	害(해칠 해) 海(바다 해) 亥(돼지 해) 解(풀 해)	奚(어찌 해) 該(그 해)
핵		核(씨 핵)
행	行(다닐 행) 幸(다행 행)	
향	向(향할 향) 香(향기 향) 鄕(시골 향)	響(울릴 향) 享(누릴 향)
허	虛(빌 허) 許(허락할 허)	
헌		軒(추녀 헌) 憲(법 헌) 獻(바칠 헌)
험		險(험할 험) 驗(시험할 험)
혁	革(가죽 혁)	
현	現(나타날 현) 賢(어질 현)	玄(검을 현) 絃(악기 줄 현) 縣(고을 현) 懸(매달 현) 顯(나타날 현)

	중학교용 900자	고등학교용 900자
혈	血(피 혈)	穴(구멍 혈)
혐		嫌(싫어할 혐)
협	協(화할 협)	脅(옆구리 협)
형	兄(맏 형) 刑(형벌 형) 形(모양 형)	亨(형통할 형) 螢(반디 형) 衡(저울대 형)
혜	惠(은혜 혜)	慧(슬기로울 혜) 兮(어조사 혜)
호	戶(지게 호) 乎(어조사 호) 呼(부를 호) 好(좋을 호) 虎(범 호) 號(부르짖을 호) 湖(호수 호)	互(서로 호) 胡(오랑캐 호) 浩(클 호) 毫(가는 털 호) 豪(호걸 호) 護(보호할 호)
혹	或(혹 혹)	惑(미혹할 혹)
혼	婚(혼인할 혼) 混(섞을 혼)	昏(어두울 혼) 魂(넋 혼)
홀		忽(소홀히 할 홀)
홍	紅(붉을 홍)	洪(큰물 홍) 弘(넓을 홍) 鴻(큰 기러기 홍)
화	火(불 화) 化(될 화) 花(꽃 화) 貨(재화 화) 和(화할 화) 話(말할 화) 畵(그림 화) 華(빛날 화)	禾(벼 화) 禍(재앙 화)
확		確(굳을 확) 穫(벼 벨 확) 擴(넓힐 확)
환	歡(기뻐할 환) 患(근심 환)	丸(알 환) 換(바꿀 환) 環(고리 환) 還(돌아올 환)
활	活(살 활)	
황	黃(누를 황) 皇(임금 황)	況(하물며 황) 荒(거칠 황)
회	回(돌 회) 會(모일 회)	悔(뉘우칠 회) 懷(품을 회)
획		獲(얻을 획) 劃(그을 획)
횡		橫(가로 횡)
효	孝(효도 효) 效(본받을 효)	曉(새벽 효)
후	後(뒤 후) 厚(두터울 후)	侯(제후 후) 候(기후 후)
훈	訓(가르칠 훈)	
훼		毀(헐 훼)
휘		揮(휘두를 휘) 輝(빛날 휘)
휴	休(쉴 휴)	携(가질 휴)
흉	凶(흉할 흉) 胸(가슴 흉)	
흑	黑(검을 흑)	
흡		吸(숨 들이쉴 흡)
흥	興(일어날 흥)	
희	希(바랄 희) 喜(기쁠 희)	稀(드물 희) 戱(희롱할 희)

正字 · 略字 정자와 약자

약자	정자	음 훈
3 획		
万	萬	일만 만
与	與	어조사 여
4 획		
欠	缺	이지러질 결
区	區	구분할 구
仏	佛	부처 불
予	豫	미리 예
円	圓	둥글 원
卆	卒	군사 졸
双	雙	쌍 쌍
5 획		
旧	舊	예 구
台	臺	대 대
仝	同	한가지 동
礼	禮	예도 례
弁	辯	말 잘할 변
払	拂	떨칠 불
写	寫	베낄 사
圧	壓	누를 압
処	處	살 처
庁	廳	관청 청
弁	辦	오이씨 판
号	號	부르짖을 호

약자	정자	음 훈
6 획		
仮	假	거짓 가
缶	罐	두레박 관
気	氣	기운 기
団	團	둥글 단
当	當	당할 당
灯	燈	등불 등
迈	邁	갈 매
辺	邊	가 변
両	兩	두 량
弍	貳	두 이
壮	壯	장할 장
争	爭	다툴 쟁
伝	傳	전할 전
尽	盡	다할 진
虫	蟲	벌레 충
冲	沖	빌 충
会	會	모일 회
后	後	뒤 후
兴	興	일 흥
7 획		
対	對	대답할 대
図	圖	그림 도
乱	亂	어지러울 란
来	來	올 래

약자	정자	음 훈
励	勵	힘쓸 려
灵	靈	신령 령
労	勞	수고로울 노, 로
売	賣	팔 매
麦	麥	보리 맥
状	狀	모양 상
声	聲	소리 성
寿	壽	목숨 수
亜	亞	버금 아
児	兒	아이 아
余	餘	남을 여
芸	藝	재주 예
応	應	응당 응
医	醫	의원 의
囲	圍	에울 위
壱	壹	한 일
条	條	가지 조
体	體	몸 체
沢	澤	못 택
択	擇	가릴 택
8 획		
価	價	값 가
拠	據	의지할 거
杰	傑	호걸 걸
茎	莖	줄기 경

약자	정자	음 훈
径	徑	지름길 경
拐	拐	유인할 괴
欧	歐	때릴 구
国	國	나라 국
券	券	문서 권
担	擔	멜 담
突	突	갑자기 돌
炉	爐	화로 로
弥	彌	활부릴 미
拝	拜	절 배
宝	寶	보배 보
歩	步	걸음 보
舍	舍	집 사
参	參	석 삼
実	實	열매 실
岳	嶽	큰 산 악
岩	巖	바위 암
尭	堯	임금 요
斉	齊	가지런할 제
従	從	좇을 종
青	靑	푸를 청
抱	抱	안을 포
学	學	배울 학
侠	俠	의기 협
画	畵	그림 화
拡	擴	넓힐 확

약자	정자	음 훈
画	劃	그을 획

9 획

약자	정자	음 훈
脛	脛	정강이 경
単	單	홑 단
胆	膽	쓸개 담
独	獨	홀로 독
発	發	필 발
変	變	변할 변
砕	碎	부술 쇄
乗	乘	탈 승
栄	榮	영화 영
為	爲	할 위
荘	莊	씩씩할 장
専	專	오로지 전
窃	竊	훔칠 절
点	點	점 점
浄	淨	조촐할 정
昼	晝	낮 주
浅	淺	얕을 천
臭	臭	냄새 취
漆	柒	칠할 칠
胞	胞	태보 포
県	縣	매달 현
狭	狹	좁을 협
峡	峽	골짜기 협
挟	挾	낄 협

약자	정자	음 훈
姬	姬	아씨 희

10 획

약자	정자	음 훈
挙	擧	들 거
倹	儉	검소할 검
剣	劍	칼 검
帰	歸	돌아갈 귀
悩	惱	괴로워할 뇌
党	黨	무리 당
帯	帶	띠 대
涛	濤	물결 도
恋	戀	그리워할 련
竜	龍	용 룡
涙	淚	눈물 루
浜	濱	물가 빈
殺	殺	죽일 살
捜	搜	찾을 수
粋	粹	순수할 수
唖	啞	벙어리 아
桜	櫻	앵두 앵
益	益	더할 익
逸	逸	편할 일
残	殘	남을 잔
桟	棧	잔도 잔
蚕	蠶	누에 잠
将	將	장수 장
剤	劑	조절할 제

약자	정자	음 훈
従	從	좇을 종
真	眞	참 진
逓	遞	갈마들 체
称	稱	일컬을 칭
砲	砲	돌 쇠뇌 포
陥	陷	빠질 함
恵	惠	은혜 혜
桧	檜	전나무 회

11 획

약자	정자	음 훈
渇	渴	목마를 갈
葛	葛	칡 갈
喝	喝	꾸짖을 갈
強	强	굳셀 강
経	經	글 경
蓋	蓋	덮을 개
渓	溪	시내 계
亀	龜	거북 구
倦	倦	게으를 권
脳	腦	뇌 뇌
断	斷	끊을 단
祷	禱	빌 도
猟	獵	사냥 렵
隆	隆	높을 륭
捨	捨	버릴 사
渋	澁	떫을 삽
釈	釋	풀 석

약자	정자	음 훈
渉	涉	건널 섭
巣	巢	새 집 소
属	屬	붙일 속
粛	肅	엄숙할 숙
湿	濕	젖을 습
視	視	볼 시
悪	惡	악할 악
訳	譯	번역 역
偽	僞	거짓 위
剰	剩	남을 잉
斎	齋	집 재
転	轉	구를 전
情	情	뜻 정
済	濟	건널 제
酔	醉	취할 취
虚	虛	빌 허
険	險	험할 험
蛍	螢	개똥벌레 형
壷	壺	항아리 호

12 획

약자	정자	음 훈
覚	覺	깨달을 각
検	檢	검사할 검
軽	輕	가벼울 경
捲	捲	주먹 쥘 권
勤	勤	부지런할 근
隊	隊	떼 대

약자	정자	음 훈
煉	煉	쇠 불릴 련
禄	祿	녹봉 록
屡	屢	여러 루
塁	壘	보루 루
湾	灣	물 굽이 만
満	滿	찰 만
蛮	蠻	오랑캐 만
博	博	넓을 박
随	隨	따를 수
遂	遂	드디어 수
営	營	경영할 영
温	溫	따뜻할 온
揺	搖	흔들 요
雑	雜	섞일 잡
装	裝	꾸밀 장
証	證	증거 증
遅	遲	늦을 지
畳	疊	거듭 첩
歯	齒	이 치
堕	墮	떨어질 타
弾	彈	탄알 탄
廃	廢	폐할 폐
割	割	벨 할
絵	繪	그림 회

13 획

약자	정자	음 훈
褐	褐	털옷 갈

약자	정자	음 훈
継	繼	이을 계
鉱	鑛	쇳돌 광
勧	勸	권할 권
楽	樂	즐거울 락
暖	暖	따뜻할 난
滝	瀧	젖을 롱
楼	樓	다락 루
辞	辭	말씀 사
禅	禪	선 선
摂	攝	추스를 섭
聖	聖	성인 성
歳	歲	해 세
焼	燒	사를 소
統	續	이을 속
数	數	셈 수
塩	鹽	소금 염
虞	虞	헤아릴 우
溢	溢	넘칠 일
跡	蹟	자취 적
戦	戰	싸움 전
填	塡	메울 전
靖	靖	꾀할 정
賎	賤	천할 천
践	踐	밟을 천
鉄	鐵	쇠 철
滞	滯	막힐 체

약자	정자	음 훈
触	觸	닿을 촉
寝	寢	잠잘 침
豊	豐	풍년 풍
漢	漢	한수 한
献	獻	바칠 헌
暁	曉	새벽 효
熙	熙	빛날 희

14 획

약자	정자	음 훈
頚	頸	목 경
関	關	빗장 관
駆	驅	몰 구
徳	德	덕 덕
稲	稻	벼 도
読	讀	읽을 독
蝋	蠟	밀 랍
歴	歷	겪을 력
暦	曆	세월 력
練	練	익힐 련
緑	綠	푸를 록
髪	髮	터럭 발
様	樣	모양 양
駅	驛	역 역
隠	隱	숨을 은
雑	雜	섞일 잡
銭	錢	돈 전
精	精	정할 정

약자	정자	음 훈
静	靜	고요 정
憎	憎	미울 증
増	增	불을 증
徴	徵	부를 징
遮	遮	막을 차
総	總	거느릴 총
聡	聰	귀밝을 총
層	層	층 층
飽	飽	물릴 포

15 획

약자	정자	음 훈
攪	攪	어지러울 교
麹	麴	누룩 국
権	權	권세 권
霊	靈	신령 령
敷	敷	펼 부
賓	賓	손 빈
選	選	가릴 선
穂	穗	이삭 수
縄	繩	줄 승
蝿	蠅	파리 승
諸	諸	모든 제
鋳	鑄	쇳물 부어만들 주
賛	贊	도울 찬
請	請	청할 청
嘱	囑	부탁할 촉

약자	정자	음 훈
頬	頰	뺨 협
歓	歡	기쁠 환
戯	戲	기 희

16 획

약자	정자	음 훈
壊	壞	무너질 괴
錬	鍊	단련할 련
録	錄	기록 록
頼	賴	힘입을 뢰
薄	薄	엷을 박
獣	獸	짐승 수
藪	藪	늪 수
薬	藥	약 약
壌	壤	흙덩이 양
嬢	孃	계집애 양
穏	穩	평온할 온
謡	謠	노래 요
静	靜	고요 정
縦	縱	늘어질 종
懐	懷	품을 회

17 획

약자	정자	음 훈
覧	覽	볼 람
齢	齡	나이 령
繊	纖	가늘 섬
繍	繡	수놓을 수
厳	嚴	엄할 엄
醤	醬	젓갈 장

약자	정자	음 훈
聴	聽	들을 청
犠	犧	희생 희

18 획

약자	정자	음 훈
観	觀	볼 관
騒	騷	시끄러울 소
鎖	鎖	자물쇠 쇄
顔	顏	얼굴 안
贈	贈	보낼 증
鎮	鎭	진압할 진
懲	懲	징계할 징
闘	鬪	싸울 투
験	驗	증험할 험
顕	顯	나타날 현

19 획

약자	정자	음 훈
鶏	鷄	닭 계
懶	懶	게으를 라
瀬	瀨	여울 뢰
髄	髓	골수 수
臓	臟	오장 장
顛	顚	정수리 전
覇	霸	으뜸 패

20 획

약자	정자	음 훈
欄	欄	난간 란
巌	巖	바위 암
譲	讓	사양할 양
醸	釀	술 빚을 양

약자	정자	음 훈
響	響	울릴 향
饗	饗	잔치할 향
蘭	蘭	난초 란

21 ~ 25 획

약자	정자	음 훈
纉	纘	이을 찬
讃	讚	기릴 찬
欝	鬱	답답할 울

동자이음 한자 同字異音 漢字

	훈 음	한 자
降	내릴 강	降等(강등)
	항복할 항	降服(항복)
更	다시 갱	更新(갱신)
	고칠 경	變更(변경)
車	수레 거	車馬費(거마비)
	탈것 차	自動車(자동차)
乾	하늘 건	乾坤(건곤)
	마를 간	乾淨(간정)
見	볼 견	見學(견학)
	나타날 현	謁見(알현)
句	글귀 구	文句(문구)
	글귀 귀	句節(귀절)
龜	거북 귀	龜趺(귀부)
	터질 균	龜裂(균열)
金	쇠 금	金屬(금속)
	금 금	金銀(금은)
	성씨 김	金氏(김씨)
茶	차 다	茶菓(다과)
	차 차	茶禮(차례)
丹	붉을 단	丹靑(단청)
	꽃이름 란	牡丹(모란)
宅	집 댁	宅內(댁내)
	살 택	住宅(주택)
度	법도 도	制度(제도)
	꾀할 탁	度地(탁지)
讀	읽을 독	讀書(독서)
	구두 두	句讀(구두)
洞	골 동	洞里(동리)
	뚫을 통	洞察(통찰)
樂	즐거울 락	娛樂(오락)
	즐길 요	樂山(요산)
	음악 악	音樂(음악)
復	돌아올 복	復歸(복귀)
	회복할 복	復舊(복구)
	다시 부	復活(부활)
否	아닐 부	否定(부정)
	막힐 비	否運(비운)

北	북녘 북	南北(남북)
	달아날 배	敗北(패배)
不	아니 불	不能(불능)
	아니 부	不在(부재)
沸	끓을 비	沸騰(비등)
	용솟음칠 불	沸水(불수)
寺	절 사	寺院(사원)
	내관 시	司僕寺(사복시)
殺	죽일 살	殺人(살인)
	감할 쇄	相殺(상쇄)
參	석 삼	參拾(삼십)
	참여할 참	參加(참가)
狀	모양 상	狀態(상태)
	문서 장	賞狀(상장)
塞	변방 새	要塞(요새)
	막을 색	閉塞(폐색)
		索源(색원)
說	말씀 설	說明(설명)
	달랠 세	遊說(유세)
	기쁠 열	說樂(열락)
省	살필 성	反省(반성)
	덜 생	省略(생략)
率	거느릴 솔	統率(통솔)
	비례 률	比率(비율)
數	셈 수	數學(수학)
	자주 삭	頻數(빈삭)
宿	잘 숙	宿所(숙소)
	별자리 수	房宿(방수)
拾	주울 습	拾得(습득)
	열 십	拾萬(십만)
食	먹을 식	食事(식사)
	먹일 사	簞食(단사)
識	알 식	識見(식견)
	기록할 지	標識(표지)
惡	악할 악	惡魔(악마)
	미워할 오	憎惡(증오)
於	어조사 어	於是乎(어시호)
	아 오	於乎(오호)

易	바꿀 역	貿易(무역)
	쉬울 이	容易(용이)
咽	목구멍 인	咽喉(인후)
	목멜 열	嗚咽(오열)
炙	고기구울 자	炙鐵(자철)
	냄새피울 적	散炙(산적)
		炙果器(적과기)
		炙鐵(적철)
刺	찌를 자	刺客(자객)
	찌를 척	刺殺(척살)
	수라 라	水刺(수라)
抵	막을 저	抵抗(저항)
	칠 지	抵掌(지장)
切	끊을 절	切斷(절단)
	온통 체	一切(일체)
辰	별 진	辰宿(진수)
	때 신	生辰(생신)
拓	개척할 척	開拓(개척)
	밀 탁	拓本(탁본)
則	법칙 칙	規則(규칙)
	곧 즉	然則(연즉)
沈	잠길 침	沈沒(침몰)
	성씨 심	沈氏(심시)
便	편할 편	便利(편리)
	오줌 변	便所(변소)
暴	사나울 폭	暴風(폭풍)
	사나울 포	暴惡(포악)
行	갈 행	行軍(행군)
	행할 행	執行(집행)
	항렬 항	行列(항렬)
畵	그림 화	畵室(화실)
	그을 획	畵數(획수)
		畵一(획일)
滑	미끄러울 활	滑降(활강)
		圓滑(원활)
	어지러울 골	滑稽(골계)
		滑混(골혼)

잘못 읽기 쉬운 한자

한 자	맞 음	틀 림	한 자	맞 음	틀 림	한 자	맞 음	틀 림
苛斂	가렴	가검	敎唆	교사	교준	內訌	내홍	내공
恪別	각별	격별	攪亂	교란	각란	鹿茸	녹용	녹이
角逐	각축	각추	攪拌	교반	각반	壟斷	농단	용단
艱難	간난	가난	狡獪	교쾌	교회	賂物	뇌물	각물
干涉	간섭	간보	交驩	교환	교관	漏泄	누설	누세
看做	간주	간고	口腔	구강	구공	漏洩	누설	누예
間歇	간헐	간홀	句讀	구두	구독	凜然	늠연	품연
甘蔗	감자	감서	口碑	구비	구패	賂物	뇌물	각물
降下	강하	항하	拘碍	구애	구득	牢約	뇌약	우약
腔血	강혈	공혈	句節	구절	귀절	訥辯	눌변	내변
槪括	개괄	개활	狗吠	구폐	구견	凜凜	늠름	품품
改悛	개전	개준	救恤	구휼	구혈	茶菓	다과	차과
坑夫	갱부	항부	詭辯	궤변	위변	茶店	다점	차점
更生	갱생	경생	龜鑑	귀감	구감	團欒	단란	단락
醵出	갹출	거출	龜裂	균열	구열	簞食	단사	단식
車馬費	거마비	차마비	琴瑟	금슬	금실	曇天	담천	운천
愆過	건과	연과	奇恥	기치	기심	遝至	답지	환지
怯懦	겁나	겁유	旗幟	기치	기식	撞着	당착	동착
揭示	게시	계시	喫燃	끽연	계연	對峙	대치	대지
譴責	견책	유책	儺禮	나례	난례	宅內	댁내	택내
更張	경장	갱장	懦弱	나약	유약	蹈襲	도습	답습
更迭	경질	갱질	內人	나인	내인	陶冶	도야	도치
驚蟄	경칩	경첩	裸體	나체	과체	跳躍	도약	조약
股肱	고굉	고공	懶怠	나태	뢰태	瀆職	독직	속직
袴衣	고의	과의	拿捕	나포	합포	獨擅	독천	독단
膏肓	고황	고맹	烙印	낙인	각인	屯困	둔곤	돈곤
麵子	곡자	국자	難澁	난삽	난습	臀部	둔부	전부
滑稽	골계	활계	捺印	날인	내인	鈍濁	둔탁	순탁
汨沒	골몰	일몰	捏造	날조	구조	遁走	둔주	순주
誇張	과장	오장	拉致	납치	입치	滿腔	만강	만공
刮目	괄목	활목	狼藉	낭자	낭적	萬朶	만타	만내
乖離	괴리	승리	內帑	내탕	내노	罵倒	매도	마도

한자	맞음	틀림	한자	맞음	틀림	한자	맞음	틀림
魅力	매력	미력	幇助	방조	봉조	三昧	삼매	삼미
邁進	매진	만진	拜謁	배알	배갈	商賈	상고	상가
驀進	맥진	막진	背馳	배치	배야	相殺	상쇄	상살
盟誓	맹서	맹세	範疇	범주	범수	上梓	상재	상자
萌芽	맹아	명아	便秘	변비	편비	省略	생략	성략
明晳	명석	명철	兵站	병참	병첨	生辰	생신	생진
明澄	명징	명등	報酬	보수	보주	棲息	서식	처식
牡丹	모란	목단	布施	보시	포시	逝去	서거	절거
牡牛	모우	두우	補塡	보전	보진	先塋	선영	선형
木瓜	모과	목과	不斷	부단	불단	閃光	섬광	민광
木鐸	목탁	목택	不得已	부득이	부득기	星宿	성수	성숙
蒙昧	몽매	몽미	復活	부활	복활	星辰	성신	생진
夢寐	몽매	몽침	敷衍	부연	부행	洗滌	세척	세조
杳然	묘연	향연	浮沈	부침	부심	遡及	소급	삭급
巫覡	무격	무현	分泌	분비	분필	甦生	소생	갱생
巫覡	무기	무현	不朽	불후	불구	騷擾	소요	소우
毋論	무론	모론	沸騰	비등	불등	蕭條	소조	숙조
無聊	무료	무류	匕首	비수	칠수	贖罪	속죄	독죄
拇印	무인	모인	妃嬪	비빈	기빈	殺到	쇄도	살도
紊亂	문란	사란	否塞	비색	부색	戍樓	수루	술루
未洽	미흡	미합	頻數	빈삭	보수	睡眠	수면	수민
撲滅	박멸	복멸	嚬蹙	빈축	빈촉	竪說	수설	견설
撲殺	박살	복살	憑藉	빙자	빙적	數爻	수효	수차
剝奪	박탈	약탈	詐欺	사기	작기	馴致	순치	훈치
反駁	반박	반교	些少	사소	차소	豺狼	시랑	재랑
頒布	반포	분포	使嗾	사주	사족	猜忌	시기	청기
半截	반절	반재	獅子吼	사자후	사자공	柴糧	시량	자량
潑剌	발랄	발자	娑婆	사바	사파	十方	시방	십방
拔萃	발췌	발취	社稷	사직	사목	示唆	시사	시준
拔擢	발탁	발요	奢侈	사치	사다	十月	시월	십월
跋扈	발호	발읍	索莫	삭막	색막	諡號	시호	익호
發揮	발휘	발혼	數數	삭삭	수수	辛辣	신랄	신극
勃興	발흥	역흥	索然	삭연	색연	迅速	신속	빈속
妨碍	방애	방의	撒布	살포	산포	呻吟	신음	신금

한 자	맞 음	틀 림	한 자	맞 음	틀 림	한 자	맞 음	틀 림
齷齪	악착	악족	雨雹	우박	우포	接吻	접문	접물
軋轢	알력	알륵	誘拐	유괴	수호	正鵠	정곡	정고
斡旋	알선	간선	誘發	유발	수발	靜謐	정밀	정일
謁見	알현	알견	遊說	유세	유설	稠密	조밀	주밀
哀悼	애도	애탁	六月	유월	육월	造詣	조예	조지
隘路	애로	익로	隱匿	은닉	은약	措置	조치	차치
冶金	야금	치금	吟味	음미	금미	躊躇	주저	수저
惹起	야기	약기	凝結	응결	의결	駐箚	주차	주탑
掠奪	약탈	경탈	義捐	의연	의손	蠢動	준동	춘동
円貨	엔화	원화	以降	이강	이항	浚渫	준설	준첩
濾過	여과	노과	罹病	이병	나병	櫛比	즐비	절비
役割	역할	역활	移徙	이사	이도	憎惡	증오	증악
軟膏	연고	난고	弛緩	이완	치완	支撑	지탱	지장
軟弱	연약	나약	已往	이왕	기왕	眞摯	진지	진집
厭惡	염오	염악	罹災	이재	나재	桎梏	질곡	지고
領袖	영수	영유	罹患	이환	나환	叱責	질책	칠책
囹圄	영어	영오	溺死	익사	약사	斟酌	짐작	심작
誤謬	오류	오교	湮滅	인멸	연멸	什器	집기	십기
惡心	오심	악심	一括	일괄	일활	什物	집물	십물
嗚咽	오열	오인	一擲	일척	일정	執拗	집요	집유
惡辱	오욕	악욕	一切	일체	일절	茶禮	차례	다례
惡寒	오한	악한	剩餘	잉여	승여	捉來	착래	촉래
訛傳	와전	화전	自矜	자긍	자금	慙愧	참괴	참귀
渦中	와중	과중	孜孜	자자	고고	斬新	참신	점신
緩和	완화	난화	藉藉	자자	적적	懺悔	참회	섬회
歪曲	왜곡	외곡	綽綽	작작	탁탁	暢達	창달	양달
外艱	외간	외난	箴言	잠언	함언	漲溢	창일	장익
邀擊	요격	격격	這間	저간	언간	闡明	천명	단명
樂山	요산	낙산	沮止	저지	조지	喘息	천식	단식
要塞	요새	요색	積阻	적조	적저	掣肘	철주	제주
樂水	요수	낙수	塡充	전충	전통	鐵槌	철퇴	철추
窯業	요업	강업	傳播	전파	전번	尖端	첨단	열단
凹凸	요철	요돌	截斷	절단	재단	蒼氓	창맹	창민
容喙	용훼	용탁	點睛	점정	점청	悵然	창연	장연

한 자	맞 음	틀 림	한 자	맞 음	틀 림	한 자	맞 음	틀 림
貼付	첩부	첨부	跛行	파행	피행	絢爛	현란	순란
諦念	체념	제념	辨償	판상	변상	孑遺	혈유	자유
涕泣	체읍	제립	稗官	패관	비관	孑孑	혈혈	자자
憔悴	초췌	초졸	霸權	패권	파권	嫌惡	혐오	겸악
忖度	촌탁	촌도	敗北	패배	패북	荊棘	형극	형자
寵愛	총애	용애	沛然	패연	시연	亨通	형통	향통
撮影	촬영	최영	膨脹	팽창	팽장	好惡	호오	호악
追悼	추도	추탁	便利	편리	편이	呼吸	호흡	호급
醜態	추태	취태	平坦	평탄	평단	渾然	혼연	군연
秋毫	추호	추모	閉塞	폐색	폐한	忽然	홀연	총연
衷心	충심	애심	鋪道	포도	보도	花瓣	화판	화변
充溢	충일	충익	褒賞	포상	보상	花卉	화훼	화에
贅言	췌언	취언	暴惡	포악	폭악	滑走	활주	골주
脆弱	취약	궤약	標識	표지	표식	豁達	활달	곡달
熾烈	치열	식열	捕捉	포착	포촉	恍惚	황홀	광홀
沈沒	침몰	심몰	暴惡	포악	폭악	灰燼	회신	회진
鍼術	침술	함술	輻輳	폭주	복주	膾炙	회자	회화
蟄居	칩거	집거	漂渺	표묘	표사	劃數	획수	화수
拓本	탁본	척본	標識	표지	표식	橫暴	횡포	횡폭
度支	탁지	도지	稟議	품의	표의	嚆矢	효시	고시
綻露	탄로	정로	風靡	풍미	풍비	嗅覺	후각	취각
坦坦	탄탄	단단	虐政	학정	확정	薨去	훙거	붕거
彈劾	탄핵	탄효	割引	할인	활인	毀謗	훼방	회방
探究	탐구	심구	陜川	합천	협천	毀損	훼손	회손
耽溺	탐닉	탐익	行列	항렬	행렬	彙報	휘보	과보
攄得	터득	여득	肛門	항문	홍문	麾下	휘하	마하
慟哭	통곡	동곡	降服	항복	강복	恤兵	휼병	혈병
洞察	통찰	동찰	降將	항장	강장	欣快	흔쾌	흠쾌
推敲	퇴고	추고	偕老	해로	개로	訖然	흘연	걸연
堆積	퇴적	추적	楷書	해서	개서	恰似	흡사	합사
偸盜	투도	유도	解弛	해이	해야	洽足	흡족	합족
偸安	투안	유안	諧謔	해학	개학	詰難	힐난	길난
派遣	파견	파유	享樂	향락	형락			
破綻	파탄	파정	享有	향유	형유			

簡體字 / 正字 간체자와 정자

간체자	정자	훈과 음	발음

2획

厂	廠	헛간 창	chǎng
卜	蔔	무 복	bo, bó, bǔ
儿	兒	아이 아	ér, ní
几	幾	몇 기	jǐ, jī
了	瞭	눈 밝을 료	liǎo, liào

3획

干	幹	줄기 간	gàn
干	乾	하늘 건	gān, qián
亏	虧	이지러질 휴	kuī
才	纔	겨우 재	cái
万	萬	일만 만	wàn, mò
与	與	어조사 여	yǔ, yú, yù
千	韆	그네 천	qiān
亿	億	억 억	yì
个	個	낱 개	gè, gě
么	麽	잘 마	me, má
广	廣	넓을 광	guǎng
门	門	문 문	mén
义	義	옳을 의	yì
卫	衛	호위할 위	wèi
飞	飛	날 비	fēi
习	習	익힐 습	xí
马	馬	말 마	mǎ
乡	鄉	고을 향	xiāng

4획　　—

丰	豐	풍년 풍	fēng
开	開	열 개	kāi
无	無	없을 무	wú, mó
韦	韋	다룸가죽 위	wéi
专	專	오로지 전	zhuān
云	雲	구름 운	yún
艺	藝	재주 예	yì
厅	廳	관청 청	tīng
历	歷	겪을 력	lì
历	曆	세월 력	lì
区	區	구분할 구	qū, ōu
车	車	수레 거	chē, jū

　　丨

冈	岡	멧동 강	gāng
贝	貝	조개 패	bèi
见	見	볼 견	jiàn, xiàn

　　丿

气	氣	기운 기	qì
长	長	긴 장	cháng, zhǎng
仆	僕	시중꾼 복	pú, pū
币	幣	폐백 폐	bì
从	從	좇을 종	cóng
仑	侖	뭉치 륜	lún
仓	倉	곳집 창	cāng

간체자	정자	훈과 음	발음
风	風	바람 풍	fēng
仅	僅	겨우 근	jǐn, jìn
凤	鳳	새 봉	fèng
乌	烏	까마귀 오	wū, wù

闩	閂	빗장 산	shuān
为	爲	할 위	wéi, wèi
斗	鬥	싸울 투	dòu
忆	憶	생각 억	yì
订	訂	바로잡을 정	dìng
计	計	셀 계	jì
讣	訃	부고 부	fù
认	認	알 인	rèn
讥	譏	나무랄 기	jī

丑	醜	추할 추	chǒu
队	隊	떼 대	duì
办	辦	힘쓸 판	bàn
邓	鄧	나라이름 등	dèng
劝	勸	권할 권	quàn
双	雙	쌍 쌍	shuāng
书	書	글 서	shū

5획

| 击 | 擊 | 칠 격 | jī |
| 戋 | 戔 | 나머지 잔 | jiān |

간체자	정자	훈과 음	발음
扑	撲	칠 박	pū
节	節	마디 절	jié, jiē
术	術	재주 술	shù, zhú
龙	龍	용 룡	lóng
厉	厲	갈 려	lì
灭	滅	멸할 멸	miè
东	東	동녘 동	dōng
轧	軋	삐걱거릴 알	yà, gá, zhá

卢	盧	화로 로	lú
业	業	일 업	yè
旧	舊	예 구	jiù
帅	帥	장수 수	shuài
归	歸	돌아갈 귀	guī
叶	葉	잎 엽	yè, yié
号	號	부르짖을 호	hào, háo
电	電	번개 전	diàn
只	隻	외짝 척	zhī
祗	祗	공경할 지	zhī
叽	嘰	조금 먹을 기	jī
叹	嘆	탄식할 탄	tàn

们	們	무리 문	mén
仪	儀	거동 의	yí
丛	叢	떨기 총	cóng

간체자	정자	훈과 음	발음
尔	爾	너 이	ěr
乐	樂	즐거울 락	lè, yào, yuè
处	處	살 처	chù, chǔ
冬	鼕	북소리 동	dōng, tóng
鸟	鳥	새 조	niǎo, diǎo
务	務	힘쓸 무	wù
刍	芻	꼴 추	chú
饥	饑	주릴 기	jī

간체자	정자	훈과 음	발음
邝	鄺	성씨 광	kuàng
冯	馮	성씨 풍	féng, píng
闪	閃	번쩍할 섬	shǎn
兰	蘭	난초 란	lán
汇	滙	물 합할 회	huì
汇	彙	무리 휘	huì
头	頭	머리 두	tóu, tou
汉	漢	한수 한	hàn
宁	寧	편안할 녕	níng, nìng
讦	訐	들추어낼 알	jié
讧	訌	무너질 홍	hòng
讨	討	칠 토	tǎo
写	寫	베낄 사	xiě
让	讓	사양할 양	ràng
礼	禮	예도 례	lǐ
讪	訕	헐뜯을 산	shàn
讫	訖	이를 흘	qì

간체자	정자	훈과 음	발음
训	訓	가르칠 훈	xùn
议	議	의논 의	yì
讯	訊	물을 신	xùn
记	記	기록 기	jì

간체자	정자	훈과 음	발음
辽	遼	멀 료	liáo
边	邊	가 변	biān
出	齣	단락 척	chū
发	發	필 발	fā
发	髮	터럭 발	fà, fā
圣	聖	성인 성	shèng
对	對	대답할 대	duì
台	臺	돈대 대	tái, tāi
台	檯	등대 대	tái
台	颱	태풍 태	tái
纠	糾	꼴 규	jiū
驭	馭	말 부릴 어	yù
丝	絲	실 사	sī

6 획

간체자	정자	훈과 음	발음
玑	璣	구슬 기	jī
动	動	움직일 동	dòng
执	執	잡을 집	zhí
巩	鞏	묶을 공	gǒng
圹	壙	광중 광	kuàng
扩	擴	넓힐 확	kuò
扪	捫	어루만질 문	mén

간체자	정자	훈과 음	발음
扫	掃	쓸 소	sǎo, sào
扬	揚	날릴 양	yáng
场	場	마당 장	chǎng, cháng
亚	亞	버금 아	yà
芗	薌	곡식 냄새 향	xiāng, xiǎng
朴	樸	통나무 박	pǔ, piáo, pō
机	機	기틀 기	jī
权	權	권세 권	quán
过	過	지날 과	guò, guō, guǒ
协	協	화할 협	xié
压	壓	누를 압	yā, yà
厌	厭	싫을 염	yàn
库	庫	곳집 고	kù
页	頁	머리 혈	yè
夸	誇	자랑 과	kuā
夺	奪	빼앗을 탈	duó
达	達	통달할 달	dá, tà
夹	夾	곁 협	jiā, gā, jié
轨	軌	길 궤	guǐ
尧	堯	임금 요	yáo
划	劃	그을 획	huà, huá
迈	邁	갈 매	mài
毕	畢	마칠 필	bì

丿

간체자	정자	훈과 음	발음
贞	貞	곧을 정	zhēn
师	師	스승 사	shī

간체자	정자	훈과 음	발음
当	當	당할 당	dāng, dàng
汋	噹	방울 당	dāng
尘	塵	티끌 진	chén
吁	籲	부를 유	yù
吓	嚇	노할 혁	xià, hè
虫	蟲	벌레 충	chóng
曲	麯	누룩 국	qū
团	團	둥글 단	tuán
团	糰	경단 단	tuán
吗	嗎	꾸짖을 마	mà, mā, mǎ
屿	嶼	섬 서	yǔ
岁	歲	해 세	suì
回	廻	돌 회	huí
岂	豈	어찌 기	qǐ, kǎi
则	則	곧 즉	zé
刚	剛	굳셀 강	gāng
网	網	그물 망	wǎng

丿

간체자	정자	훈과 음	발음
钆	釓	쇠뇌고동 구	gá
钇	釔	이트륨 을	yǐ
朱	硃	주사 주	zhū
迁	遷	옮길 천	qiān
乔	喬	높을 교	qiáo
伟	偉	클 위	wěi
传	傳	전할 전	chuán, zhuàn
伛	傴	구부릴 구	yǔ

간체자	정자	훈과 음	발음
优	優	넉넉할 우	yōu
伤	傷	상할 상	shāng
伥	倀	갈팡질팡할 창	chāng
价	價	값 가	jià, jiè, jie
伦	倫	인륜 륜	lún
伧	傖	놈 창	cāng, chèn
华	華	화려할 화	huá, huà
伙	夥	많을 과	hǔo
伪	僞	거짓 위	wěi
向	嚮	향할 향	xiàng
后	後	뒤 후	hòu
会	會	모일 회	huì, kuài
杀	殺	죽일 살	shā, shài
合	閤	쪽문 합	hé, gǎo, gé
众	衆	무리 중	zhòng, zhōng
爷	爺	아비 야	yé
伞	傘	우산 산	sǎn
创	創	비롯할 창	chuàng, uāng
杂	雜	섞일 잡	zá
负	負	질 부	fú
犷	獷	사나울 광	guǎng
凫	鳧	오리 부	fú
邬	鄔	땅이름 오	wū, wǔ
饦	飥	수제비 탁	tuō
饧	餳	엿 당	xíng, táng

간체자	정자	훈과 음	발음
		■■	
壮	壯	장할 장	zhuàng
冲	衝	찌를 충	chōng, chòng
妆	妝	꾸밀 장	zhuāng
庄	莊	씩씩할 장	zhuāng
庆	慶	경사 경	qìng
刘	劉	성씨 류	liú
齐	齊	가지런할 제	qí, jì, zhāi
产	産	낳을 산	chǎn
闭	閉	닫을 폐	bì
问	問	물을 문	wèn
闯	闖	말이 문에서 나오는 모양 틈	chuǎng
关	關	빗장 관	guān
灯	燈	등불 등	dēng
汤	湯	끓을 탕	tāng, shāng
忏	懺	뉘우칠 참	chàn
兴	興	일 흥	xīng, xìng
讲	講	논할 강	jiǎng
讳	諱	꺼릴 휘	huì
讴	謳	노래할 구	ōu
军	軍	군사 군	jūn
讵	詎	어찌 거	jù
讶	訝	맞이할 아	yà
讷	訥	말 더듬을 눌	nè
许	許	허락할 허	xǔ
讹	訛	그릇될 와	é

간체자	정자	훈과 음	발음
欣	訢	기뻐할 흔	xīn, xī, yín
论	論	논의할 론	lùn, lún
讻	訩	송사할 흉	xiōng
讼	訟	송사 송	sòng
讽	諷	욀 풍	fēng
农	農	농사 농	nóng
设	設	베풀 설	shè
访	訪	찾을 방	fǎng
诀	訣	이별할 결	jué

간체자	정자	훈과 음	발음
红	紅	붉을 홍	hóng, gōng
纣	紂	말고삐 주	zhòu
驮	馱	짐 실을 타	tuò, duò, tuó
纩	纊	헌 솜 견	quàn
纤	纖	가늘 섬	xiān, qiàn
纥	紇	질 낮은 명주실 흘	gē, hé
驯	馴	길들 순	xùn
纨	紈	흰 비단 환	wán
约	約	언약 약	yuē, yāo
级	級	등급 급	jí
纩	纊	솜 광	kuàng
纪	紀	벼리 기	jì, jǐ
驰	馳	달릴 치	chí
纫	紉	새끼 인	rèn

6획

간체자	정자	훈과 음	발음
寻	尋	찾을 심	xún
尽	盡	다할 진	jìn, jǐn
尽	儘	다할 진	jìn, jǐn
导	導	이끌 도	dǎo
孙	孫	손자 손	sūn
阵	陣	줄 진	zhèn
阳	陽	볕 양	yáng
阶	階	섬돌 계	jiē
阴	陰	그늘 음	yīn
妇	婦	며느리 부	fù
妈	媽	어미 마	mā
戏	戲	탄식할 희	xì, hū
观	觀	볼 관	guān, guàn
欢	歡	기쁠 환	huān
买	買	살 매	mǎi
纡	紆	굽을 우	yū

7획

간체자	정자	훈과 음	발음
寿	壽	목숨 수	shòu
麦	麥	보리 맥	mài
玛	瑪	마노 마	mǎ
进	進	나아갈 진	jìn
远	遠	멀 원	yuǎn
违	違	어길 위	wéi
韧	韌	질길 인	rèn
划	剗	깎을 잔	chàn, chǎn
运	運	운전 운	yùn
抚	撫	어루만질 무	fǔ
坛	壇	단 단	tán

간체자	정자	훈과 음	발음
坛	罎	목 긴 항아리 담	tán
抟	摶	뭉칠 단	tuán, tuǎn
坏	壞	무너질 괴	huài
抠	摳	끌 구	kōu
坜	壢	구덩이 력	lì
扰	擾	어지러울 요	ráo, nǎo, rǎo
坝	壩	방죽 패	bà
贡	貢	바칠 공	gòng
㧏	摡	들어올릴 강	gāng
摺	摺	접을 접	zhé, zhě
抡	掄	가릴 륜	lūn, lún
抢	搶	닿을 창	qiǎng, qiāng, qiàng
坞	塢	둑 오	wù
坟	墳	무덤 분	fén
护	護	호위할 호	hù
壳	殼	껍질 각	qiào, ké
块	塊	흙덩이 괴	kuài
声	聲	소리 성	shēng
报	報	갚을 보	bào
拟	擬	흡사할 의	nǐ
扨	攦	움츠릴 송	sǒng, shuǎng
芜	蕪	거칠 무	wú
苇	葦	갈대 위	wěi
芸	蕓	평지 운	yún
苈	藶	개냉이 력	lì
苋	莧	비름 현	xiàn, huǎn

간체자	정자	훈과 음	발음
苁	蓯	육종 종	cōng
苍	蒼	푸를 창	cāng
严	嚴	엄할 엄	yán
芦	蘆	갈대 로	lú, lǔ
劳	勞	일할 로	láo
克	剋	반드시 극	kè, kēi
苏	蘇	차조기 소	sū
苏	嚕	군소리할 소	sū
极	極	극진할 극	jí
杨	楊	버들 양	yáng
两	兩	두 량	liǎng
丽	麗	고울 려	lì, lí
医	醫	의원 의	yī
励	勵	힘쓸 려	lì
还	還	돌아올 환	hái, huán
矶	磯	물가 기	jī
奁	奩	화장품 상자 렴	lián
歼	殲	다 죽일 섬	jiān
来	來	올 래	lái, lài
欤	歟	어조사 여	yú
轩	軒	집 헌	xuān
连	連	이을 련	lián
轫	軔	쐐기나무 인	rèn

■

| 卤 | 鹵 | 소금 로 | lǔ |
| 卤 | 滷 | 쓸 로 | lǔ |

간체자	정자	훈과 음	발음
邺	鄴	땅 이름 업	yè
坚	堅	굳을 견	jiān
时	時	때 시	shí
呒	嘸	어리둥절할 무	mú
县	縣	매달 현	xiàn
里	裏	속 리	lǐ
呓	囈	잠꼬대 예	yì
呕	嘔	노래할 구	ōu, ǒu, òu
园	園	능 원	yuán
呖	嚦	소리 력	lì
旷	曠	빛 광	kuàng
围	圍	에울 위	wéi
吨	噸	톤 톤	dūn
旸	暘	해돋이 양	yáng
邮	郵	역참 우	yóu
困	睏	졸릴 곤	kùn
员	員	인원 원	yuán, yún, yùn
呗	唄	찬불 패	bài
听	聽	들을 청	tīng
呛	嗆	새 먹을 창	qiāng, qiàng
鸣	鳴	울 명	míng
别	彆	활 뒤틀릴 별	biè
财	財	재물 재	cái
囵	圇	온전할 륜	lún
帏	幃	휘장 위	wéi
岖	嶇	험할 구	qū

간체자	정자	훈과 음	발음
岗	崗	등성이 강	gǎng, gāng
岘	峴	재 현	xiàn
帐	帳	휘장 장	zhàng
岚	嵐	남기 람	lán

ㅈ

간체자	정자	훈과 음	발음
针	針	바늘 침	zhēn
钉	釘	못 정	dīng, dìng
钊	釗	사람 이름 쇠	zhāo
钋	釙	금광 박	pō
钌	釕	대구 료	liào, liǎo
乱	亂	어지러울 란	luàn
体	體	몸 체	tǐ, tī
佣	傭	품팔이꾼 용	yōng
㑇	儔	고용살이할 추	zhòu
彻	徹	통할 철	chè
余	餘	남을 여	yú
佥	僉	다 첨	qiān
谷	穀	곡식 곡	gǔ
邻	隣	이웃 린	lín
肠	腸	창자 장	cháng, chǎng
龟	龜	거북 구	guī, jūn, qiū
犹	猶	오히려 유	yóu
狈	狽	이리 패	béi
鸠	鳩	비둘기 구	jiū
条	條	가지 조	tiáo
岛	島	섬 도	dǎo

간체자	정자	훈과 음	발음
邹	鄒	나라 이름 추	zōu
饨	飩	찐만두 돈	tún
饩	餼	보낼 희	xì
饪	飪	익힐 임	rèn
饫	飫	물릴 어	yù
饬	飭	신칙할 칙	chì
饭	飯	밥 반	fàn
饮	飲	마실 음	yǐn
系	係	맬 계	xì
系	繫	맬 계	xì, jì

간체자	정자	훈과 음	발음
冻	凍	얼 동	dòng
状	狀	형상 장	zhuàng
亩	畝	밭 이랑 무	mǔ
庑	廡	집 무	wǔ
库	庫	곳집 고	kù
疖	癤	부스럼 절	jiē
疗	療	병 나을 료	liáo
应	應	응할 응	yīng
这	這	이 저	zhè
庐	廬	초막 려	lú
闰	閏	윤달 윤	rùn
闱	闈	대궐 작은 문 위	wéi
闲	閑	막을 한	xián
间	間	사이 간	jiān, jiàn
闵	閔	우려할 민	mǐn

간체자	정자	훈과 음	발음
闷	悶	번민할 민	mēn, mèn
灿	燦	빛날 찬	càn
灶	竈	부엌 조	zaó
炀	煬	녹을 양	yáng
沣	灃	물 이름 풍	fēng
沤	漚	담글 구	òu, ōu
沥	瀝	거를 력	lì
沦	淪	빠질 윤	lún
沧	滄	찰 창	cāng
沨	渢	물소리 풍	fēng, éng, fàn
沟	溝	개천 구	gōu
沩	潙	물 이름 규	guī, jūn, wéi
沪	滬	강 이름 호	hù
浔	瀋	즙낼 심	shěn
怃	憮	예쁠 무	wǔ
怀	懷	품을 회	huái
怄	慪	아낄 우	òu
忧	憂	근심 우	yōu
忾	愾	탄식할 개	kài, xì, qì
怅	悵	한스러워할 창	chàng
怆	愴	슬플 창	chuàng
穷	窮	궁할 궁	qióng
证	證	증거 증	zhèng
诂	詁	주낼 고	gǔ
诃	訶	꾸짖을 가	hē
启	啓	열 계	qǐ

간체자	정자	훈과 음	발음
评	評	평론할 평	píng
补	補	기울 보	bǔ
诅	詛	저주할 저	zǔ
识	識	알 식	shí, zhì
诇	詗	염탐할 형	xiòng
诈	詐	속일 사	zhà
诉	訴	호소할 소	sù
诊	診	볼 진	zhěn
诋	詆	꾸짖을 저	dǐ, dī
诌	謅	농담할 초	zhōu, zōu, chōu
词	詞	말씀 사	cí
诎	詘	굽힐 굴	qū, chù
诏	詔	고할 조	zhào
译	譯	번역 역	yì
诒	詒	보낼 이	yí, dài

간체자	정자	훈과 음	발음
妪	嫗	할미 구	yù
妩	嫵	아리따울 무	wǔ
妫	嬀	성씨 규	guī
刭	剄	목 벨 경	jǐng
劲	勁	굳셀 경	jìn, jìng
鸡	鷄	닭 계	jī
纬	緯	씨 위	wěi
纭	紜	어지러울 운	yún
驱	驅	몰 구	qū
纯	純	순수할 순	chún
纰	紕	가선 비	pī
纱	紗	깁 사	shā
网	網	그물 망	wǎng
纳	納	드릴 납	nà
纴	紝	짤 임	rèn
驳	駁	얼룩말 박	bó
纵	縱	늘어질 종	zòng
纶	綸	낚싯줄 륜	lún, guān
纷	紛	어지러울 분	fēn
纸	紙	종이 지	zhǐ
纹	紋	무늬 문	wén, wèn
纺	紡	자을 방	fǎng
驴	驢	나귀 려	lú
纼	紖	고삐 진	zhèn
纽	紐	끈 뉴	niǔ
纾	紓	느슨할 서	shū

간체자	정자	훈과 음	발음
灵	靈	신령 령	líng
层	層	층 층	céng
迟	遲	늦을 지	chí
张	張	베풀 장	zhāng
际	際	사이 제	jì
陆	陸	뭍 륙	lù, liù
陇	隴	고개이름 롱	lóng
阵	陣	줄 진	zhèn
坠	墜	떨어질 추	zhuì
陉	陘	지렛목 형	jìng, xíng

간체자	정자	훈과 음	발음
玮	瑋	옥 이름 위	wěi
环	環	고리 환	huán
责	責	꾸짖을 책	zé
现	現	나타날 현	xiàn
表	錶	시계 표	biǎo
玱	瑲	옥소리 창	qiāng
规	規	법 규	guī
匦	匭	상자 궤	guǐ
拢	攏	누를 롱	lóng
拣	揀	가릴 간	jiǎn
垆	壚	흑토 로	lù
担	擔	멜 담	dān, dǎn, dàn
顶	頂	이마 정	dǐng
拥	擁	안을 옹	yōng, wěng
势	勢	형세 세	shì
拦	攔	막을 란	lán
扛	擓	긁을 회	kuǎi
拧	擰	어지러워질 녕	níng, nǐng, nìng
拨	撥	다스릴 발	bō
择	擇	가릴 택	zé, zhái
茏	蘢	개여뀌 롱	lóng, lǒng, lòng
苹	蘋	네가래 빈	píng, pín
茑	蔦	담쟁이넝쿨 조	niǎo
范	範	모범 범	fàn
茔	塋	무덤 영	yíng

8획

간체자	정자	훈과 음	발음
茕	煢	외로울 경	qióng
茎	莖	줄기 경	jīng
枢	樞	밑둥 추	shū
枥	櫪	말구유 력	lì
柜	櫃	궤 궤	guì
枫	棡	강나무 강	gāng
枧	梘	홈통 견	jiǎn
枨	棖	문설주 정	chéng, cháng
板	闆	문안에서 볼 반	bǎn
枞	樅	전나무 종	cōng, zōng
松	鬆	더벅머리 송	sòng
枪	槍	나무창 창	qiāng
枫	楓	단풍나무 풍	fēng
构	構	얽을 구	gòu
丧	喪	죽을 상	sāng, sàng
画	畫	그림 화	huà
枣	棗	대추 조	zǎo
卖	賣	팔 매	mài
郁	鬱	답답할 울	yù
矾	礬	백반 반	fán
矿	礦	쇳돌 광	kuàng, gǒng
砀	碭	무늬있는 돌 탕	dàng
码	碼	옥돌 마	mǎ
厕	廁	뒷간 측	cè, sī
奋	奮	떨칠 분	fèn
态	態	태도 태	tài

간체자	정자	훈과 음	발음
瓯	甌	사발 구	ōu
欧	歐	때릴 구	ōu
殴	毆	때릴 구	ōu
垄	壟	언덕 롱	lǒng
郏	郟	고을 이름 겹	jiá
轰	轟	울릴 굉	hōng
顷	頃	이랑 경	qǐng
转	轉	구를 전	zhuǎn, zhuàn
轭	軛	멍에 액	è
斩	斬	벨 참	zhǎn
轮	輪	바퀴 륜	lún
软	軟	연할 연	ruǎn
鸢	鳶	솔개 연	yuān

■■

齿	齒	이 치	chǐ
虏	虜	포로 로	lǔ
肾	腎	콩팥 신	shèn
贤	賢	어질 현	xián
昙	曇	구름낄 담	tán
国	國	나라 국	guó
畅	暢	화창할 창	chàng
咙	嚨	목구멍 롱	lóng
虮	蟣	서캐 기	jǐ, jī, qí
黾	黽	힘쓸 민	mǐn, miǎn
鸣	鳴	울 명	míng
咛	嚀	간곡할 녕	níng

간체자	정자	훈과 음	발음
咝	噝	총알 나는 소 사	sī
罗	羅	벌일 라	luó
岽	崬	산등성이 동	dōng
岿	巋	높고 험한 모 규	kuī
帜	幟	깃대 치	zhì
岭	嶺	고개 령	lǐng
刿	劌	상처입힐 귀	guì
剀	剴	큰 낫 개	kǎi, gài
凯	凱	싸움 이긴 풍 개	kǎi
峄	嶧	산 이름 역	yì
败	敗	패할 패	bài
账	賬	휘장 장	zhàng
贩	販	팔 판	fàn
贬	貶	떨어뜨릴 펌	biǎn
贮	貯	쌓을 저	zhù
图	圖	그림 도	tú
购	購	살 구	gòu

丿

钍	釷	토륨 토	tǔ
钏	釧	팔찌 천	chuàn
钐	釤	낫 삼	shàn
钓	釣	낚시 조	diào
钒	釩	떨칠 범	fán
钔	鍆	멘델레븀 문	mén
钕	釹	네오디뮴 녀	nǔ
锡	錫	주석 석	xī

간체자	정자	훈과 음	발음
钗	釵	비녀 차	chāi
制	製	지을 제	zhì
刮	颳	모진 바람 괄	guā
侠	俠	의기 협	xiá
侥	僥	거짓 요	jiǎo, yáo
侦	偵	정탐꾼 정	zhēn
侧	側	곁 측	cè, zè, zhāi
凭	憑	기댈 빙	píng
侨	僑	붙어살 교	qiáo
侩	儈	거간 쾌	kuài
货	貨	재화 화	huò
侪	儕	무리 제	chái
侬	儂	나 농	nóng
质	質	바탕 질	zhì
徵	徵	부를 징	zhēng, zhǐ
径	徑	지름길 경	jìng
舍	捨	버릴 사	shě, shè
刽	劊	자를 회	guì
郐	鄶	나라 이름 회	kuài
怂	慫	권할 종	sǒng
籴	糴	쌀 사들일 적	dí, zhuó
觅	覓	찾을 멱	mì
贪	貪	탐할 탐	tān
戗	戧	비롯할 창	qiāng, qiàng
肤	膚	살갗 부	fū
胪	膊	저민 고기 전	zhuān

간체자	정자	훈과 음	발음
肿	腫	부스럼 종	zhǒng
胀	脹	배부를 창	zhàng
肮	骯	살찔 항	āng
胁	脅	갈비뼈 협	xié
迩	邇	가까울 이	ěr
鱼	魚	물고기 어	yú
狞	獰	흉악할 녕	níng
备	備	갖출 비	bèi
枭	梟	올빼미 효	xiāo
饯	餞	전별할 전	jiàn
饰	飾	꾸밀 식	shì
饱	飽	물릴 포	bǎo, bào, páo
饲	飼	먹일 사	sì
饴	飴	엿 이	yí

간체자	정자	훈과 음	발음
变	變	변할 변	biàn
庞	龐	높은 집 방	páng
庙	廟	사당 묘	miào
疟	瘧	학질 학	nüè, yào
疠	癘	창질 려	lì
疡	瘍	종기 양	yáng
剂	劑	조절할 제	jì
废	廢	폐할 폐	fèi
闸	閘	수문 갑	zhá
闹	鬧	시끄러울 뇨	nào
郑	鄭	나라 이름 정	zhèng

간체자	정자	훈과 음	발음
卷	捲	주먹 쥘 권	juǎn, juàn
单	單	홀 단	dān, chán
炜	煒	빨갈 위	wěi, huī
炝	熗	데칠 창	qiàng
炉	爐	화로 로	lú
浅	淺	얕을 천	qiān, jiān
泷	瀧	젖을 롱	lóng, shuāng
泺	濼	강 이름 락	luò, lù, pō
泸	瀘	강 이름 로	lú
泞	濘	진창 녕	nìng
泻	瀉	쏟을 사	xiè, xiě
泼	潑	물 뿌릴 발	pō
泽	澤	못 택	zé
泾	涇	통할 경	jīng
怜	憐	불쌍히 여길 련	lián
㤘	懰	고집스러울 추	zhòu
怿	懌	기뻐할 역	yì
峃	嶨	돌산 학	xué
学	學	배울 학	xué
宝	寶	보배 보	bǎo
宠	寵	괼 총	chǒng
审	審	살필 심	shěn
帘	簾	발 렴	lián
实	實	열매 실	shí
诓	誆	속일 광	kuāng
诔	誄	뇌사 뢰	lěi

간체자	정자	훈과 음	발음
试	試	시험 시	shì
诖	詿	그르칠 괘	guà
诗	詩	글 시	shī
诘	詰	힐문할 힐	jié, jí
诙	詼	조롱할 회	huī
诚	誠	정성 성	chéng
郓	鄆	고을 이름 운	yùn, yún
衬	襯	속옷 친	chèn
祎	禕	아름다울 의	yī
视	視	볼 시	shì
诛	誅	벨 주	zhū
话	話	말씀 화	huà
诞	誕	태어날 탄	dàn
诠	詮	설명할 전	quán
诡	詭	속일 궤	guǐ
询	詢	물을 순	xún
诣	詣	이를 예	yì
诤	諍	간할 쟁	zhèng
该	該	그 해	gāi
详	詳	자세할 상	xiáng
诧	詫	자랑할 타	chà, xià
诨	諢	농담할 원	hùn
诩	詡	자랑할 후	xǔ

간체자	정자	훈과 음	발음
肃	肅	엄숙할 숙	sù
隶	隸	종 례	lì

간체자	정자	훈과 음	발음
录	錄	기록 록	lù
弥	彌	활 부릴 미	mí
陕	陝	땅 이름 합	jiá, xiá
驽	駑	둔할 노	nú
驾	駕	멍에 가	jià
参	參	석 삼	cān, cēn, shēn
艰	艱	어려울 간	jiān
绀	紺	감색 감	gàn
绁	紲	고삐 설	xiè
绂	紱	인끈 불	fú
练	練	익힐 련	liàn
组	組	끈 조	zǔ
驵	駔	준마 장	zǎng
绅	紳	큰 띠 신	shēn
䌷	紬	명주 주	chōu, chóu
细	細	가늘 세	xì
驶	駛	달릴 사	shǐ
驸	駙	곁마 부	fù
驷	駟	사마 사	sì
驹	駒	망아지 구	jū
终	終	마칠 종	zhōng
织	織	짤 직	zhī
驺	騶	말먹이는 사람 추	zōu
绉	縐	주름질 추	zhòu
驻	駐	머무를 주	zhù
绊	絆	줄 반	bàn

간체자	정자	훈과 음	발음
驼	駝	낙타 타	tuó
绋	紼	얽힌 삼 불	fú, fèi
绌	絀	물리칠 출	chù
绍	紹	이을 소	shào
驿	驛	역 역	yì
绎	繹	풀어낼 역	yì
经	經	글 경	jīng, jìng
骀	駘	둔마 태	tái, dài
绐	紿	속일 태	dài
贯	貫	꿸 관	guàn

9획

간체자	정자	훈과 음	발음
贰	貳	둘 이	èr
帮	幫	도울 방	bāng
珑	瓏	옥소리 롱	lóng
预	頇	대머리 안	hān, àn
韨	韍	폐슬 불	fú
垭	埡	작은 방죽 오	yà
挜	掗	흔들 아	yà
挝	撾	칠 과	zhuā, wō
项	項	목 항	xiàng
挞	撻	매질할 달	tà
挟	挾	낄 협	jiá, xiá
挠	撓	흔들 요	náo
赵	趙	나라 이름 조	zhào
贲	賁	클 분	bì, bēn
挡	擋	처리할 당	dǎng, dàng

간체자	정자	훈과 음	발음
垲	塏	높고 건조한 땅 개	kǎi
挢	撟	들 교	jiǎo
垫	墊	빠질 점	diàn
挤	擠	밀 제	jǐ
挥	揮	뿜낼 휘	huī
挦	撏	딸 잠	xián
荐	薦	천거할 천	jiàn
荚	莢	풀 열매 협	jiá
贳	貰	세낼 세	shí
荛	蕘	풋나무 요	ráo
荜	蓽	콩 필	bì
带	帶	띠 대	dài
茧	繭	고치 견	jiǎn
荞	蕎	메밀 교	qiáo
荟	薈	무성할 회	huì
荠	薺	납가새 자	jì, qí
荡	蕩	쓸어버릴 탕	dàng
垩	堊	백토 악	è
荣	榮	영화 영	róng
荤	葷	매운 채소 훈	hūn, xūn
荥	滎	실개천 형	xíng, yíng
荦	犖	얼룩소 락	luò
荧	熒	등불 반짝거릴 형	yíng
荨	蕁	지모 담	xún, qián
胡	鬍	수염 호	hú
荩	藎	조개풀 신	jìn

간체자	정자	훈과 음	발음
荪	蓀	향풀 이름 손	sūn
荫	蔭	그늘 음	yìn, yīn
荬	蕒	택사 속	xù
荭	葒	개여뀌 홍	hóng
荮	葤	꾸러미 주	zhòu
药	藥	약 약	yào
标	標	표할 표	biāo
栈	棧	잔도 잔	zhàn
栉	櫛	빗 즐	zhì
栊	櫳	우리 롱	lóng
栋	棟	동자기둥 동	dòng
栌	櫨	두공 로	lú
栎	櫟	가죽나무 력	lì
栏	欄	난간 란	lán
柠	檸	레몬 녕	níng
柽	檉	능수버들 정	chēng
树	樹	나무 수	shù
郦	酈	땅 이름 리	lì
咸	鹹	짤 함	xián
砖	磚	돌 떨어지는 소리 전	zhuān
砗	硨	조개 이름 차	chē
砚	硯	벼루 연	yàn
面	麵	밀가루 면	miàn
牵	牽	끌 견	qiān
鸥	鷗	갈매기 구	ōu
龚	龑	고명할 엄	yǎn

간체자	정자	훈과 음	발음
残	殘	남을 잔	cán
殇	殤	일찍 죽을 상	shāng
轱	軲	수레 고	gū, kū
轲	軻	굴대 가	kē, kě
轳	轤	도르래 로	lú
轴	軸	굴대 축	zhóu, zhòu
轶	軼	앞지를 일	yì, zhé
轸	軫	수레 뒤턱나무 진	zhěn
轹	轢	삐걱거릴 력	lì
轺	軺	수레 초	yáo, diāo
轻	輕	가벼울 경	qīng
鸦	鴉	갈가마귀 아	yā
蚤	蠆	전갈 채	chài, tà

간체자	정자	훈과 음	발음
战	戰	싸움 전	zhàn
觇	覘	엿볼 점	hān
点	點	점 점	diǎn
临	臨	임할 림	lín
览	覽	볼 람	lǎn
竖	豎	더벅머리 수	shù
尝	嘗	일찍 상	cháng
眍	瞘	움펑눈 구	kōu
眬	矓	어스레할 롱	lóng
哑	啞	벙어리 아	yā, yǎ
显	顯	나타날 현	xiǎn
哒	噠	오랑캐 이름 달	dā, tà

간체자	정자	훈과 음	발음
哓	嘵	두려워할 효	xiāo
哔	嗶	울 필	bì
贵	貴	귀할 귀	guì, guǐ
虾	蝦	새우 하	xiā, xià, há
蚁	蟻	개미 의	yǐ
蚂	螞	말거머리 마	mǎ, mā, mà
虽	雖	비록 수	suī
骂	罵	꾸짖을 매	mà
哕	噦	딸국질 얼	yuě, huì
剐	剮	살 바를 과	guǎ
勋	勛	공 훈	xūn
郧	鄖	나라이름 운	yún
哗	嘩	떠들썩할 화	huá, huā
响	響	울릴 향	xiǎng
哙	噲	목구멍 쾌	kuài
哝	噥	소곤거릴 농	nóng
哟	喲	감탄하는 어조사 약	yō, yo
峡	峽	골짜기 협	xiá
峣	嶢	높은 모양 요	yáo
帧	幀	책 꾸밀 정	zhèng
罚	罰	벌 줄 벌	fá
峤	嶠	뾰족하게 높은 산 교	jiào
贱	賤	천할 천	jiàn
贴	貼	붙을 첩	tiē
贶	貺	줄 황	kuàng
贻	貽	끼칠 이	yí

간체자	정자	훈과 음	발음
铏	鉶	주기 형	xíng, jiān
钙	鈣	칼슘 개	gài
钚	鈈	날있는창 피	pī
钛	鈦	티타늄 태	tài
釾	釾	칼 이름 야	yé
钝	鈍	둔할 둔	dùn
钞	鈔	노략질할 초	chāo, chào
钟	鐘	쇠북 종	zhōng
钟	鍾	종 종	zhōng
钡	鋇	쇠뭉치 패	bèi
钢	鋼	강철 강	gāng, gàng
钠	鈉	메 납	nà, ruì
钥	鑰	자물쇠 약	yào, yué
钦	欽	공경할 흠	qīn
钧	鈞	서른 근 균	jūn
钤	鈐	비녀장 검	qián
钨	鎢	작은 가마솥 오	wù
钩	鈎	갈고리 구	gōu
钪	鈧	스칸듐 항	kàng
钫	鈁	준 방	fāng
钬	鈥	홀뮴 화	huǒ
钭	鈄	성씨 두	dòu, tǒu
钮	鈕	인끈 뉴	niǔ, chǒu
钯	鈀	병거 파	pá
毡	氈	담자리 전	zhān

간체자	정자	훈과 음	발음
氢	氫	수소 경	qīng
选	選	가릴 선	xuǎn
适	適	갈 적	shì
种	種	씨 종	zhǒng, zhòng
秋	鞦	그네 추	qiū
复	復	돌아올 복	fù
复	複	겹칠 복	fù
笃	篤	도타울 독	dǔ
俦	儔	짝 주	chóu
俨	儼	공경할 엄	yǎn
俩	倆	재주 량	liǎ, liǎng
俪	儷	아우를 려	lì
贷	貸	빌릴 대	dài
顺	順	순할 순	shùn
俭	儉	검소할 검	jiǎn
剑	劍	칼 검	jiàn
鸧	鶬	왜가리 창	cāng, qiāng
须	須	모름지기 수	xū
须	鬚	수염 수	xū
胧	朧	달빛 훤히 치밀 롱	lóng
胪	臚	살갗 려	lú, lǔ
胆	膽	쓸개 담	dǎn
胜	勝	이길 승	shèng, shēng
胫	脛	정강이 경	jìng
鸨	鴇	능에 보	bǎo
狭	狹	좁을 협	xiá

간체자	정자	훈과 음	발음
狮	獅	사자 사	shī
独	獨	홀로 독	dú
狯	獪	교활할 회	kuài
狱	獄	옥 옥	yù
狲	猻	원숭이 손	sūn
贸	貿	무역할 무	mào
饵	餌	먹이 이	ěr
饶	饒	넉넉할 요	ráo
蚀	蝕	좀먹을 식	shì
饷	餉	건량 향	xiǎng
饸	餄	떡 협	hé
饺	餃	경단 교	jiǎo
饼	餅	떡 병	bǐng

간체자	정자	훈과 음	발음
闻	聞	들을 문	wén
闼	闥	문 달	tà
闽	閩	종족 이름 민	mǐn
闾	閭	이문 려	lú
阄	鬮	열 개	kǎi, kāi, kài
阀	閥	공훈 벌	fá
阁	閣	집 각	gé, gǎo
阂	閡	밖에서 문 잠글 애	hé
养	養	기를 양	yǎng
姜	薑	생강 강	jiāng
类	類	무리 류	lèi
娄	婁	별자리 이름 루	lóu
总	總	거느릴 총	zǒng, cōng

간체자	정자	훈과 음	발음
峦	巒	뫼 만	luán
弯	彎	활 굽을 만	wān
孪	孿	쌍둥이 련	lián
娈	孌	아름다울 련	lián
将	將	장수 장	jiāng, jiàng
奖	獎	장려할 장	jiǎng
疬	癧	연주창 력	lì
疮	瘡	부스럼 창	chuāng
疯	瘋	두풍 풍	fēng
亲	親	친할 친	qīn, qìng
飒	颯	바람소리 삽	sà
闺	閨	도장방 규	guī

간체자	정자	훈과 음	발음
炼	煉	쇠 불릴 련	liàn
炽	熾	불 활활 붙을 치	chì
烁	爍	빛날 삭	shuò
烂	爛	촛불빛 란	làn
烃	烴	누린내 경	tīng
洼	窪	웅덩이 와	wā
洁	潔	깨끗할 결	jié
洒	灑	뿌릴 쇄	sǎ
挞	躂	미끄러울 달	tà
浃	浹	사무칠 협	jiā
浇	澆	물 댈 요	jiāo
浈	湞	물 이름 정	zhēn, chéng
狮	獅	물 이름 사	shī

간체자	정자	훈과 음	발음
浊	濁	흐릴 탁	zhuó
测	測	헤아릴 측	cè
浍	澮	밭고랑 회	kuài, huì
浏	瀏	물 맑을 류	liú
济	濟	건널 제	jì, jǐ
浐	滻	물 이름 산	chǎn
浑	渾	흐릴 혼	hún
浒	滸	강 이름 호	xǔ, hǔ
浓	濃	짙을 농	nóng
浔	潯	물가 심	xún
浕	濜	급히 흐를 진	jìn
恸	慟	애통해할 통	tòng
恹	懨	편안할 염	yān
恺	愷	편안할 개	kǎi
恻	惻	슬퍼할 측	cè
恼	惱	괴로워할 뇌	nǎo
恽	惲	중후할 운	yùn
举	擧	들 거	jǔ
觉	覺	깨달을 각	jué, jiào
宪	憲	법 헌	xiàn
窃	竊	훔칠 절	qiè
诫	誡	경계할 계	jiè
诬	誣	무고할 무	wū
语	語	말씀 어	yǔ, yù
袄	襖	윗옷 오	ǎo
诮	誚	꾸짖을 초	qiào

간체자	정자	훈과 음	발음
祢	禰	아비사당 녜	nǐ
误	誤	그릇칠 오	wù
诰	誥	고할 고	gào
诱	誘	달랠 유	yòu
诲	誨	가르칠 회	huì
诳	誑	속일 광	kuáng
鸩	鴆	짐새 짐	zhèn
说	說	말씀 설	shuō, shuì, yuè
诵	誦	욀 송	sòng
诶	誒	탄식할 희	āi, ǎi, ē, ě

ㄱ

간체자	정자	훈과 음	발음
垦	墾	밭갈 간	kěn
昼	晝	낮 주	zhòu
费	費	쓸 비	fèi, bì
逊	遜	겸손 손	xùn
陨	隕	떨어질 운	yǔn, yuán
险	險	험할 험	xiǎn
贺	賀	하례 하	hè
怼	懟	원망할 대	duì
垒	壘	보루 루	lěi
娅	婭	동서 아	yà
浇	澆	물댈 요	bǎng
娇	嬌	아리따울 교	jiāo
绑	綁	동여맬 방	bǎng
绒	絨	융 융	róng
结	結	맺을 결	jié, jiē

간체자	정자	훈과 음	발음
绔	絝	바지 고	kù
骁	驍	날랠 효	xiāo
绕	繞	두를 요	rào
绖	絰	질 질	dié
骄	驕	교만할 교	jiāo
骅	驊	준마 화	huá
绘	繪	그림 회	huì
骆	駱	낙타 락	luò
骈	駢	나란히 할 병	pián
绞	絞	목맬 교	jiǎo
骇	駭	놀랄 해	hài
统	統	큰 줄기 통	tǒng
绗	絎	바느질할 행	háng
给	給	줄 급	gěi, jǐ
绚	絢	무늬 현	xuàn
绛	絳	진홍 강	jiàng
络	絡	이을 락	luò, lào
绝	絕	끊을 절	jué

10 획 ▬

간체자	정자	훈과 음	발음
艳	艷	고울 염	yàn
顼	頊	삼갈 욱	xū
珲	琿	아름다운 옥 훈	hún, huī
蚕	蠶	누에 잠	cán
顽	頑	완고할 완	wán
盏	盞	술잔 잔	zhǎn
捞	撈	잡을 로	lāo

간체자	정자	훈과 음	발음
载	載	실을 재	zài, zǎi
赶	趕	달릴 간	gǎn, ián, qué
盐	鹽	소금 염	yán
埘	塒	홰 시	shí
损	損	덜 손	sǔn
埙	塤	질나팔 훈	xūn
埚	堝	도가니 과	guō
贽	贄	폐백 지	zhì
捡	撿	잡을 검	jiǎn
挚	摯	잡을 지	zhì
热	熱	더울 열	rè
捣	搗	찧을 도	dǎo
壶	壺	항아리 호	hú
聂	聶	소곤거릴 섭	niè, yiè
莱	萊	명아주 래	lái
莲	蓮	연꽃 연	lián
莳	蒔	모종낼 시	shì, shí
莴	萵	상추 와	wō
获	獲	얻을 획	huò
获	穫	거둘 확	huò
莸	蕕	누린내풀 유	yóu
恶	惡	악할 악	è, ě, wū, wù
恶	噁	성낼 오	ě, wū, wǔ
劳	藭	궁궁이 궁	qióng
莹	瑩	귀막이옥 영	yíng
莺	鶯	꾀꼬리 앵	yīng

256

간체자	정자	훈과 음	발음
莼	蒓	순채 순	chún
鸪	鴣	자고 고	gū
桡	橈	꺾일 요	ráo, náo
桢	楨	단단한나무 정	zhēn
档	檔	의자 당	dàng
桤	榿	기나무 기	qī
桥	橋	다리 교	qiáo
桦	樺	벗나무 화	huà
桧	檜	전나무 회	guì, huì
桩	椿	말뚝 장	zhuāng
样	樣	모양 양	yàng
贾	賈	값 가	gǔ, jiǎ
逦	邐	이어질 리	lí
砺	礪	거친 숫돌 려	lì
砾	礫	조약돌 력	lì
础	礎	주춧돌 초	chǔ
砻	礱	갈 롱	lóng
顾	顧	돌아볼 고	gù
轼	軾	수레앞턱가로나무 식	shì
轾	輊	수레앞기울 지	zhì
轿	轎	가마 교	jiào
辂	輅	수레 로	lù
较	較	비교 교	jiào
鸫	鶇	콩새 동	dōng
顿	頓	조아릴 돈	dùn, dú
趸	躉	거룻배 돈	dǔn

간체자	정자	훈과 음	발음
毙	斃	넘어질 폐	bì
致	緻	밸 치	zhì

ㅣ

龀	齔	이 갈 츤	chèn
鸬	鸕	가마우지 로	lú
虑	慮	생각 려	lǜ
监	監	볼 감	jiān, jiàn
紧	緊	요긴할 긴	jǐn
党	黨	무리 당	dǎng
唛	嘜	음역자 마	mǎ
晒	曬	쬘 쇄	shài, shà, shì
晔	曄	빛날 엽	yè
晕	暈	무리 운	yūn, yùn
鸮	鴞	부엉이 효	xiāo
唢	嗩	호적 쇄	suǒ
喎	喎	입 비뚤어질 와	wāi
蚬	蜆	가막조개 현	xiǎn
鸯	鴦	원앙 앙	yāng
崂	嶗	산 이름 로	láo
崃	崍	산 이름 래	lái
罢	罷	파할 파	bà
圆	圓	둥글 원	yuán
觊	覬	넘겨다볼 기	jì, xì
贼	賊	도적 적	zéi
贿	賄	뇌물 회	huì
赂	賂	뇌물줄 뢰	lù

간체자	정자	훈과 음	발음
赃	贓	장물 장	zāng
赅	賅	족할 해	gāi, gài
赆	贐	전별할 신	jìn, xìn

간체자	정자	훈과 음	발음
钰	鈺	보배 옥	yù
钱	錢	돈 전	qián
钲	鉦	징 정	zhēng
钳	鉗	칼 겸	qián
钴	鈷	다리미 고	gǔ, gū
钵	鉢	바리때 발	bō
钶	鈳	작은 도끼 아	kē
钹	鈸	방울 발	bó, bà
钺	鉞	도끼 월	yuè
钻	鑽	끌 찬	zuān, zuàn
钼	鉬	몰리브덴 목	mù
钽	鉭	탄탈 탄	tǎn
钾	鉀	갑옷 갑	jiǎ
铀	鈾	우라늄 유	yóu
钿	鈿	비녀 전	diàn, tián
铁	鐵	쇠 철	tiě
铂	鉑	금박 박	bó
铃	鈴	방울 령	líng
铄	鑠	녹일 삭	shuò
铅	鉛	납 연	qiān, yán
铆	鉚	질좋은쇠류	liǔ
铈	鈰	세륨 시	shì

간체자	정자	훈과 음	발음
铉	鉉	솥귀 현	xuàn
铊	鉈	짧은 창 사	tā, tuó
铋	鉍	창자루 필	bì
铌	鈮	니오브 니	ní
铍	鈹	베릴륨 피	pī
钹	鏺	쌍날 낫 발	pō, bō
铎	鐸	방울 탁	duó
氩	氬	아르곤 아	yá
牺	犧	희생 희	xī
敌	敵	대적할 적	dí
积	積	쌓을 적	jī
称	稱	일컬을 칭	chēng, chèn
笕	筧	대 홈통 견	jiǎn
笔	筆	붓 필	bǐ
债	債	빚 채	zhài
借	藉	깔개 자	jiè, jí
倾	傾	기울 경	qīng
赁	賃	품삯 임	lìn
颀	頎	헌걸찬 모양 기	qí, kěn
徕	徠	올 래	lái, lài
舰	艦	싸움배 함	jiàn
舱	艙	선창 창	cāng
耸	聳	귀머거리 용	sǒng
爱	愛	사랑 애	ài
鸰	鴒	할미새 령	líng
颁	頒	나눌 반	bān

간체자	정자	훈과 음	발음
颂	頌	기릴 송	sòng
脍	膾	회 회	huì
脏	臟	오장 장	zàng, zāng
脐	臍	배꼽 제	qí
脑	腦	뇌 뇌	nǎo
胶	膠	아교 교	jiāo
脓	膿	고름 농	lóng
鸱	鴟	솔개 치	chī
玺	璽	도장 새	xǐ
鱽	魛	웅어 도	dāo
鸲	鴝	구관조 구	qú
猃	獫	오랑캐이름 험	xiǎn
鸵	鴕	타조 타	tuó
袅	裊	낭창거릴 뇨	niǎo
鸳	鴛	원앙 원	yuān
皱	皺	주름 추	zhòu
饽	餑	떡 발	bō
饿	餓	주릴 아	è
馁	餒	주릴 뇌	něi

███

栾	欒	란나무 란	luán
挛	攣	걸릴 련	luán
恋	戀	그리워할 련	liàn, lián
桨	槳	상앗대 장	jiǎng
症	癥	적취 징	zhēng
痈	癰	악창 옹	yōng

간체자	정자	훈과 음	발음
斋	齋	집 재	zhāi
痉	痙	힘줄 당길 경	jìng
准	準	수준기 준	zhǔn
离	離	떠날 리	lí
颃	頏	새 날아내릴 항	háng
资	資	재물 자	zī
竞	競	다툴 경	jìng
阃	閫	문지방 곤	kǔn
阄	鬮	제비 구	guì
阆	閬	망량 량	láng, làng
阅	閱	검열할 열	yuè
郸	鄲	조나라 서울 단	dān
烦	煩	번거로울 번	fán
烧	燒	태울 소	shāo
烛	燭	촛불 촉	zhú
烨	燁	번쩍번쩍 빛날 엽	yè
烩	燴	모아 끓일 회	huì
烬	燼	깜부기불 신	jìn
递	遞	갈마들 체	dì
涛	濤	물결 도	tāo
涝	澇	큰 물결 로	lào
涞	淶	강 이름 래	lái
涟	漣	물놀이칠 련	lián
涠	潿	땅 이름 위	wéi
涢	溳	강 이름 운	yún, yǔn
涡	渦	웅덩이 와	wō, guō

간체자	정자	훈과 음	발음
涂	塗	진흙 도	tú
涤	滌	씻을 척	dí
润	潤	불을 윤	rùn
涧	澗	도랑물 간	jiàn
涨	漲	불을 창	zhǎng
烫	燙	데울 탕	tàng
涩	澀	떫을 삽	sè
涩	澁	떫을 삽	sè
悭	慳	아낄 간	qiān
悯	憫	민망할 민	mǐn
宽	寬	너그러울 관	kuān
家	傢	세간살이 가	jiā
宾	賓	손 빈	bīn
窍	竅	구멍 규	qiào
窎	窵	그윽할 조	diào
请	請	청할 청	qǐng
诸	諸	모든 제	zhū
诹	諏	꾀할 추	zōu
诺	諾	응답할 낙	nuò
诼	諑	헐뜯을 착	zhuó
读	讀	읽을 독	dú, dòu
诽	誹	헐뜯을 비	fěi
袜	襪	버선 말	wà, mò
祯	禎	상서 정	zhēn
课	課	매길 과	kè
诿	諉	번거롭게 할 위	wěi

간체자	정자	훈과 음	발음
谀	諛	아첨할 유	yú
谁	誰	누구 수	shéi, shuí
谂	諗	고할 심	shěn
调	調	고를 조	diào, tiáo
谄	諂	아첨할 첨	chǎn
谅	諒	믿을 량	liàng, liáng
谆	諄	타이를 순	zhūn
谇	誶	욕할 수	suì
谈	談	말씀 담	tán
谉	譖	살필 심	shěn

ㅡ

간체자	정자	훈과 음	발음
恳	懇	정성 간	kěn
剧	劇	심할 극	jù
娲	媧	여와씨 와	wā
娴	嫻	우아할 한	xián
难	難	어려울 난	nán, nàn, nuó
预	預	미리 예	yù
绠	綆	두레박줄 경	gěng, bǐng
骊	驪	가라말 려	lí
绡	綃	생사 초	shāo, xiāo
骋	騁	달릴 빙	chěng
绢	絹	비단 견	juàn
绣	繡	수놓을 수	xiù
验	驗	증험할 험	yàn
绥	綏	편안할 수	suí
继	繼	이을 계	jì

간체자	정자	훈과 음	발음
缔	締	깁 제	tí, tì
骎	駸	말달릴 침	qīn
骏	駿	준마 준	jùn
鸶	鷥	해오라기 사	sī

11획

간체자	정자	훈과 음	발음
焘	燾	덮일 도	dào, tāo
珒	璡	옥돌 진	jīn
琏	璉	호련 련	liǎn
琐	瑣	옥소리 쇄	suǒ
麸	麩	밀기울 부	fū
掳	擄	사로잡을 로	lǔ
掴	摑	칠 괵	guó
鸷	鷙	맹금 지	zhì
掷	擲	던질 척	zhì
掸	撣	부딪칠 탄	dǎn, shàn
壶	壺	항아리 호	hú
悫	愨	삼갈 각	què
据	據	의거할 거	jù, jū
掺	摻	섬섬할 섬	chān, càn, shǎn
掼	摜	익숙해질 관	guàn
职	職	직분 직	zhí
聍	聹	귀지 녕	níng
萚	蘀	낙엽 탁	tuò
勚	勩	수고로울 예	yì
萝	蘿	나무 라	luó
萤	螢	개똥벌레 형	yíng

간체자	정자	훈과 음	발음
营	營	경영할 영	yíng
萦	縈	얽힐 영	yíng
萧	蕭	맑은 대쑥 소	xiāo
萨	薩	보살 살	sā
梦	夢	꿈 몽	mèng
觋	覡	박수 격	xí
检	檢	검사할 검	jiǎn
棂	欞	격자창 령	líng
啬	嗇	아낄 색	sè
匮	匱	상자 궤	kuì, guì
酝	醞	술 빚을 온	yùn, yǔn
厣	厴	조개껍질 염	yàn
硕	碩	클 석	shuò
硖	硤	고을 이름 협	xiá
硗	磽	메마른 땅 교	qiāo
硙	磑	맷돌 애	wèi, wéi
硚	礄	땅 이름 교	qiáo, jiāo
鸸	鴯	제비 이	ér
聋	聾	귀머거리 농	lóng
龚	龏	삼갈 공	gōng
袭	襲	엄습할 습	xí
䴕	鴷	딱따구리 렬	liè
殒	殞	죽을 운	yǔn
殓	殮	염할 렴	liàn
赉	賚	줄 뢰	lài
辄	輒	문득 첩	zhé

간체자	정자	훈과 음	발음
辅	輔	덧방나무 보	fǔ
辆	輛	수레 량	liàng
堑	塹	구덩이 참	qiàn, jiǎn

ᄅ

간체자	정자	훈과 음	발음
颅	顱	머리뼈 로	lú
啧	嘖	외칠 책	zé
悬	懸	매달 현	xuán
啭	囀	지저귈 전	zhuán
跃	躍	뛸 약	yuè
啮	嚙	씹을 요	niè
跄	蹌	추창할 창	qiàng, qiāng
蛎	蠣	굴 려	lì
蛊	蠱	독 고	gǔ
蛏	蟶	긴맛 조개 정	chēng
累	纍	갇힐 류	léi
啸	嘯	휘파람 불 소	xiào
帻	幘	망건 책	zé
崭	嶄	높을 참	zhǎn
逻	邏	순행할 라	luó
帼	幗	여인머리장식 귁	guó, guāi
赈	賑	구휼할 진	zhèn
婴	嬰	갓난아이 영	yīng
赊	賒	외상으로 살 사	shē

ᄆ

간체자	정자	훈과 음	발음
铏	鉶	국그릇 형	xíng
铐	銬	쇠고랑 고	kào

간체자	정자	훈과 음	발음
铑	銠	로듐 로	lǎo
铒	鉺	갈고리 이	ěr
铓	鋩	서슬 망	máng
铕	銪	유로퓸 유	yǒu
铗	鋏	집게 협	jiá
铙	鐃	작은 징 뇨	náo, nào
铛	鐺	쇠사슬 당	dāng, tāng
铝	鋁	줄 려	lǚ
铜	銅	구리 동	tóng
铟	銦	인듐 인	yīn
铠	鎧	갑옷 개	kǎi
铡	鍘	작두 찰	cà
铢	銖	무게 단위 수	zhū
铣	銑	끌 선	xiǎn, xǐ
铥	銩	툴륨 주	diū
铤	鋌	쇳덩이 정	dìng
铧	鏵	가래 화	huá
铨	銓	저울질할 전	quán
铩	鎩	창 살	shā, shài
铪	鉿	하프늄 합	hā
铫	銚	쟁개비 요	diào, yáo
铭	銘	새길 명	míng
铬	鉻	깎을 락	gè
铮	錚	쇳소리 쟁	zhēng, zhèng
铯	銫	세슘 색	sè
铰	鉸	가위 교	jiǎo

간체자	정자	훈과 음	발음
铱	銥	이리듐 의	yī
铲	鏟	대패 산	chǎn, chàn
铳	銃	총 총	chòng
铵	銨	암모늄 안	ān
银	銀	은 은	yín
矫	矯	바로잡을 교	jiǎo, jiáo
鸹	鴰	재두루미 괄	guā
秽	穢	더러울 예	huì
笺	箋	찌지 전	jiān
笼	籠	대그릇 롱	lóng, lǒng
笾	籩	제기 이름 변	biān
偾	僨	넘어질 분	fèn
鸺	鵂	수리부엉이 휴	xiū
偿	償	갚을 상	cháng
偻	僂	구부릴 루	lóu, lǚ
躯	軀	몸 구	qū
皑	皚	흴 애	āi
鸻	鴴	참새 행	xīng
衔	銜	받들 함	xián
舻	艫	배잇댈 로	lù
盘	盤	소반 반	pán
龛	龕	감실 감	kān
鸽	鴿	집비둘기 합	gē
敛	斂	거둘 렴	liǎn
领	領	거느릴 령	lǐng
脶	膃	손금 라	luó

간체자	정자	훈과 음	발음
脸	臉	빰 검	liǎn, jiǎn
猎	獵	사냥 렵	liè
猡	玀	오랑캐이름 라	luó
猕	獼	원숭이 미	mí
馃	餜	떡 과	guǒ
馄	餛	떡 혼	hún
馅	餡	소 함	xiàn, kàn
馆	館	집 관	guǎn

﹝十一﹞

간체자	정자	훈과 음	발음
鸾	鸞	난새 란	luán
庼	廎	작은 마루 경	qǐng
痒	癢	가려울 양	yǎng
鹝	鷭	해오라기 교	jiāo
镟	鏇	술그릇 선	xuàn, xuán
阈	閾	문지방 역	yù
阉	閹	내시 엄	yān
阊	閶	천문 창	chāng
阋	鬩	다툴 혁	xì
阌	閿	내리깔고 볼 문	wén
阍	閽	문지기 혼	hūn
阎	閻	이문 염	yán
阏	閼	막을 알	è, yān
阐	闡	열 천	chǎn
羟	羥	경기 간	kēng, qiān
盖	蓋	덮을 개	gài, gě
粝	糲	현미 려	lì

간체자	정자	훈과 음	발음
断	斷	끊을 단	duàn
兽	獸	짐승 수	shòu
焖	燜	뜸들일 민	mèn
渍	漬	담글 지	zì
鸿	鴻	기러기 홍	hóng
渎	瀆	도랑 독	dú
渐	漸	점점 점	jiàn, jiān
渑	澠	못 이름 민	miǎn
渊	淵	못 연	yuān
渔	漁	고기 잡을 어	yú
淀	澱	앙금 전	diàn
渗	滲	스밀 삼	shèn
惬	愜	쾌할 협	qiè
惭	慚	부끄러울 참	cán
惨	慘	슬플 참	cǎn
惧	懼	두려울 구	jù
惊	驚	놀랄 경	jīng
惮	憚	꺼릴 탄	dān
惯	慣	익숙할 관	guàn
祷	禱	빌 도	dǎo
谌	諶	정성 심	chén
谋	謀	꾀 모	móu
谍	諜	염탐할 첩	dié
谎	謊	잠꼬대 황	huǎng
谏	諫	간할 간	jiàn
皲	皸	발 터질 군	jūn

간체자	정자	훈과 음	발음
谐	諧	화할 해	xié
谑	謔	농지거리할 학	xuè
裆	襠	잠방이 당	dāng
祸	禍	재앙 화	huò
谒	謁	아뢸 알	yè
谓	謂	이를 위	wèi
谔	諤	곧은 말할 악	è
谕	諭	고지할 유	yù
谖	諼	속일 훤	xuān
谗	讒	참소할 참	chán
谘	諮	물을 자	zī
谙	諳	욀 암	ān
谚	諺	상말 언	yàn
谛	諦	살필 체	dì
谜	謎	수수께끼 미	mí, mèi
谝	諞	말교묘히할 편	piǎn
谞	諝	슬기 서	xū

ㅌ

간체자	정자	훈과 음	발음
弹	彈	탄알 탄	dàn, tán
堕	墮	떨어질 타	duò, huī
随	隨	따를 수	suí
粲	糶	쌀 내다 팔 조	chàn
隐	隱	숨을 은	yǐn
婳	嫿	정숙할 획	huà
婵	嬋	고울 선	chán
婶	嬸	숙모 심	shēn

간체자	정자	훈과 음	발음
颇	頗	자못 파	pō
颈	頸	목 경	jǐng, gěng
绩	績	길쌈 적	jì
绪	緒	실마리 서	xù
绫	綾	비단 릉	líng
骐	騏	털총이 기	qí
续	續	이을 속	xù
绮	綺	비단 기	qǐ
骑	騎	말탈 기	qí
绯	緋	붉은빛 비	fēi
骒	騍	암말 과	kè
绲	緄	띠 곤	gǔn
绳	繩	줄 승	shéng
骓	騅	오추마 추	zhuī
维	維	바 유	wéi
绵	綿	솜 면	mián
绶	綬	인끈 수	shòu
绷	繃	묶을 붕	bēng, běng
绸	綢	얽힐 주	chóu
绺	綹	끈목 류	liǔ
绻	綣	정다울 권	quǎn
综	綜	잉아 종	zōng, zèng
绽	綻	옷 터질 탄	zhàn
绾	綰	얽을 관	wǎn
绿	綠	푸를 록	lǜ, lù
骖	驂	곁마 참	cān, cǎn

간체자	정자	훈과 음	발음
缀	綴	꿰맬 철	zhuì
缁	緇	검은 비단 치	zī

12 획

간체자	정자	훈과 음	발음
靓	靚	단장할 정	jìng
琼	瓊	옥 경	qióng
辇	輦	손수레 련	niǎn
鼋	黿	큰 자라 원	yuán
趋	趨	달릴 추	qū
揽	攬	잡을 람	lǎn
颉	頡	곧은 목 힐	xié, jié
揿	撳	삽 흔	qìn
搀	攙	찌를 참	chān, hán, chàn
蛰	蟄	벌레 칩	zhé
絷	縶	맬 집	jí
搁	擱	놓을 각	gē, gé
搂	摟	끌 루	lǒu, lōu
搅	攪	어지러울 교	jiǎo
联	聯	연이을 련	lián
蒇	蕆	경계할 천	chǎn
蒉	蕢	상할 괴	kuì
蒋	蔣	줄 장	jiǎng
蒌	蔞	쑥 루	lóu
韩	韓	나라 한	hán
椟	櫝	함 독	dú
椤	欏	울타리 라	luó, luǒ, luò
赍	賫	집어줄 재	jī

간체자	정자	훈과 음	발음
椭	橢	둥글길죽할 타	tuǒ
鹁	鵓	집비둘기 발	bó
鹂	鸝	꾀꼬리 리	lí
觌	覿	볼 적	dí, dú
硷	鹼	소금기 감	jiān
确	確	굳을 확	què
詟	讋	두려워할 섭	shè, tà, zhé
殚	殫	다할 탄	dān
颊	頰	뺨 협	jiá
雳	靂	벼락 력	lì
辊	輥	빨리 구를 곤	gǔn
辋	輞	바퀴테 망	wǎng
椠	槧	판 참	qiàn
暂	暫	잠깐 잠	zàn
辍	輟	그칠 철	chuò
辎	輜	짐수레 치	zī
翘	翹	들 교	qiáo, qiào

간체자	정자	훈과 음	발음
辈	輩	무리 배	bèi
凿	鑿	뚫을 착	záo
辉	輝	빛날 휘	huī
赏	賞	상줄 상	shǎng
睐	睞	한눈 팔 래	lài, lái
睑	瞼	눈꺼풀 검	jiǎn
喷	噴	뿜을 분	pēn, pèn
畴	疇	밭두둑 주	chóu

간체자	정자	훈과 음	발음
践	踐	밟을 천	jiàn
遗	遺	끼칠 유	yí, wèi
蛱	蛺	나비 협	jiá
蛲	蟯	요충 요	náo
蛳	螄	다슬기 사	sī
蛴	蠐	굼벵이 제	qí
鹃	鵑	두견새 견	juān
喽	嘍	시끄러울 루	lóu, lóu
嵘	嶸	높고 험할 영	róng
嵚	嶔	산높고험할금	qīn
嵝	嶁	봉우리 루	lǒu
赋	賦	부세 부	fù
赇	賕	받을 청	qíng
赌	賭	걸 도	dǔ
赎	贖	속 바칠 속	shú
赐	賜	줄 사	cì
赒	賙	진휼할 주	zhōu
赔	賠	물어줄 배	péi
赕	賧	속 바칠 담	dǎn

간체자	정자	훈과 음	발음
铸	鑄	쇳물부어만들주	zhù
锷	鐒	로렌슘 로	láo
铺	鋪	펼 포	pū, pù
铼	錸	레늄 래	lái
铽	鋱	테르븀 특	tè
链	鏈	쇠사슬 련	liàn, lián

간체자	정자	훈과 음	발음
铿	鏗	금옥소리 갱	gēng
销	銷	녹일 소	xiāo
锁	鎖	자물쇠 쇄	suǒ
锃	鋥	칼 갈 정	zèng
锄	鋤	호미 서	chú
锂	鋰	리튬 리	lǐ
锅	鍋	노구솥 과	guō
锆	鋯	지르코늄 고	gào
锇	鋨	오스뮴 아	é
锈	銹	녹슬 수	xiù
锉	銼	가마 좌	cuò
锋	鋒	칼 끝 봉	fēng
锌	鋅	굳을 자	xīn
铜	鐧	굴대 덧방쇠 간	jiǎn, jiàn
锐	銳	날카로울 예	ruì
锑	銻	안티모니 제	tī
锒	銀	쇠사슬 랑	láng
锓	鋟	새길 침	qǐn
锔	鋦	쇠로 동일 국	jū, jú
锕	錒	가마솥 아	ā
犊	犢	송아지 독	dú
鹄	鵠	고니 곡	hú, gǔ
鹅	鵝	거위 아	é
颋	頲	곧을 정	chēng
筑	築	쌓을 축	zhù
箄	篳	울타리 필	bì

간체자	정자	훈과 음	발음
筛	篩	체 사	shāi
牍	牘	편지 독	dú
傥	儻	빼어날 당	dǎng
傧	儐	인도할 빈	bīn
储	儲	쌓을 저	chǔ
傩	儺	역귀 쫓을 나	nuó
惩	懲	징계할 징	chéng
御	禦	막을 어	yù
颌	頜	아래턱 합	gé, hé
释	釋	풀 석	shì
鸲	鴝	구관조 욕	yù
腊	臘	납향 납	là
腘	膕	오금 곡	guó
鱿	魷	오징어 우	yóu
鲁	魯	노둔할 노	lǔ
鲂	魴	방어 방	fáng
颍	潁	강 이름 영	yǐng
飓	颶	폭풍 구	jù
觞	觴	잔 상	shāng
惫	憊	고달플 비	bèi
馈	饋	먹일 궤	kuì
馉	餶	고기만두 골	gǔ
馊	餿	밥 뭉개질 수	sōu
馋	饞	탐할 참	chán

간체자	정자	훈과 음	발음
亵	褻	더러울 설	xiè

간체자	정자	훈과 음	발음
裝	裝	꾸밀 장	zhuāng
蛮	蠻	오랑캐 만	mán
脔	臠	저민고기 련	lián
痨	癆	중독될 로	láo, lào
痫	癇	간기 간	jiān
赓	賡	이을 갱	gēng
颏	頦	턱 해	kē, ké
鹇	鷳	솔개 한	xián
阑	闌	가로막을 란	lán,làn
阒	闃	조용할 취	qù
阔	闊	트일 활	kuò
阕	闋	문닫을 결	què
粪	糞	똥 분	fèn
鹈	鵜	사다새 제	tí
窜	竄	숨을 찬	cuàn
窝	窩	움집 와	wō
嚳	嚳	급히 고할 곡	kù
愤	憤	분할 분	fèn
愦	憒	어지러울 궤	kuì
滞	滯	막힐 체	zhì
湿	濕	젖을 습	shī
溃	潰	무너질 궤	kuì, huì
溅	濺	흩뿌릴 천	jiān
溇	漊	비 계속 내릴 루	lóu
湾	灣	물굽이 만	wān
谟	謨	꾀 모	mó

간체자	정자	훈과 음	발음
裢	褳	전대 련	lián
裣	襝	행주치마 첨	chán
裤	褲	바지 고	kù
裥	襇	치마 주름 간	jiǎn, jiàn
禅	禪	선 선	chán, shàn
谠	讜	곧은 말 당	dǎng, dàng, tàng
谡	謖	일어날 속	sù
谢	謝	사례 사	xiè
谣	謠	노래 요	yáo
谤	謗	헐뜯을 방	bàng
谥	諡	웃을 익	shì
谦	謙	겸손 겸	qiān
谧	謐	고요할 밀	mì

◢

간체자	정자	훈과 음	발음
属	屬	붙일 속	shǔ, zhǔ
屡	屢	여러 루	lǔ
骘	騭	수말 즐	zhì
毵	毿	털 길 삼	sān
翚	翬	훨훨 날 휘	huí
缂	緙	꿰맬 격	kè
缃	緗	담황색 상	xiāng
缄	緘	봉할 함	jiān
缅	緬	가는 실 면	miǎn
缆	纜	닻줄 람	lǎn
缇	緹	붉은 비단 제	tí
缈	緲	아득할 묘	miǎo

간체자	정자	훈과 음	발음
缉	緝	낳을 집	jī, qī
缊	縕	헌솜 온	yùn, yūn
缌	緦	시마복 시	sī
缎	緞	비단 단	duàn
缑	緱	칼자루 감을 구	gōu
缓	緩	느릴 완	huǎn
缒	縋	주름질 추	zhuì
缔	締	맺을 체	dì
缕	縷	실 루	lǚ, lóu
骗	騙	속일 편	piàn
编	編	엮을 편	biān
骚	騷	시끄러울 소	sāo
缘	緣	인연 연	yuán
飨	饗	잔치할 향	xiǎng

12획 ■

간체자	정자	훈과 음	발음
耢	耮	고무래 로	láo
鹉	鵡	앵무새 무	wǔ
鹒	鶊	해오라기 청	jīng
韫	韞	감출 온	yùn, yún, wēn
骜	驁	준마 오	ào, áo
摄	攝	추스를 섭	shè
摅	攄	펄 터	shū
摆	擺	열릴 파	bǎi
裸	襬	치마 피	bǎi, bei, pèi
赪	赬	붉을 정	chēng
摈	擯	물리칠 빈	bìn

간체자	정자	훈과 음	발음
毂	轂	바퀴통 곡	gǔ, gū
摊	攤	열 탄	tān
鹊	鵲	까치 작	què
蓝	藍	쪽 람	lán
蓦	驀	말 탈 맥	mò
蓟	薊	삽주 계	jì, jiē, jiè
蒙	矇	청맹과니 몽	mēng, méng
蒙	濛	가랑비 올 몽	méng
蒙	懞	후할 몽	méng
颐	頤	턱 이	yí
献	獻	드릴 헌	xiàn
蓣	蕷	참마 여	yù
榄	欖	감람나무 람	lǎn
榇	櫬	널 츤	chèn, qīn, hèn
榈	櫚	종려나무 려	lǘ
楼	樓	다락 루	lóu
榉	欅	느티나무 거	jǔ
赖	賴	힘입을 뢰	lài
碛	磧	서덜 적	qì
碍	礙	거리낄 애	ài
碜	磣	모래 섞일 참	chěn
鹌	鵪	암순 암	ān, yiā
尴	尷	껄끄러울 감	gān
雾	霧	안개 무	wù
辏	輳	모일 주	còu
辐	輻	바퀴살 복	fú

간체자	정자	훈과 음	발음
辑	輯	모을 집	jí
输	輸	보낼 수	shū

간체자	정자	훈과 음	발음
频	頻	자주 빈	pín
龃	齟	어긋날 저	jǔ
龄	齡	나이 령	líng
龅	齙	귀절포	pāo
龆	齠	이 갈 초	tiáo
鉴	鑒	거울 감	jiàn
歮	韙	바를 위	wěi
嗫	囁	소곤거릴 섭	zhé
跷	蹺	발돋움할 교	qiāo
跸	蹕	길 치울 필	bì
跻	躋	오를 제	jī, jì
跹	躚	춤출 선	xiān
蜗	蝸	달팽이 와	wō
嗳	嗳	딸국질 애	āi, ǎi, ài
赗	賵	부의 보낼 봉	fèng

간체자	정자	훈과 음	발음
锗	鍺	바퀴통쇠 타	zhě, dǔo
错	錯	섞일 착	cuò
锘	鍩	취할 첨	tiǎn
锚	錨	닻 묘	máo
锛	錛	자귀 분	bēn
锝	鍀	테크네튬 득	dé
锞	錁	띠치장 과	kè

간체자	정자	훈과 음	발음
锟	錕	붉은 쇠 곤	kūn
锡	錫	주석 석	xī
锢	錮	땜질할 고	gù
锣	鑼	징 라	lúo
锤	錘	저울 추 추	chuí
锥	錐	송곳 추	zhuī
锦	錦	비단 금	jǐn
锧	鑕	모루 질	zhì
锨	鍁	삽 흠	xiān
锫	錇	대못 부	péi
锭	錠	제기이름 정	dìng
键	鍵	열쇠 건	jiàn
锯	鋸	톱 거	jù, jū
锰	錳	망간 맹	měng
锱	錙	저울눈 치	zī
辞	辭	말씀 사	cí
颓	頹	무너질 퇴	tuí
穄	穄	쭉정이이삭 삼	cǎn
筹	籌	투호용화살 주	chóu
签	簽	농 첨	qiān
签	籤	제비 첨	qiān
简	簡	대쪽 간	jiǎn
觎	覦	넘겨다볼 유	yú
颔	頷	턱 함	hàn
腻	膩	매끄러울 니	nì
鹏	鵬	대붕새 붕	péng

간체자	정자	훈과 음	발음
腾	騰	오를 등	téng
鲅	鮁	물고기 헤엄칠 발	bà
鲆	鮃	넙치 평	píng
鲇	鮎	메기 점	nián
鲈	鱸	농어 로	lú
鲊	鮓	젓갈 자	zhǎ
鲋	鮒	붕어 부	fù
鲍	鮑	절인 어물 포	bào
鲐	鮐	복 태	tái
颖	穎	이삭 영	yǐng
飔	颸	선선한 바람 시	sī, chī
飕	颼	바람소리 수	sōu
触	觸	닿을 촉	chù
雏	雛	병아리 추	chú
馎	餺	수제비 박	bó
馍	饃	찐빵 막	mò
馏	餾	밥 뜸들 류	liú
馐	饈	드릴 수	xiū

■

간체자	정자	훈과 음	발음
酱	醬	젓갈 장	jiàng
鹑	鶉	메추라기 순	chún
瘅	癉	앓을 단	dàn, dān
瘆	瘮	놀라서 떨 참	shèn
鹒	鶊	꾀꼬리 경	gēng
阖	闔	문짝 합	hé
阗	闐	성할 전	tián, diàn

간체자	정자	훈과 음	발음
阙	闕	대궐 궐	quē, què
誊	謄	베낄 등	téng
粮	糧	양식 량	liáng
数	數	셈 수	shù, shǔ, shuò
滠	灄	강 이름 섭	shè
满	滿	찰 만	mǎn
滤	濾	거를 려	lǜ
滥	濫	넘칠 람	làn
滗	潷	거를 필	bì
滦	灤	새어흐를 란	luán
漓	灕	물 이름 리	lí
滨	濱	물가 빈	bīn
滩	灘	여울 탄	tān
滪	澦	강 이름 여	yù
慑	懾	두려워할 섭	shè, zhé
誉	譽	기릴 예	yù
鲎	鱟	참게 후	hòu
骞	騫	말 배앓을 건	qiān
寝	寢	잠잘 침	qǐn
窥	窺	엿볼 규	kuī
窦	竇	구멍 두	dòu
谨	謹	삼갈 근	jǐn
谩	謾	속일 만	màn, mán
谪	謫	귀양갈 적	zhé
谫	譾	얕을 전	jiǎn
谬	謬	그릇될 류	miù

간체자	정자	훈과 음	발음
		ㄸ	
辟	闢	열 벽	pì
嫒	嬡	계집 애	ài
嫔	嬪	아내 빈	pín
缙	縉	꽂을 진	jìn
缜	縝	삼실 진	zhěn
缚	縛	묶을 박	fù
缛	縟	화문 놓을 욕	rù
辔	轡	고삐 비	pèi
缝	縫	꿰맬 봉	féng, fèng
骝	騮	월다말 류	liú
缞	縗	상복이름 최	cuī
缟	縞	명주 호	gǎo
缠	纏	얽힐 전	chán
缡	縭	신 꾸미개 리	lí
缢	縊	목맬 액	yì
缣	縑	합사 비단 겸	jiān
缤	繽	어지러울 빈	bīn, pín
骟	騸	거세한 말 선	shàn

14 획

간체자	정자	훈과 음	발음
		ㅡ	
瑷	璦	아름다운 옥 애	ài
赘	贅	혹 췌	zhuì
觏	覯	만날 구	gòu, hóu, hòu
叆	靉	구름 낄 애	ài, ǎi
墙	墻	담 장	qiáng
撄	攖	다가설 영	yīng, yíng

간체자	정자	훈과 음	발음
蔷	薔	장미 장	qiáng
蔑	衊	모독할 멸	miè
蔹	蘝	가위톱 렴	liǎn
蔺	藺	골풀 린	lìn
蔼	藹	열매 많이 달릴 애	ǎi
鹕	鶘	사다새 호	hú
槚	檟	개오동나무 가	jiǎ
槛	檻	죄인 타는 수레 함	jiàn, kǎn
槟	檳	빈랑나무 빈	bīn, bīng
槠	櫧	종가시나무 저	zhū
酽	釅	초 엄	yiàn
酾	釃	거를 시	xǐ
酿	釀	술 빚을 양	niàng, niáng
霁	霽	갤 제	jì
愿	願	원할 원	yuàn
殡	殯	염할 빈	bìn
辕	轅	끌채 원	yuàn
辖	轄	비녀장 할	xiá
辗	輾	구를 전	zhǎn, niǎn

간체자	정자	훈과 음	발음
		ㅣ	
龇	齜	이 갈림 재	chā, xià
龈	齦	잇몸 은	yín, kěn
鶪	鵙	때까치 격	jú
颗	顆	낟알 과	kē
瞜	瞜	주시할 루	lōu
暧	曖	가릴 애	ài

간체자	정자	훈과 음	발음
鹖	鶡	할단 할	hé
踌	躊	머뭇거릴 주	chǒu
踊	踴	뛸 용	yǒng
蜡	蠟	밀 랍	là
蝈	蟈	청개구리 곡	guō
蝇	蠅	파리 승	yíng
蝉	蟬	매미 선	chán
鹗	鶚	물수리 악	è
嘤	嚶	새소리 앵	yīng
罴	羆	큰곰 비	pí, bì, peī
赙	賻	부의 부	fù
罂	罌	양병 앵	yīng
赚	賺	속일 잠	zhuàn, zuàn
鹘	鶻	송골매 홀	gú

간체자	정자	훈과 음	발음
锲	鍥	낫 걸	jié, qì, qié
锴	鍇	쇠 개	jiē, jiě
锶	鍶	무쇠그릇 송	sōng
锷	鍔	칼날 악	è
锹	鍬	가래 초	qiū
锸	鍤	가래 삽	chá
锻	鍛	쇠 불릴 단	duàn
镂	鎪	아로새길 수	sōu
锾	鍰	무게 단위 환	huǎn, huán
锵	鏘	금옥소리 장	qiāng, hēng
镀	鍍	도금할 도	dù

간체자	정자	훈과 음	발음
镁	鎂	마그네슘 미	měi
镂	鏤	새길 루	lòu
镃	鎡	호미 자	zī
镄	鐨	페르뮴 비	bì
鹙	鶖	무수리 추	qiū
稳	穩	평온할 온	wěn
箦	簀	살평상 책	zé, zhài
箧	篋	상자 협	qiè
箨	籜	대꺼풀 탁	tuò
箩	籮	키 라	luó
箪	簞	대광주리 단	dān
箓	籙	책상자 록	lù
箫	簫	퉁소 소	xiāo
舆	輿	수레 여	yú
膑	臏	종지뼈 빈	bìn, bǐn, pǐn
鲑	鮭	복 규	guī
鲒	鮚	대합 길	jié, jí, qiè
鲔	鮪	다랑어 유	yǒu
鲖	鮦	가물치 동	tóng
鲗	鰂	오징어 즉	zéi
鲙	鱠	회 회	kuài
鲚	鱭	제어 제	jī
鲛	鮫	상어 교	jiāo
鲜	鮮	고울 선	xiān, xiǎn
鲟	鱘	칼철갑상어 심	xún
馑	饉	흉년들 근	jǐn

간체자	정자	훈과 음	발음
馒	饅	만두 만	mán

간체자	정자	훈과 음	발음
銮	鑾	방울 란	luán
瘗	瘞	묻을 예	yì
瘘	瘻	부스럼 루	lòu
阚	闞	바라볼 감	kàn, kǎn
鲞	鯗	건어 상	xiǎng
糁	糝	나물죽 삼	shēn, sān, sǎn
鹚	鷀	가마우지 자	zē
潇	瀟	비바람칠 소	xiāo
潋	瀲	물 벌창할 렴	liàn
潍	濰	물 이름 유	wéi
赛	賽	굿할 새	sài
窭	窶	가난할 구	jù
谭	譚	이야기 담	tán
谮	譖	참소할 참	jiàn, zèn
禔	禩	끈 괴	kuì, huì
褛	褸	남루할 루	lǔ
谯	譙	꾸짖을 초	qiáo, qiào, huí
谰	讕	헐뜯을 란	làn, lān, lǎn
谱	譜	족보 보	pǔ
谲	譎	속일 휼	jué

간체자	정자	훈과 음	발음
鹛	鶥	왜가리 미	méi
嫱	嬙	궁녀 장	qiáng
鹜	鶩	집오리 목	wù

간체자	정자	훈과 음	발음
缥	縹	옥색 표	piāo
缦	縵	비단 만	màn
骡	騾	노새 라	luó
缨	纓	갓끈 영	yīng
骢	驄	총이말 총	cōng
缩	縮	다스릴 축	suō, sù
缪	繆	얽을 무	móu, miào
缫	繅	고치 켤 소	xiāo

15 획

간체자	정자	훈과 음	발음
耧	耬	농기구 루	lóu
璎	瓔	구슬 목걸이 영	yīng
逮	靆	구름 낄 체	dài
撵	攆	쫓을 련	nián
撷	擷	딸 힐	xié
撺	攛	던질 찬	cuān, cuàn
聩	聵	배냇귀머거리 외	kuì
聪	聰	귀밝을 총	cōng
觐	覲	뵈올 근	jìn
鞑	韃	종족 이름 달	dá, tà
鞒	鞽	장대 교	jiāo
蕲	蘄	풀 이름 기	qí
蕴	蘊	쌓을 온	yùn
樯	檣	돛대 장	qiáng
樱	櫻	앵두 앵	yīng
飘	飄	회오리바람 표	piāo
厣	厴	보조개 엽	yiè

간체자	정자	훈과 음	발음
魇	魘	가위눌릴 염	yàn
餍	饜	물릴 염	yàn, yián, yiàn
霉	黴	곰팡이 미	méi
辘	轆	도르래 록	lù

간체자	정자	훈과 음	발음
齬	齬	어긋날 어	yǔ
龊	齪	악착할 착	chuò
觑	覷	볼 처	qù
瞒	瞞	속일 만	mán
题	題	제목 제	tí
颙	顒	공경할 옹	yóng
踬	躓	넘어질 지	zhí, zhì
踯	躑	머뭇거릴 척	zhí
蝾	蠑	영원 영	róng
蝼	螻	땅강아지 루	lóu, lòu, lú
噜	嚕	아까워할 로	lū
嘱	囑	부탁할 촉	zhǔ
颛	顓	전단할 전	zhuān

간체자	정자	훈과 음	발음
镊	鑷	족집게 섭	niè
镇	鎭	진압할 진	zhèn
镉	鎘	다리굽은솥 력	lì
镗	鏜	창 당	tǎng
镍	鎳	니켈 얼	niè
镏	鎦	죽일 류	liú
镐	鎬	호경 호	gǎo, hào

간체자	정자	훈과 음	발음
镑	鎊	깎을 방	bàng, bāng, pàng
镒	鎰	중량 일	yì
镓	鎵	갈륨 가	jiā
镔	鑌	정련한 쇠 빈	bīn
簣	簣	삼태기 궤	kuì, kuài
篓	簍	대 채롱 루	lǒu, lóu, lú
鹝	鷈	농병아리 체	tī
鹡	鶺	할미새 척	jí
鹞	鷂	새매 요	yào, yáo
鲠	鯁	생선뼈 경	gěng
鲡	鱺	뱀장어 리	lí, lǐ
鲢	鰱	연어 련	lián
鲣	鰹	큰 가물치 견	jiān
鲥	鰣	준치 시	shí
鲤	鯉	잉어 리	lǐ
鲦	鰷	피라미 조	tiáo, xiǎo
鲧	鯀	물고기 이름 곤	gǔn
鲩	鯇	잉어 환	huán, huǎn
鲫	鯽	붕어 즉	jì, zé
馔	饌	반찬 찬	zhuàn

간체자	정자	훈과 음	발음
瘪	癟	날지 못할 별	biě, biē, blě
瘫	癱	사지 틀릴 탄	tān
齑	齏	회 제	jí
颜	顔	얼굴 안	yán
鹣	鶼	비익조 겸	jiān

간체자	정자	훈과 음	발음
鲨	鯊	상어 사	shā, sà
澜	瀾	큰 물결 란	lán
额	額	이마 액	é
谳	讞	평의할 얼	yàn, ní, yǎn
褴	襤	누더기 람	lán
谴	譴	꾸짖을 견	qiǎn
鹤	鶴	학 학	hè, háo, mò
谵	譫	헛소리 섬	tà, zhé, zhàn

간체자	정자	훈과 음	발음
屦	屨	신발 구	jù
缬	纈	홀치기염색 힐	xié
缭	繚	감길 료	liáo
缮	繕	기울 선	shàn
缯	繒	비단 증	zēng, zèng

16획

간체자	정자	훈과 음	발음
擞	擻	차릴 수	sǒu, sòu
颞	顬	관자놀이 섭	niè
颟	顢	얼굴 클 만	mán
薮	藪	늪 수	sǒu
颠	顛	정수리 전	diān
橹	櫓	큰 방패 로	lǔ
橼	櫞	연나무 연	yuán
鹥	鷖	갈매기 예	yī, yì
赝	贋	가짜 안	yān
飙	飆	폭풍 표	biāo
飚	飈	폭풍 표	biāo

간체자	정자	훈과 음	발음
豮	豶	거세한돼지 분	fén
錾	鏨	끌 참	jiàn, zhàn
辙	轍	수레바퀴자국 철	zhé
辚	轔	수레소리 린	lín

간체자	정자	훈과 음	발음
醝	醝	소금 차	cuó, cā, cāi
鹦	鸚	앵무새 앵	yīng
赠	贈	보낼 증	zèng

간체자	정자	훈과 음	발음
镨	鐯	괭이 작	zhuó
镖	鏢	칼끝 표	biāo
镗	鏜	종고 소리 당	tāng
镘	鏝	흙손 만	màn
镚	鏰	동전 붕	bēng
镛	鏞	큰 종 용	yōng
镜	鏡	거울 경	jìng
镝	鏑	화살촉 적	dī, dí
镞	鏃	화살촉 족	zú
氇	氌	모직물 로	lú
赞	贊	도울 찬	zàn
穑	穡	거둘 색	sè
篮	籃	큰 등롱 람	lán
篱	籬	울타리 리	lí
魉	魎	도깨비 량	liǎng
鲭	鯖	청어 청	qīng, zhēng
鲮	鯪	천산갑 릉	líng

간체자	정자	훈과 음	발음
鰌	鰌	뱅어 추	qū
鲱	鯡	곤이 비	fēi
鲲	鯤	곤이 곤	kūn
鲳	鯧	병어 창	chāng
鲵	鯢	도롱뇽 예	ní
鲶	鯰	메기 점	niàn
鲷	鯛	도미 조	diāo
鲸	鯨	고래 경	jīng
鲻	鯔	숭어 치	zī
獭	獺	수달 달	tǎ

간체자	정자	훈과 음	발음
鹧	鷓	자고 자	zhè
瘿	癭	혹 영	yǐng, yīng
瘾	癮	두드러기 은	yǐn
斓	斕	아롱질 란	lán
辩	辯	말 잘할 변	biàn
濑	瀨	여울 뢰	lài
濒	瀕	물가 빈	bīn
懒	懶	게으를 라	lǎn
黉	黌	글방 횡	hēng

간체자	정자	훈과 음	발음
鹨	鷚	종달새류	liáo, liú, liù
颡	顙	이마 상	sǎng, sāng
缰	繮	고삐 강	jiāng
缱	繾	곡진할 견	juān
缲	繰	비단 조	qiāo, sāo, zǎo

간체자	정자	훈과 음	발음
缳	繯	엷은 비단 환	huán
缴	繳	주살의 줄 격	jiǎo, jǐ, juè

17 획

간체자	정자	훈과 음	발음
藓	蘚	이끼 선	xiǎn
鹩	鷯	뱁새 료	liáo, liào

간체자	정자	훈과 음	발음
龋	齲	충치 우	qǔ
瞩	矚	볼 촉	zhǔ
蹒	蹣	비틀거릴 반	mán, pán
蹑	躡	밟을 섭	niè
蟏	蠨	갈머리 소	xiāo
㘎	㘚	으르렁거릴 함	gǎn
羁	羈	굴레 기	jī
赡	贍	넉넉할 섬	shàn

간체자	정자	훈과 음	발음
镣	鐐	은 료	liáo
镤	鏷	무쇠 박	pú
镥	鑥	루테튬 로	lú
镦	鐓	창고달 대	dūn, duì
镧	鑭	금채색 란	lán, làn
钐	鐥	낫 선	shān, shàn
镨	鐠	모포 보	pǔ
镪	鏹	돈 강	qiāng, jiǎng
镫	鐙	등잔 등	dēng
簖	籪	통발 단	duàn

간체자	정자	훈과 음	발음
鷦	鷦	뱁새 초	jiāo
鰆	鰆	물고기 이름 춘	chūn
鰈	鰈	가자미 접	dié, diē, qiē, tà
鱨	鱨	자가사리 상	cháng
鰓	鰓	아가미 새	sāi
鰛	鰛	정어리 온	wēn
鰐	鰐	악어 악	è
鰍	鰍	미꾸라지 추	qiū
鰒	鰒	전복 복	fù
鰉	鰉	용상어 황	huáng
鰌	鰌	미꾸라지 추	qiū, qiú
鯿	鯿	방어 편	biān

간체자	정자	훈과 음	발음
鸶	鷥	해오라기 로	lū
嚣	囂	들낼 효	xiāo
髅	髏	해골 루	lóu

丿

간체자	정자	훈과 음	발음
镬	鑊	가마 확	huò
镭	鐳	병 뢰	léi
镮	鐶	고리 환	huán
镯	鐲	방울 탁	zhuó
镰	鎌	낫 겸	lián
镱	鐿	이테르븀 의	yì
雠	讎	짝 수	chóu
雠	讐	짝 수	chóu, shòu
鳏	鰥	환어 환	guān
鳍	鰭	지느러미 기	qí
鳎	鰨	가자미 탑	tǎ, tà, nà
鳒	鰜	넙치 겸	jiān

**　**

간체자	정자	훈과 음	발음
鹯	鸇	수리 취	jiù
辫	辮	땋을 변	biàn
赢	贏	이익 남을 영	yíng
懑	懣	번민할 만	mèn, mán

㇏

간체자	정자	훈과 음	발음
鹬	鷸	도요새 휼	yù
骤	驟	달릴 취	zhòu

18획

一

간체자	정자	훈과 음	발음
鳌	鰲	자라 오	áo
鞯	韉	언치 천	jiān
魇	魘	검정사마귀 염	yǎn, yàn

丨

간체자	정자	훈과 음	발음
颢	顥	클 호	hào

㇀

간체자	정자	훈과 음	발음
鹯	鸇	새매 전	zhān, zhen
鹰	鷹	매 응	yīng
癞	癩	약물중독 라	lài
䶮	龘	웃는 모양 천	chán
宴	讌	잔치 연	yàn

乚

간체자	정자	훈과 음	발음
䴙	鷿	농병아리 벽	pì, bò

간체자	정자	훈과 음	발음

19 획 ⊟

간체자	정자	훈과 음	발음
攒	攢	모일 찬	zǎn, zuān, cuán
霭	靄	아지랑이 애	ǎi

⊟

간체자	정자	훈과 음	발음
鳖	鱉	금계 별	biē
蹿	躥	솟을 찬	cuān
巅	巔	산꼭대기 전	diàn
髋	髖	허리뼈 관	kuān, kūn
髌	髕	종지뼈 빈	bìn

⊿

간체자	정자	훈과 음	발음
镲	鑔	동발 찰	chá
籁	籟	세 구멍 퉁소 뢰	lài
鳘	鰵	대구 민	mǐn
鳓	鰳	준치 륵	lè
鳔	鰾	부레 표	biǎo
鳕	鱈	대구 설	xuě
鳗	鰻	뱀장어 만	mán
鳙	鱅	전어 용	yóng
鳛	鰼	미꾸라지 습	xí

⊡

간체자	정자	훈과 음	발음
颤	顫	놀랄 전	chàn, zhàn
癣	癬	마른 옴 선	xuǎn
谗	讒	참서 참	chán

⊟

간체자	정자	훈과 음	발음
骥	驥	천리마 기	jì

간체자	정자	훈과 음	발음
缵	纘	이을 찬	zuǎn

20 획 ⊟

간체자	정자	훈과 음	발음
瓒	瓚	제기 찬	zàn
鬓	鬢	살쩍 빈	bìn
颥	顬	관자놀이 움직일 유	rú

⊟

간체자	정자	훈과 음	발음
鼍	鼉	악어 타	tà
黩	黷	더럽힐 독	dú

⊿

간체자	정자	훈과 음	발음
镳	鑣	재갈 표	biāo
镴	鑞	땜납 랍	là
䲧	䲐	언청이 잠	zān
鳜	鱖	쏘가리 궤	guì, jué, wǎn
鳝	鱔	두렁허리 선	shàn
鳞	鱗	비늘 린	lín
鳟	鱒	송어 준	zūn, zùn

⊡

간체자	정자	훈과 음	발음
齉	齉	머리 들 양	xiāng

21 획

간체자	정자	훈과 음	발음
颦	顰	찡그릴 빈	pín
躏	躪	짓밟을 린	lìn
鳢	鱧	가물치 례	lǐ
鳣	鱣	철갑상어 전	zhān
癫	癲	미칠 전	diān

간체자	정자	훈과 음	발음
赣	贛	줄 공	gàn, gǎn
灏	灝	넓을 호	hào

22 획

간체자	정자	훈과 음	발음
鹳	鸛	황새 관	huān, huán
镶	鑲	거푸집속 양	xiāng, niáng

23 획

간체자	정자	훈과 음	발음
趱	趲	놀라흩어질 찬	zǎn, zàn
颧	顴	광대뼈 관	quán
躜	躦	걸터앉을 찬	zuān, cuó

25 획

간체자	정자	훈과 음	발음
镢	钁	괭이 곽	jué
馕	饢	처먹을 낭	nǎng, áng
戆	戇	어리석을 당	zhuàng, gàng